스포츠를 통해 청소년들에게 전하는 감동 메시지!

나는 체육 교사입니다

김민철 김성태 김정섭 박영권 박태규 백승필 이길한 이동규 이정석 이청용 정광윤 조종현 한우진 황인택

BM (주)도서출판 성안당

안녕하세요! 우리는 체육 교사입니다.

학교에는 다양한 학생들이 있고, 대단한 선생님들도 많습니다. 성격과 신체조건, 사고방식, 경험, 가정환경 등등이 모두 다른 이들이 학교라는 울타리 안에 모여서 각자의 꿈을 키워 나갑니다. 다양한 친구들과 선생님들을 만나 여러 경험을 쌓으며 자신을 찾게 되는 '하나의 작은 사회'가 바로 학교라는 공간입니다.

과거에는 주로 교과 지식을 암기하여 시험을 통해 평가받기도 했습니다. 하지만 오늘날에는 삶에 필요한 역량 중심의 배움과 성장을 중시하는 방향으로 수업 내용과 평가 방법이 변화하고 있습니다. 미술을 통해 세상을 바라보는 안목을 높이고, 음악을 통해 소리의 역할을 되새겨 보며, 과학을 통해 인간의 호기심을 실험합니다. 국어를 통해 소통을 원활하게 하고, 수학을 통해 개념 이해력과 원리 응용력을 높이는 한편, 체육을 통해 이 모든 것을 실천하지요.

이 책은 청소년들에게 경험에서 우러난 위로와 격려를 보내고 싶다는 체육 교사들의 소박한 바람에서 탄생했습니다. 여기, 14인의 체육 교사 이야기를 들려드리고자 합니다. 운동을 좋아하지 않아도 되고, 스포츠에 대한 경험이 전무해도 상관없습니다. "운동해라! 건강해라!"라고 충고하려는 게 아닙니다.

삶에서 중요한 것을 이야기할 때 결코 빼놓을 수 없는 것이 '행복'입니다. 행복의 필수 조건이 '건강'이고, 건강을 위한 가장 보편적인 '수단'은 운동입니다. 운동이 왜 필요하고 얼마나 중요한지 모르는 사람은 아무도 없습니다. 단지 이를 실천하느냐 그렇지 못하느냐의 차이가 있을 따름입니다.

선진국의 기준에는 여러 가지가 있겠지만, 스포츠의 대중화야말로 중요한 기준 가운데 하나라고 생각합니다. 대학 입시 위주의 교육 현실에서, 대부분의 학생들은 자신이 좋아하는 것이 무엇이고, 장차 무엇을 하면서 어떻게 살아가야 할지 아무것도 모른 채 하루하루 살아가는 경우가 있습니다. 그나마 운이 좋은 경우에는 여러 스포츠를 통해 도전과 올바른 경쟁을 경험하고, 남들이 접하지 못한 새로운 세상을 맛봅니다. 하지만 운이 없는 경우에는 스스로 시행착오를 겪고 외로이 방법을 찾아야만 합니다.

선생님이란 먼저 태어나 경험한 사람을 뜻합니다. 이 책을 통해 체육 선생님으로서 먼저 경험하고 알게 된 삶의 지식 중에서 '체육'에 관한 이야기를 하고자 합니다. 인간은 태어난 순간부터 움직이고 있고, 하나하나의 움직임이 그 자체로 소중합니다. 이왕 움직여야 한다면 보다 잘 움직이고, 보다 탁월하게 수행하려는 자세가 필요한 이유는 이러한 경험을 통해 살아가는 법을 터득할 수 있기 때문입니다.

이 책을 읽고 나면, 지금 경험하는 모든 것이 새로운 의미로 다가올 것입니다. 체육은 단지 체력을 기르는 운동이 아닙니다. 개인의 신체와 정신, 그리고 사회에 이르기까지 삶의 질을 높여 주는 신체 활동을 통틀어 일컫습니다.

여러분은 이제부터 행복의 필수 조건인 '건강'을 위해 작은 것부터 실천하게 될 것입니다. 그리고 수많은 스포츠를 통해 멋진 도전을 경험하고, 바람직한 경쟁의 의미와 가치를 새삼 깨닫게 될 것입니다. 또한 세상을 바라보는 멋진 안목과 표현력을 얻을 것이며, 무엇보다 삶의 질이 높아질 것이라고 약속할 수 있습니다. 특히 체육을 좋아하는 학생이라면 진로 선택을 위해서 반드시 읽어 보길 추천합니다.

2022년 봄날, 저자 일동

차례

01
열정적인 체육 교사
김민철
동네 축구클럽을
명품 스포츠클럽으로
만들다!
· 8 ·

02
깔쌈한 체육 교사
김성태
태권도를 시작으로
모든 것이
나의 도전이 되다!
· 42 ·

03
엉뚱한 체육 교사
김정섭
세상을 무대로 만들고,
농구로 인생을
배우다!
· 74 ·

04
꿈을 그리는 체육 교사
박영권
놀이로 시작하여
육상으로 성장하고
삶을 그리다!
· 100 ·

05
두려움을 모르는 마당발 체육 교사
박태규
배신하지 않는 노력,
실패를 통해
꿈에 도전하다!
· 130 ·

06
지름길을 모르는 체육 교사
백승필
극복, 인내, 도전을
스포츠로 배우다!
· 162 ·

07
시크한 체육 교사
이길한
태권도와 야구,
내 손에서 새로운
스포츠로 거듭나다!
· 192 ·

08

퍼펙트한 체육 교사

이동규

만난 사람, 경험한
스포츠가 인생의
조력자가 되다!

· 210 ·

09

국가대표 체육 교사

이정석

인생의 동반자가
된 야구, 태극 마크를
달다!

· 246 ·

10

무한도전 체육 교사

이청용

열정 'GRIT'과
도전을 통한 실천이
해답이다!

· 274 ·

11

실천인 체육 교사

정광윤

고민보다 실천으로,
설명보다 행동으로
보여주다!

· 302 ·

12

대한민국을 바꾸는 체육 교사

조종현

준비 실패는 실패의
준비이고, 배움은
주는 것이다!

· 334 ·

13

열생열사 체육 교사

한우진

자전거로 인생을
보며, 선택과 집중으로
세상을 살다!

· 368 ·

14

마음으로 가르치는 체육 교사

황인택

교육은 연구하고
고민하고 실천하며
결국 나누는 것이다!

· 394 ·

행동 발달 및 특기 사항

어릴 적 시골에서 도시로 전학을 와서 도시 친구들과 자신을 비교하며 심리적으로 위축되었던 경험을 계기로 '비교가 정당화되는 경우는 자기 자신과의 비교밖에 없다.' 라는 좌우명을 갖게 됨. 축구를 통해 자신감을 갖게 되면서 '인생의 의미는 소소한 행복에 있다' 는 사실을 깨달음. 교사로서 학생들이 즐길 수 있는 멋지고 재미난 일들을 벌여 나가는 것을 즐김.

01
열정적인
김민철

별명

불타민

매사에 불타는 열정을 갖고 있어 붙은 별명이다.

01 나는 이래서 체육 교사가 되었다

1 시골 출신, 가슴 뛰는 사람이 되다

● 시골 전학생의 도시 생존기

내가 태어나 살던 그곳은 경상남도의 농촌이다. 4차 산업혁명과 자율주행 자동차, 인공지능에 대한 이슈가 연일 매스컴에 오르내리고 있는 오늘날에도 그곳에는 양파랑 마늘, 벼와 과일들이 지천에 널려 있고 소똥 냄새가 가득하다. 아버지는 일곱 형제들이 모두 고향을 떠날 때 홀로 남아 농사에 일생을 바치기로 마음먹었다.

초등학교 1학년, 매일 누나 손을 잡고 한 시간에 한 대 오는 버스를 타고 등굣길에 올랐다. 버스에서 내려서 20분을 걸어 꼭꼭 숨겨진 조그마한 학교에 도착하면 전교생 90명의 작은 학교에서 놀이판이 펼쳐졌다. 비석치기, 땅 따먹기, 딱지치기부터 온갖 놀이들의 천국이었다. 축구를 좋아했던 나는 흙먼지 날리는 운동장에서 하루 종일 축구공을 가지고 놀았고, 다른 학년 형, 동생들과 주로 시합을 했다. 남학생이 10명도 채 안 되었던 우리 학년에서 축구팀을 만드는 것은 정말 힘든 일이었다. 빠지는 사람은 있을 수 없었고, '전원 투입, 전원 공격' 작전으로 적은 인원수로도 다른 학년 형들을 이겼을 때의 기쁨은 이루 말할 수 없었다.

어느덧 시간이 흘러 13세, 초등학교 6학년이 되었다. 자녀 교육을 걱정하던 아버지는 누나와 나를 대구로 전학 보내기로 결정하셨다. 우리는 경북대에 다니며 자취를 하던 사촌 누나에게 신세 지기로 했다.

나를 키운 것은 팔 할이 열등감이었다. 열등감은 전학과 함께 시작되었다. 도시 아이들은 얼굴에 기름기가 흐르는 것 같았고, 키도 나보다 훨씬 크고 세련되어 보였던 것 같다. 나는 심리적으로 위축되었고, 시골 출신이라는 열등감이 생겼다.

그때는 스승의 날이 되면 선생님 책상에 아이들이 가져온 선물이 쌓이는 진풍경이 벌어지곤 했다. 예쁜 쇼핑백과 포장지에 싸인 친구들의 선물이 선생님 책상을 채울 때였다. 나는 부끄러워 붉게 상기된 얼굴로 시골에서 엄마가 짜 주신 소주병에 담긴 참기름 두 병을 선생님 책상 위에 올려놓았다. '어머, 그래. 이런 게 정말 좋은 선물이야.'라는 선생님의 목소리가 고맙다는 말이라기보다는 나를 위로하는 말로만 느껴졌다. 하아, 이 구겨진 자존심을 어떻게 세워야 할까.

⦿ 가슴 뛰는 일이 답이다

시간이 흘러 중학교에 입학하게 되었고 내 중학교 시절을 채워준 어마어마한 활동, 축구와의 본격적인 만남이 시작되었다. 내가 다니게 된 중학교는 시커먼 남학생들만 득실득실한 학교였다. 논두렁을 달리며 만들어 온 체력과 시골 출신의 강인한 생존력을 바탕으로 친구들과 매일 학교 마치고 축구를 해 왔던 나는 같은 학교 출신의 친구들과 축구팀을 만들게 되었다. 'F.C.대동'이라는 다소 촌스러운 이름을 가진 이 팀을 시작으로 다른 초등학교 출신 아이들이 하나 둘 축구팀을 만들기 시작했고, 누가 시키지도 않았는데 자연스럽게 축구 리그를 만들게 되었다. 용돈을 모아 축구화를 사고, 친구들과 유니폼을 맞추러 체육사를 돌아다녔다. 축구화를 구두약으로 닦고 반짝반짝하게 빛이 나도록 닦으면서 시합을 준비했다. 흙 운동장에서 1분만 뛰어도 다 사라지는 구두약이었지만 한 경기, 한 경기가 나에게는 매우 중요한 시합이었던 것 같다. 시합 뛰는 아이들 외에는 아무도 관심 없는 시합이지만 이 축구 리그는 전학생이었던 나에게 친구들을 만들어 준 소중한 무대였다.

매일 축구만 했더니 성적이 하락세를 보였기 때문에 아버지에게 아들의 축구 사랑은 눈엣가시였다. 고등학교 2학년 때 학급 친구들은 '하는 축구'보다는 '보는 축구'에 더 관심을 보였다. 프리미어리그, 라리가, 세리에 팀들의 경기 결과를 기다리며 밤잠을 설치고, 어떤 팀이 우승할지 논쟁을 벌이기를 좋아하는 그들에게 '하는 축구의 맛'을 보여 주고자 나는 축구팀 결성을 제안했다.

레알 마드리드의 유니폼을 맞춰 입고 운동장에 나서자 전교생의 이목이 우리 반에 쏠렸다. 축구 꼴찌였던 우리 반의 변화에 다른 반 아이들도 하나 둘 유니폼을 맞춰 입고 운동장으로 나왔다. 유럽 팀의 유니폼을 입은 8개 반 학생들이 한 운동장에서 뒤섞여 축구하던 그때 모습을 떠올리면 지금도 흐뭇하다.

그러던 중 우리 집에 큰일이 생겼다. 아버지가 야심차게 준비하던 일이

휘청거렸고, 큰 빚을 떠안았다는 이야기를 어머니를 통해 듣게 되었다. 그 후 며칠 동안 내 자취방에는 아버지가 앓아 누워 계셨는데, 그때 처음으로 아버지 어깨 위에 얹힌 짐이 보이는 것 같았다. 전차같이 강인하던 아버지가 끙끙 앓으며 삶의 짐을 견뎌내는 모습을 며칠 동안 보고 있으니, 지금처럼 목적 없이 살아서는 안 되겠다는 생각이 들었다.

어떤 일을 해야 할까? 내가 가장 잘하는 일은 무엇일까? 체력 하나는 사신 있었고, 지필고사가 끝난 후 남은 시간에 낙서를 할 때는 시험지에 프리킥 궤적을 그리는 내 모습을 떠올렸다. 비가 온 날 진흙이 가득한 운동장에 맨발로 뛰어나가 비를 쫄딱 맞으며 친구와 둘이서 축구를 하며 즐거웠던 기억이 떠올랐다.

> 가슴 뛰는 일을 하라. 그것이 당신이 이 세상에 온 이유이자 목적이다.
> – 다릴 잉카

나의 가슴을 뛰게 하는 것은 축구였다. 시골의 꼬마 시절부터 전학생으로서의 생존 과정, 즐거운 학창 시절의 중심에는 늘 축구가 있었다. 내 경험을 다른 사람들에게 알려주고 싶었고, 그 일을 할 수 있는 체육 교사가 되기로 마음먹었다.

02

열정적인
체육 교사

1 하키를 경험하다

⦿ 작은 국가대표의 경험, 필드하키 선수

필드하키라는 운동을 해 본 사람들은 그렇게 많지 않을 것이다. '비인기 종목이네.', '허리 엄청 아프지 않아요?', '하키 채로 맞으면 진짜 아프겠다.' 등 결코 반갑지 않은 대답을 들을 수 있는 종목이 바로 내가 대학교 때 사랑했던 운동 '필드하키'이다.

고등학교 유학생활을 잘 보내고 2004년 대학교에 입학을 했다. 내가 입학한 학과는 체육교육과였는데 대부분의 학생들이 한 가지 운동을 선택해 4년 동안 꾸준히 자신의 특기 종목으로 만들어나가는 학과의 전통이 있었다. '축구부', '농구부', '배구부'와 같이 인기 있는 스포츠는 신입 부원들이 서로 들어가고 싶어 한다. 하지만 럭비부, 체조부, 필드하키부와 같은 운동부에는 신입생들의 관심도가 무척이나 낮다. 그래서 이 운동부의 선배들은 신입생들이 입학하면 사활을 걸고 부원 모집에 나선다.

축구를 사랑했던 순진한 시골 출신인 나는 필드하키부 선배의 달콤한 말

필드하키

파란 인조잔디 위에서 주먹만 하고 딱딱한 공을 하키스틱으로 치는 스포츠이다. 땅에 있는 공을 도구를 활용해서 치는 운동으로는 골프, 아이스하키, 게이트볼, 폴로 등이 있다. 필드하키는 축구와 같이 11명의 팀원들이 상대 팀의 공간을 뚫고 가로 3.6m, 세로 2.1m의 작은 골대에 골을 넣는 스포츠이다. 공이 워낙 단단한 데다 빠르기까지 해서 자칫 잘못하다가는 얼굴에 공을 맞아 코나 얼굴 뼈, 치아가 부러지기도 하고, 상대 선수가 휘두르는 하키 스틱에 맞아서 크게 다치는 위험한 상황이 연출되기도 한다.

에 꼴깍 넘어가고야 말았다. '너처럼 체력이 좋은 친구가 빛이 날 수 있는 스포츠야.', '축구부에 가 봐, 잘하는 애들이 많아서 너는 뛰지도 못할걸?', '사람 좋은 운동부는 하키부야. 결국 남는 것은 사람이다.'라는 말에 끌려서, 생전 듣도 보도 못한 필드하키라는 운동을 하게 되었다.

우리 하키부는 전국 유일의 순수 아마추어 하키팀이었다. 하키 선수들이 우리를 바라본다면 아마 '일반인인데 하키를 좋아하는 사람들' 정도로 평가했을 것 같다. 우리나라에서 필드하키를 하는 사람들은 대부분 중·고등학교 때 운동부에 소속되어 매일 매일 훈련을 받은 선수들이다. 우리 팀은 순수한 아마추어 팀이었기에 실력이 많이 떨어졌지만, 즐기기 위해 경기하는 '아마추어리즘'이라는 목표를 가지고 국내 대회에 출전했다. 국내 하키리그에 출전하는 팀은 6~7개 정도인데, 대부분 한국체대, 김해시청, 성남시청과 같은 엘리트 선수들이고, 그중에는 국가대표 선수들도 여럿 있으니 계란으로 바위치기와 비슷한 상황이었다. 우리가 대회에 나가면 스코어는 늘 30대 0이었다. 한 골도 넣지 못하는 우리 실력에 좌절감을 느낄 때도 많았지만 실망하지 않고 시합에 참여했다.

이렇게 큰 점수 차로 매번 지면서도 우리가 기를 쓰고 대회에 참여하는 데에는 다 이유가 있었다. 매년 8월에 있는 일본의 한 대학교와의 교류전 때문이었다. '히토츠바시 대학교'는 도쿄의 소규모 대학이지만 유명 기업 취직률 1위를 기록할 만큼 명문이다. 법학, 사회학, 경제학, 언어학 등 문과계열 학생들이 입학하는 이 학교의 하키부와 우리 하키부는 지난 십여 년간 교류전을 이어왔다. 공부만 열심히 할 것 같은 문과대학교 학생들임에도 불구하고 체육을 전공하는 우리 선배들과 대등한 시합을 펼쳐 왔다. 그리고 최근 몇 년 동안은 우리 팀이 계속 져 왔던 터라, 우리 선수들 사이에는 반드시 이겨야 한다는 분위기가 형성되어 있었다.

2005년 여름, 방학을 반납하고 한여름의 뜨거운 뙤약볕 아래 일본전을 위한 우리의 훈련이 시작되었다. 하키라는 스포츠는 원래 잔디에서 해야 하는 운동이지만 흙먼지 풀풀 날리는 열악한 운동장에서 운동을 해야 했고, 시합 상대가 없어 중학생, 고등학생 엘리트 선수들과 연습을 해야 했다. 하루는 너무나도 뜨거운 뙤약볕에 이 악물고 뛰었더니 정신이 어질어질해서 쓰러진 적도 있었다.

그렇게 한 달여를 보내고 일본행 비행기에 탑승했다. 태어나 처음 타 보는 비행기도 내겐 참 신기했고, 일본인 친구들과 만나 인사를 나누고 경제 관련 세미나에 참석했지만, 정신은 온통 다음 날 있을 시합에 쏠려 있었다. 단순히 교류전을 넘어 한국과 일본의 대결로 여겨질 만큼 그 시합은 내게 무겁게 느껴졌다.

다음 날 아침, 우리의 시합이 펼쳐질 시합장으로 들어서니 저 멀리 태극기와 일장기가 나란히 걸려 있었다. 도쿄의 후텁지근한 공기가 내 피부를 스쳤고, 저 멀리 히토츠바시 대학교의 나이 지긋한 선배들이 후배들을 응원하기 위해 모여 있는 장면이 보였다. 그때 갑자기 귓가에 '대~한민국'이라는 아이들의 목소리가 스쳤다. 동네 교민들에게 소문이 났는지 초등학생으로 보이는 꼬맹이 여럿이 운동장 주변으로 몰려 들었다. '짝짝 짝짝짝' 박수 소리와 함께 응원을 해대니 힘이 나기 시작했다.

심판의 휘슬과 함께 시합이 시작되었다. 하키라는 스포츠는 작은 공을 빠르게 다루어야 하다 보니 손의 세밀한 기술이 많이 필요한 스포츠이다. 국민들의 성향 탓일까? 일본 친구들은 스틱을 세밀하게 다루는 기술이 매우 뛰어났다. 빠르고 정확한 패스, 짧게 끊어 치는 드리블에 우리의 공간이 속수무책으로 뚫리기 일쑤였다. 반면에 우리는 체력과 빠른 스피드를 바탕으로 돌파 전략을 짰는데, 우리 패스의 길목을 정확하게 막아서는 상대 팀 수비에 고전을 면치 못하고 있었다. 그러던 중 페널티 코너 상황에서 상대 팀의 페인트 모션에 속은 우리 팀이 한 골을 내주고 말았다.

페널티 코너

하키 용어로서, 수비 팀 플레이어가 고의로 공을 자기 진영 백라인(back line) 밖으로 나가게 했을 때, 슈팅서클(shooting circle) 안에서 반칙을 범했을 때, 슈팅서클 밖 25야드 지역 내에서 수비 선수가 의도적으로 반칙을 범했을 때 공격 팀에게 주어진다.

참 속상했다. 그 많은 시간과 노력을 들여 연습을 했는데 상대 팀에 힘을 못 쓰고 있는 내 자신이 무력하게 느껴졌다. 이기고 싶었다. 정말로 이겨버리고 싶었다. 하프타임이 되었고 우리 팀의 주장 형이 입을 뗐다.

"남은 시간에 모든 것을 쏟자, 이 안에서 우리를 찾아야 한다."

다소 오글거리는 말이었지만 힘이 났다.

전반전에 우리 전략을 돌아보았다. 우리는 상대 팀으로 강한 패스를 넣고 상대 팀 수비수가 놓치면 그 공을 받아 골을 넣는 형태로 공격 전략을 짰는데, 패스의 길목을 차단당하니 번번이 상대의 역습으로 연결되고야 말았다. 후반전에는 무작정 앞으로 돌파하기보다 공격수가 패스를 받고 우리 쪽 진영으로 드리블한 뒤, 공간이 나면 전방의 공격수에게 패스를 하는 식으로 공격 속도를 한 템포 늦추는 전략을 시도했다.

그러자 상대 팀이 당황하기 시작했다. 공을 빼앗기 위해 다가오는 틈을 타 빈 공간으로 침투하는 공격수에게 패스를 찔러 넣기를 수차례 시도하자 점점 기회가 찾아오기 시작했고, 상대 팀 골대로 가까이 공을 붙이는 횟수가 늘어나기 시작했다. 그러던 중 왼쪽에서 올린 크로스를 받아 우리 팀 동료가 정확한 터치로 동점 골을 만들어 냈다. '뭔가 해 볼 만한데?' 희망의 불씨가 타 올랐다. 동료가 상대 팀 선수의 헛스윙에 무릎을 맞아 쓰러지자 마음속에서 분노의 감정도 치솟았다. '이겨야 돼! 일본은 반드시 이겨야 돼!' 이후 경기 종료까지 10여 분은 정말 나 자신을 하얗게 불태웠던 것 같다. 오른쪽 수비를 맡고 있던 나는 딱딱한 공, 상대방의 스틱 따위 아랑곳 않고 필사적으로 공을 막아냈고, 우리 팀의 누구 하나 할 것 없이 목이 터져라 파이팅을 외쳐가며 상대를 몰아붙였다.

기다리던 역전골이 터지던 순간, 우리는 뜨겁게 끌어안고 소리를 질렀고, 결국 육탄 방어 끝에 2:1로 승리를 지켜내었다. 5년 만의 승리였다. 종료 휘슬이 울리던 그 순간을 잊을 수 없다. 다 같이 달려 나가 얼싸안고 그 순간을 즐겼다. 그 순간만큼은 우리가 국가대표였다.

한여름의 뜨거운 열정을 담았던 준비 과정, 우리에게 너무나도 간절했던 승리와 이를 위해 똘똘 뭉쳤던 우리 팀원들. 스포츠가 아니었다면 결코 하지 못할 경험이 아닐까? 내 작은 국가대표 경험은 애국심과 팀워크, 도전정신을 가르쳐 준, 평생 잊을 수 없는 감동으로 남아있다.

↑ 일본전 종료 직후 승리의 포즈

명품 축구 리그의 창시자

● 내가 키워 가는 나의 팀, 나의 선수들

오래된 꿈이었다. 축구 리그를 만들어서 운영하는 것 말이다. 어린 시절에 나는 작은 시골 학교에서 도시로 전학을 갔고, 그곳에서 축구에 빠졌다. 축구로 쌓아나간 친구들과의 관계가 소중했기에, 교사가 되어서도 학생들에게 멋진 축구 리그를 경험하게 해주고 싶다는 바람이 있었다.

2010년, 나의 첫 제자들이자 나의 팀 선수들을 아직도 기억한다.

"안녕, 새로 온 체육 쌤이야. 너희들, 축구 좋아하니?"

운동장에서 땀을 뻘뻘 흘리던 그 아이들과 반갑게 인사하고 축구를 시작했다. 역시 친해지는 데는 축구가 제일이었다.

축구를 향한 열정 하나로 똘똘 뭉친 그 아이들을 데리고 교육장배 학교스포츠클럽 축구 대회에 나가기 위해 두 달 동안 땀을 흘렸다. 첫 경기에서 1:1로 비긴 상황, 시합 종료를 몇 분 남기고 코너킥 기회가 왔다. 우리의 작전은 골 냄새를 기가 막히게 잘 맡는 중혁이를 제외한 모든 친구들이 코너 가까운 쪽으로 뛰어들어 오는 것이었다. 수비수들을 앞쪽으로 몰아넣고 킥이 좋은 현수가 공을 길게 차면 반대편에서 달려오던 중혁이가 마무리하는 전략! 연습을 수없이 했지만 긴장되던 순간이었다.

현수의 킥이 정확하게 들어갔고 모든 친구들이 침묵 속에 제 역할을 했다. 신기할 만큼 적막이 흘렀던 그 순간. 모든 움직임이 딱 작전대로 이루어졌다. 중혁이의 발끝에 공이 닿는 순간, 우리 모두는 골을 직감했고, 그물망이 철썩 하고 움직였을 때 우리 팀 모두는 달려 나가 얼싸안고 소리를 질렀다. 마치 결승전인 것처럼…….

첫 경기에서 너무 많은 에너지를 쏟아 부어서일까. 다음 시합에서 우리는 형편없이 무너져 내렸다. 토너먼트로 진행되던 그 대회에서 두 번째 경기 만에 모든 시합이 끝나버렸고, 아이들과 나의 허탈함은 이루 말할 수 없었던 것 같다.

"선생님, 대회 더 나갈 데 없어요?"

나는 알아보겠다고 했지만 우리가 나갈 만한 대회는 없었다. 참 아쉽고, 신규 교사로서 할 수 있는 것이 없어서 아이들에게 미안했다.

시간이 흘러 지역 내의 고등학교로 옮겼고, 그 학교에서도 아침 축구 동아리를 만들기로 했다. 학생들의 등교 시간이 8시 20분까지인데, 아침 7시에 축구를 하겠다고 하니까 처음에는 호응이 별로 없었다. 하지만 축구에 목말라 하던 친구들이 하나둘 모여 부원이 40명이 넘었고, 3개 팀으로 리그를 시작했다. 아침을 깨우는 축구 소리에 교정 전체가 들썩였다. 그렇게 3년간 아침 축구 리그를 운영했다.

그동안 교류하던 지역의 5개 학교 체육 교사들이 모인 자리에서 축구 리그에 대한 포부를 털어놓았고, 모두가 찬성의 뜻을 내비쳤다.

먼저 머릿속에 떠오른 장면은 커다란 트로피를 들고 환호하는 아이들의 모습이었다. 유럽의 챔피언스리그에서 '빅이어'라는 커다란 트로피를 받은 우승 팀 선수들은 거기에 샴페인을 들이 붓고 마시거나 키스를 퍼부으면서 사진을 찍어댄다. 특히나 모든 팀원들이 기를 모아 단숨에 트로피를 번쩍 들어올리는 장면은 매해 축구를 사랑하는 사람들을 설레게 한다. 카메라는 선수들을 쫓아다니기 바쁘고 팬들은 환호성을 지르며 우승을 즐긴다. 그야 말로 축제의 장이다. 우리가 만든 대회에서도 우승을 거둔 아이들이 환호성을 지르며 커다란 트로피를 들고 좋아하는 모습을 상상해 보았다.

두 번째 상상은 아이들이 자신의 시합 장면을 영상으로 다시 보는 것이었다. '축구 선수들의 경기 장면처럼 자신이 뛰는 모습을 영상으로 살펴본다면 얼마나 좋을까? 멋지게 태클을 성공하는 장면을 영상으로 남겨둔다면? 지난주 시합에서 인생에 한 번 나올까 말까 한 골을 성공시킨 장면을 영상으로 남겨둔다면 얼마나 좋을까? 멋진 골을 성공시킨 그날은 밤늦게까지 영상을 틀어보고 다시 돌려보느라 시간 가는 줄 모르겠지?'

생각만으로도 입가에 미소가 번졌다.

세 번째 상상은 내가 '가장' 중요하다고 생각한 것, '아이들 스스로 리그의 주인이 되어야 한다'는 것이다. 경기 일정 계획에서부터 심판 보는 일, 경기 영상 촬영과 업로드, 득점과 어시스트 기록을 통한 득점왕 선정, 사회 관계 망 서비스(SNS) 업로드에 이르기까지 모두 학생들 손으로 한다면 재미있겠다는 생각이 들었다.

5개 학교에서 모인 지원자가 약 150명. 아이들 의견을 듣고 리그 이름을 '하이리그'로 정했다. 지역 학생들로 이루어진 하이리그는 이렇게 탄생했다. 나의 오랜 꿈이 이루어지는 것 같아서 가슴이 뛰기 시작했다.

하이리그에서는 3월 말부터 9월까지 매주 리그전을 치른다. 리그전이 끝나면 가장 승점이 높은 팀이 정규 리그 우승을 차지하지만, 곧바로 우승컵을 손에 넣는 것은 아니다. 플레이오프에서 올라오는 팀과 최종 결승전을 치러야 하기 때문이다. 우승 팀을 제외한 나머지 팀들은 최종 결승전으로 가기 위한 토너먼트를 치르고, 최종 승자와 정규 리그 우승 팀이 대결하여 우승컵의 주인을 가린다.

우승컵은 1년 동안 우승 팀 학교에 보관되고, 3년 연속 우승을 하면 그 학교에 영구 보관하게 된다. 우승컵에는 리본을 매다는데, 리본에 우승 팀 멤버들의 지문을 찍고 이름을 적어 둔다. 자신이 우승컵에 기여했다는 흔적을 남길 수 있는 것이다. 이 우승컵의 이름은 '핑거프린트 컵'이다. 이처럼 역사와 전통이 있는 명품 리그로 자리 잡기 위해 곳곳에 재미있고 감동적인 스토리를 만들었다.

하이리그 운영과 관련된 일들은 약 20명의 학생들로 이루어진 '하이리그 자치단'에서 결정한다. 자치단에는 각 학교 대표 3~4명들이 참여하는데, 이 안에서 투표로 자치회장을 선출한다. 축구 리그 대표의 자리이다 보니, 회장 선출 시기가 되면 여러 후보들이 열띤 유세를 펼친다. 150명의 혈

↑ 하이리그의 모든 정보가 올라오는 페이스북 '광명 하이리그 매거진'

기 왕성한 남자 아이들의 대표가 되는 일이다 보니 아이들의 관심도가 높다. 회장 선출이 마무리되면 '경기 기획부', '심판 운영부', '경기 기록부', '시설 관리부'로 나뉘어 리그 운영 업무 전반을 진행한다. '경기 기획부'에서는 시합 스케줄을 관리하고 공지하는 역할을 담당한다. '심판 운영부'에서는 심판 교육과 심판 배정의 업무를 맡는다. '경기 기록부'에서는 매 경기 시합 장면을 촬영하고 경기 결과, MVP 선수 인터뷰와 함께 페이스북의 '광명 하이리그 매거진'에 게시하는 역할을 담당한다. '시설 관리부'는 매 경기 시합구, 심판복, 심판 수기 등을 준비해 주는 역할을 담당한다.

짜임새 있는 자치회 운영을 위해 여러 차례 회의를 거듭했다. 나 역시 많은 시간을 쏟아야 했지만, 자기들만의 축제를 만들고 싶어서 열띤 토론을 이어가는 아이들이 너무 예뻐 보였다. 그렇게 나의 꿈이자 우리의 꿈인 하이리그가 출범했다.

리그 개시 일주일 전, 그동안 매일 아침 운동을 함께했던 친구들과 대회에 참여하기 위해 유니폼을 맞춰 입고 기념촬영을 했다. 새 유니폼을 입은 아이들의 얼굴이 신나 보였다. 감독의 입장이 되어 아이들과 시합에 출전하는 일은 언제나 신난다. 우리 팀 시합 날이면 나는 일찍 운동장에 도착해서 아이들의 준비 운동과 스트레칭을 챙긴다. 준비 운동 후 슈팅 연습 때는 꽤나 즐거워한다. 경기 시작 10분 전, 신발 출전 명단을 작선 판에 담아 보여줄 때는 아이들이 눈을 동그랗게 뜨고 모여든다. 아이들에게 미안해지는 순간이다.

승리가 목적인 시합이다 보니 각 포지션에서 실력이 뛰어난 아이들을 먼저 배정할 수밖에 없다. 선발로 뽑혀 운동장으로 나서는 아이들의 표정에서는 안도감이, 후보가 되어 벤치를 지켜야 하는 아이들의 얼굴에는 실망감이 가득하다. 되도록 모두에게 뛸 수 있는 기회를 만들어 주고 싶은 마음이다.

학교에서 스포츠를 가르치는 이유는 교육적 효과 때문이다. 스포츠를 배우다 보면, 아이들은 눈앞에서 다양한 상황과 마주치게 된다. '그 상황에서 우리는 어떻게 행동해야 옳았을까?'라는 질문을 던지면, 그 순간은 즉시 아이들에게 무엇인가를 일깨워 줄 수 있는 시간으로 바뀐다.

에피소드 1

끝까지 포기 마라! 승리의 여신은 아직 손을 들지 않았다

2018년에 입학한 새내기들은 축구에 대한 열정이 남달랐다. 같은 중학교 졸업생 8명이 축구를 정말 사랑했고, 하이리그 우승 의지도 강했다. 3년 동안 하이리그에 참여했지만 우승 경험이 한 번도 없었던 나는 실력과 열정을 두루 갖춘 신입생들의 합류로 우승에 대한 기대감이 나날이 높아만 갔다. 애정을 쏟은 만큼 결과도 좋아서, 리그 초반 3연승을 거두면서 정규 리그 우승의 꿈을 향해 한 걸음씩 다가서고 있었다. 우리 팀은 유력한 우승 후보로 거론되었고, 우리 역시 흡족해하고 있었다.

그런데 만족이 자만으로 바뀌었기 때문일까. 하이리그 최하위권 팀과의 시합에서 전반전에만 다섯 골을 허용한 결과, 스코어는 1:5로 끌려가게 되었다. 하프 타임 휘슬이 울리자 묵묵히 걸어 나오는 아이들은 뽑은 지 반나절 지난 한여름 잡초처럼 풀이 죽어 있었다. 특히 골키퍼 승관이는 고개도 들지 못했다.

아이들은 평소 하던 대로 경기를 풀어 나갔는데, 첫 골이 문제였다. 수비수의 실수로 수비 진영에서 볼을 빼앗겼고, 그것이 너무 쉽게 골로 연결된 것이다. 축구 경기에서 '한 골'은 경기 분위기를 확 바꿔 놓을 수 있을 만큼 중요하다. 경기 초반부터 골 맛을 본 상대팀의 파상공세는 전반전 종료 직전까지 이어졌다. 더군다나 우리 팀 골키퍼는 1학년. 경기 경험이 부족해서 이런 상황을 견뎌낼 만큼 멘털이 강하지 못했다. 한 골을 먹고 내리 네 골을 먹었으니 멘붕 직전이었으리라. 이럴 때 아이들에게는 격려가 필요하다. 스포츠의 교육적 기능이 발휘될 수 있는 절호의 순간이다.

"너희들 잘못한 거 하나도 없어. 공격수들도, 수비수들도 어제랑 다름없이 열심히 뛰었어. 그런데 축구공은 둥글다. 첫 골은 실수로, 둘째 골은 우연히 들어갔어. 셋째 골은? 그건 국대 골키퍼도 못 막았을 거야. 그냥 평소 하던 대로 해. 지고 있다고 풀 죽어 있을 거야? 끝까지 최선을 다하자. 아직 후반전 25분이 남아 있어! 남들 신경 쓰지 말고 우리 경기를 하자. 단 두 마디만 기억해. 포기란? 없다~!"

이날 후반전은 그야말로 전설이었다. 눈빛이 달라진 우리 아이들이 후반 시작 후 한 골을 넣기 시작하더니 한 골, 한 골 추가해 나갔다. 완전히 분위기가 넘어오는 것을 보니 경기장 밖에 있던 나도 소름이 돋기 시작했다.

"할 수 있어! 다시 가자!"

역전골을 넣었을 때는 모두가 부둥켜안고 고래고래 고함을 질러댔다. 이것이 진정한 스포츠다.

자신을 존중하되 자만하지 말고, 능력은 키우되 과신하지 마라

그해 우리는 정규 리그 우승을 거두었다. 자타공인 우승 후보였던 우리 팀의 자신감은 하늘을 찌를 듯했다. 하이리그 운영 규정에 따라 정규 리그 우승팀인 우리는 나머지 팀들의 토너먼트 결과를 기다리며 여유 있게 결승 전을 준비하면 되었다.

그런데 정규 리그 우승 후 아이들이 변했다. 기본적으로 어깨에 힘이 들어가 있었고, 실력을 과신하는 것이 느껴졌다.

"최종 결승전 준비해야지. 언제 운동할래? 애들 모아 봐."

아이들은 내 말에 반응을 보이지 않았다. 고민 끝에 주장을 불러 이야기를 꺼냈다. "지금 토너먼트 시합 끝났잖아. 결승전에 올라올 팀은 지금껏 4 게임을 하고 올라왔고, 그동안 너희는 쉬었으니깐 연습 게임이라도 한번 하고 최종 결승전을 치르는 게 어때?"

"그런 거 안 해도 이길 수 있어요."

주장의 대답에 나는 관여하지 않는 게 낫겠다고 마음을 굳혔다. 지면 지는 대로 배우는 게 있을 거라는 생각이 들어서였다.

10월 말, 운명의 시합 날! 플레이오프 최종 결승 진출 팀이 경기가 치러 질 우리 학교에 도착했다. 상승세를 타고 있어서인지 모두 활기차 보였고, 나는 패배를 직감했다. 마침 찬바람에 낙엽이 날리던 늦가을, 우리 아이들이 딱 그 낙엽 같았다. 상대 팀에 이리저리 휩쓸리더니 우수수 골을 먹고 힘한번 쓰지 못한 채 3:0으로 지고 말았다.

상대 팀은 축제 분위기였다. 미리 준비한 세리머니와 팀 구호를 외치며 흡사 원시인들의 축제처럼 일사분란하게 우승 세리머니를 펼쳤다. 어깨를 축 늘어뜨린 채 그 모습을 물끄러미 바라보던 우리 아이들의 모습은 처량하기 그지없었다.

힘들지만 마무리를 지어야 하는 시간이 왔다. 아이들을 불러 모아 힘겹게 입을 뗐다. 무거운 분위기에 내 마음도 무거웠다.

> "나는 질 줄 알았지만, 연습하자고 재차 말하지 않았다. 지금 너희들을 돌아봐라. 자신만만하던 모습은 어디 갔지? 패배가 쓰라리더라도 이 순간을 꼭 기억해라. 선생님은 간절함을 가르치고 싶었다. 너희들에겐 없고, 저 친구들에겐 있었던 것! 딱 그 차이로 너희들은 자만했고, 저 친구들은 모든 것을 쏟아부었지. 그 차이가 오늘의 결과를 만들었다. 앞으로 살아가면서 반드시 다시 겪을 것이다. 그때 이 오늘의 패배를 기억하기를 바란다. '자만하지 말 것.' 그게 오늘 우리가 배워야 할 교훈이다."

이야기를 들은 몇몇은 배움이 있었을 것이라 생각했고, 적어도 얼마 동안은 마음속에 담고 살아갈 거라 생각했다. 스포츠를 통해 배움을 얻을 수 있다. 시합을 준비하면서, 뛰면서, 다양한 관계와 수많은 상황을 경험하면서 얻게 되는 배움의 포인트에서 지도교사가 어떤 메시지를 던지느냐에 따라 아이들의 마음에 작은 울림을 줄 수 있다는 생각이 든다. 스포츠의 교육적 가치가 빛나는 순간이다.

가끔은 선생님도 실수한다, 미안해!

말만 번지르르한 사람들. 내가 싫어하는 사람들이다. 했던 말은 지키려고 노력한다. 아이들이 시합에 참여하는 과정에서 소외가 발생하지 않아야 한다는 것이 내가 가지고 있는 신념이었다.

'축구를 즐기러 온 친구들이 모두 시합을 뛸 수 있어야 한다.'

아이들에게 수차례 이야기를 하고 동의를 구했다. 하이리그에서는 선수 교체에 제한이 없다. 모든 아이들이 시합에 뛸 수 있도록 하이리그 자치단에서 만든 규칙이다. 시합도 이기고 모든 아이들이 뛸 수 있다면 참 만족스러운 시합이다.

그런데 어느 날, 나는 큰 실수를 저질렀다. 정규 리그 우승으로 가는 길목에서 중요한 경기를 치르는 중이었다. 실력이 좋은 친구들을 내보내고 경기를 지켜보고 있었다. 선수 교체를 기다리는 친구들은 애가 탄다. 실력이 부족하다는 생각에 심적으로도 불안하고 불편할 것을 알기에 선수 교체를 자주 해주는 편인데, 상대 팀 공격이 너무 강해 단단한 수비수가 필요한 상황이었다. 여러 공격 옵션을 변경하며 선수 교체를 했는데 딱 한 명, 주로 측면 수비를 담당하던 아이를 후반전 끝날 때까지 시합에 뛰게 해주지 못했다. 승리에 대한 욕심에 애써 그 아이의 눈길을 외면했던 내가 참 부끄러운 순간이었다.

시합 후 모두 모여서 어깨동무하고 한 마디씩 나누던 중, 이 학생 차례가 되었다. '앞으로 축구 하지 않겠습니다.'라며 울먹이는 모습에 얼굴이 확 뜨거워졌다. 모든 아이들이 시합에 뛸 수 있도록 하겠다며 말하고 다닌 자신이 부끄러워졌고, 내 입만 바라보며 하염없이 시간을 보냈을 그 아이의 마음이 느껴져서 후회가 밀려왔다. 말만 번지르르, 나도 그런 행동을 해버렸구나. 가끔은 나도 실수를 한다. 지금도 그 아이를 떠올리면 참으로 미안하고 또 미안하다.

어릴 적 축구 리그를 만들어 보고 싶다는 작은 꿈 하나가 커져서 지금의 하이리그로 만들어졌다. 아이들이 모여서 조그맣게 운영하는 작은 공놀이에 고등학생 150명이 마음이 들썩들썩 한다. 친구들과 모여시 축구에 대해 이야기하고, 공을 더 잘 차기 위해 연습하며, 다른 학교와의 시합을 기다리며 긴장하고 설레는 그 시간은 하이리그가 없었다면 누릴 수 없었겠지? 우승 세리머니를 펼치던 그 아이들에게는 학창 시절의 참 소중한 추억이 될 것이고, 리그 운영 계획을 세우느라 열심이던 아이들, 영상을 찍어 올리던 아이들, 다른 학교와의 시합을 위해 양 팀의 눈초리와 불만 섞인 목소리를 감내해 가면서 심판으로 참여했던 친구들. 모두가 그 경험을 통해 다른 사람을 위한 배려가 가치 있었다고 느꼈으면 좋겠다. 재미있는 일을 하면 신이 난다. 아이들의 마음을 설레게 하는 작은 일들을 많이 만들어 가고 싶다.

삶의 의미와 재미를 더하다

◉ 일상의 삶에 불어넣는 의미와 재미

'어떻게 살아야 잘사는 것일까?' 늘 하는 고민이다. 직장에서 높은 지위에 오르는 것? 돈을 많이 버는 것? 그렇게 되기 위해 일상의 소중함을 놓치고 사는 사람들이 얼마나 많은가. 그런 의미에서 싸이의 〈나의 WANNA BE〉는 우리네 아버지들의 팍팍한 삶을 잘 묘사하고 있어 개인적으로 좋아하는 노래이다. 대한민국의 수많은 아버지들이 그렇게 살아가고 있지 않을까.

세계 10위의 경제 대국, 수출로 따지면 세계 7위의 역동성이 넘치는 대단한 나라, 대한민국. 그 속에 사는 사람들은 행복할까? 2020년 '세계 행복 보고서'에서 대한민국은 61위를 차지했다. 열심히 살고 성취하는 것만 가르치느라 행복하게 사는 법에는 미처 신경을 못 썼나 보다.

학교생활에서 행복한 기억을 많이 만들어 주면, 이 학생들이 자란 후에 우리나라가 행복한 곳이 되지 않을까? 우리가 겪는 수많은 일상들 속에서 공부에 휩쓸려서 하루하루 어떻게 지나갔는지도 모르는 '소중할 수도 있었던' 날들. 그날들에 색을 입히고 웃음을 입히는 일이 가치 있는 일 아닐까?

◉ 가장 큰 행복은 작은 행복들의 연속

2015년에 만났던 아이들은 참 기억에 많이 남는다. 내 교직 12년 경력 중 담임 경력은 고작 4년밖에 되지 않는다. 세 번째 담임 때, 고2 남학생들로만 구성된 학급을 맡게 되었다.

2015년, 특별한 반에는 특별한 도전이 가득하기를 바랐다. 아이들에게 우리만의 버킷 리스트를 작성해서 하나씩 달성해 나가자고 제안했다. 의견 수렴 결과, 어버이날 의미 있게 보내기, 학교에서 1박 2일 보내기, 등산 가기, 스포츠 경기 관람하기, 마라톤 대회에 같이 나가기, 교실 스튜디오를 만들어 이별사진 촬영하기 등 '2학년 8반이 해야 할 8가지'가 정해졌다. 어느덧 가정의 달이 다가왔고, 어버이날 행사부터 추진하기로 했다.

● 특별한 어버이날 만들기

> "특별한 어버이날을 만들어 보자. 매년 다가오는 어버이날이지만, 기억에 남는 추억을 만들어 보자. 누군가를 감동시키는 경험을 해본 사람이야말로 진정 멋진 사람이다."

일을 저지르려면 먼저 선포하라고 했던가. 아이들과 초대장을 만들어 보냈다. 우리 반에 카메라 감독이 꿈인 학생이 있어서 영상 편지 제작을 맡기기로 했다. 댄스 동아리에서 활동하던 친구에게는 공연 준비를 부탁했다.

행사일은 다가오는데, 아이들에게 통 소식이 없어 궁금해하던 찰나! 점심시간에 상담실에 들렀더니 아이들이 하나둘 들어가서 영상 편지를 찍고 있었다. 행사 전날에는 모두들 춤 연습을 하느라 여념이 없었다. 다들 왕초보임에도 열심히 참여하는 모습이 대견하고 흐뭇했다.

마침내 5월 8일 저녁, 캄캄한 체육관으로 학부모님들이 하나둘 모여들었다. 약속한 8시. 무대 위 대형 스크린에 1번 학생이 등장했다.

'엄마 아빠, 준원이에요. 공부 안 하고 속 썩여서 죄송해요.'

다음 2번 학생. '엄마 아빠, 창도예요. 늘 감사해요.'

뒤 이어 3번 학생. '엄마 아빠, 앞으로 효도할게요.'

이때 알았다. 10대 남학생들의 표현력은 정말 어마어마하게 비슷하다는 것을! 출석 번호 1번부터 29번까지 어찌나 거기서 거기인지!

이윽고 댄스 음악이 흐르자, 아이들이 우르르 몰려나와서 춤을 추었다. 그런데 신나는 음악과 춤에도 학부모님들 반응은 그렇지 못했다. '박수 좀 쳐 주세요!'라고 호응을 유도했지만, 장내 분위기는 가라앉아 있었다.

음악이 끝나고 객석에 불이 켜졌을 때 비로소 그 이유를 알았다. 객석은 이미 눈물 바다였다. 영상 편지에서 한 번, 유치원 시절 이후로 처음 보는 아이들의 춤에 또 한 번 터진 부모님들의 눈물은 멈출 줄 몰랐다.

공연이 끝난 후, 가족들은 기념촬영을 하고 나서도 한참 동안 고마움의 대화, 사랑의 대화를 이어 갔다. 나도 그들과 함께 그 시간을 즐겼다. 2015년 5월 8일, 일상처럼 지나갔을 어버이날이 정말로 특별해진 순간이었다. 우리 아이들과 학부모님들은 나처럼 평생 이 순간을 기억하지 않을까.

● 학교가 들썩들썩, 매일 재미있는 일이 생기도록

2015년부터 2년 동안은 학년 자치회를 맡았다. '매일을 가치 있게 만들기'가 나의 목표였다. 일상생활을 온전히 나의 의지대로 살아가는 것이 얼마나 가치 있는 일인가. 우리는 대부분 그렇게 살아가지 못하고 있다. 내 고등학교 시절을 되돌아보면 누군가가 시킨 대로 살아가는 삶의 연속이었던 것같다. 학교에서 정해진 수업 시간에 수업을 듣고, 입시 준비를 하고, 야자를 하고 독서실과 학원을 오가며 공부를 했었다. 그렇게 학창 시절을 보내고 대학교에 진학하고 난 후 크게 당황했던 기억이 난다. '어떻게 살아야 하지?', '무슨 공부를 해야 하지?' 수강 과목 선택은 물론이고, 공강 시간도 스스로 알아서 활용해야 했는데 무엇을 하면 좋은지 알려주는 사람이 없었다.

자치회를 맡으면서 학생 스스로 자신의 삶을 설계해 나가는 경험을 많이 하도록 해 주고 싶었다. '남이 시킨 대로 살 것인가? 너의 삶을 살 것인가?'라는 포스터를 내걸고 자치회 아이들을 모집했다. 처음 만들어지는 학년 자치회임에도 불구하고 주체적인 삶을 살고 싶다는 아이들이 여럿 모였다.

'자치'란 스스로 결정해서 문제들을 해결해 나간다는 의미인데, 대부분의 학교에서 학생 자치를 활성화시키고자 하지만 잘 이루어지지 않는 것이 대부분이다. 아이들이 스스로 원하는 것을 찾아서 그들의 문제를 해결해 낼 수 있도록 하는 것은 쉬운 일이 아니다. 문제의식도 가져야 하고 해결을 위해서는 선생님의 도움을 받아야 한다. 제일 중요한 것, 제일 문제는? 어떻게 해야 할지 모르는 사람이 많다는 점이다. 선생님들 역시 학창 시절에 자치를 경험해본 적이 없었다. 그러다 보니 선생님들이 필요한 행사에 학생들을 동원하는 형태로 자치가 이루어지게 마련이다.

나 역시 학창 시절에 자치를 경험하지 못했다. 하지만 스스로 재미있는 일 찾아 나서기, 재미있는 일 만들어 나가기, 의미 없어 보이는 일에 새 생명 불어넣기에는 자신이 있었다. 이제부터 나와 자치회 아이들이 만들어 낸 무용담을 들려주고자 한다.

☻ 들어봤니? 우리 학교 종소리는 랩이야!

학년 자치회 아이들과 모여서 회의를 하던 3월의 어느 날, 우리 학년의 문제가 무엇이냐는 질문에 문제가 없다는 대답이 돌아왔다.

"그래, 문제는 없어, 그치? 그런데 우리 학년 아이들이 좀 더 즐겁게 학교 생활을 하고 수업에도 열심히 참여할 수 있도록 자치회가 양념을 좀 칠 수는 없을까? 신나고, 즐겁고 재미있는 뭐 그런 좋은 아이디어 없을까?"

그때 창도가 말했다. "아이들이 수업 시작하고도 복도에서 잘 안 들어가는 것 같아요. 학교 종소리가 좀 더 재미있으면 좋을 것 같아요."

"그럼 우리가 학교 종소리를 한 번 바꿔 보는 것은 어떨까? 그럼 아이들이 수업 시간에 참여하는 마음이 조금은 즐거울 수 있을 것 같은데?"

그렇게 하여 우리들의 첫 번째 야심작 '엉착 프로젝트'가 시작되었다. 수업 시간 종이 치면 '엉'덩이를 의자에 '착' 하고 붙이며 앉도록 하는 캠페인 활동인데, 이를 위해 특별한 종소리가 필요했다. 음악적인 재능이 없던 자치회 아이들이 떠올린 것은 교내 힙합 동아리 '싸이퍼'였다.

싸이퍼 부원들은 흥이 넘치고 다재다능한 아이들이다. 일상생활에서 다양한 소재를 포착하여 랩 가사를 쓰고 멜로디를 입혀 멋진 음악을 만들어 내곤 했다.

"우리가 만든 음악이 학교 종소리가 된다고요?"

신이 나서 즉시 작업에 들어간 싸이퍼 부원들은 동아리 시간에 여러 개의 가사를 만들었고, 그중에서 우리 마음에 쏙 드는 것이 있었다.

♪♬ 수업 시간이야 얼른 교실로 들어가,

자리에 앉아, 교과 선생님을 기달~

화장실과 물은 다음 쉬는 시간으로 미뤄

HEY 거기 너희 둘, 잡담 이제 그만,

책상 위에 책을 펴, 연필과 책을 들어

칠판을 향해 너의 시선을 고정

허리를 펴고 정신을 집중

잠이 온다면 지금 당장 기지개를 펴봐

이제 곧 있으면 선생님이 도착,

모두 조용히 기다려, 아직도 떠드는 애들은 조용 쉿.

수업을 준비해, 선생님이 들어오셨다면 반장은 일어서 차렷 경례 예의

갖춰 인사. ♪♬

이 가사를 입힐 음악을 찾던 중, 45RPM이라는 그룹의 〈즐거운 생활〉이 내 머릿속을 맴돌았다. 'DJ 따라 리듬에 맞춰 다 같이 춤을 춰'라는 원곡의 가사를 '싸이퍼의 리듬에 맞춰 다 같이 자리로'로 바꾸어서 음악을 만들어 보자는 은별이의 제안에 모두가 동의했고, 녹음 작업에 들어갔다.

싸이퍼 부원들의 녹음이 시작되었다. 이어폰을 낀 상태로 음악을 들으면서 조그마한 소형 녹음기를 들고 방송실 안에서 녹음을 하는 부원들의 모습이 사뭇 진지해서 웃음이 났다. 아이들이 녹음한 랩을 동영상 편집 프로그램을 사용하여 음악에 입혔더니 정말 멋진 노래가 완성되었다. 마치 음반 제작자가 된 듯한 느낌을 받았다.

음악 작업이 이루어지는 동안 자치회 아이들은 친구들이 교실로 들어가지 않는 장면을 촬영하고, 선생님과 학생들을 찾아다니면서 인터뷰를 하며 '엉착 프로젝트' 홍보 영상을 만들었다.

드디어 프로젝트 개시일, 페이스북에 홍보 영상을 올리고 새롭게 제작한 우리가 만든 수업 시작 종을 틀었다. 아이들은 '이게 뭐야?' 하며 새로운 종소리를 즐기기 시작했다.

흥겨운 리듬에 맞춰 어깨를 들썩거리면서 교실로 들어가는 아이들의 모습이 아직도 눈에 선하다. 그 이후로 한 차례 종소리가 바뀌었지만, 흥겨운 랩 가사로 만들어진 종소리는 지역 명물로 자리 잡았다.

● **전교생의 교복 패션쇼, '삼시 세끼 교복 세끼'**

우리 학교는 비교적 자유로운 분위기이다. 개교 이후 교사들이 학생 두발에 관한 규정을 만들지 않았고, 교복 디자인에 제약을 두지도 않았으며, 심지어 스마트폰도 수거하지 않았다. 그보다는 학생의 미래와 배움, 수업에 대해 이야기하는 것이 중요하다고 생각했기 때문이다. 그렇다 보니 재학생들 중에는 운동장 잔디 같은 초록색 머리 남학생도 있고, 분홍색 머리 여학생도 있다.

그런데 차츰 교복 대신에 트레이닝복에 잠옷 바람으로 등교하는 학생들까지 생겨났고, 결국 심각한 사건이 발생했다. 학교에 다니지 않는 학생들이 우리 학교 학생 한 명을 때리겠다고 찾아온 것이다. 이들은 사복 차림이었는데, 우리 재학생들 역시 사복 차림이 많다 보니 구별하기 힘들었다.

행동과 말투가 폭력적이었던 그 아이들을 발견한 사람은 교장 선생님이셨다. 경찰을 불러 아이들을 돌려보내기는 했지만, 이대로 가다가는 큰일 나겠다는 위기의식이 생겨났다. 학생들과 외부인의 구별을 위해서는 교복 착용을 잘하는 방법밖에는 없었다.

이 문제를 학년 자치회 안건으로 상정하자, 다양한 의견이 쏟아져 나왔다. 교복을 안 입은 학생에게 벌을 주자는 의견, 교복을 아예 없애자는 의견도 나왔다. 그중 가장 흥미로운 의견은 학생들이 교복을 좋아하도록 만들자는 것이었다. 그래서 전교생이 참여하는 교복 패션쇼를 열어 학급별로 런웨이를 걷는 장면을 연출해 보자고 제안했다. 포토존을 만들어 포토제닉을 뽑자는 의견도 나왔다.

4월 어느 날, 모든 학급에서 회의가 개최되었다. '우리 학급은 어떤 음악에 맞춰서 어떤 모습으로 런웨이에 등장할까?'가 회의의 주제였다. 즐거운 것을 찾는다면 둘째가라면 서러워할 우리 학년의 아이들은 톡톡 튀는 아이디어를 쏟아냈다.

　담임선생님 성함이 '옥희'였던 학급은 '오키 도키'라는 음악에 맞춰 행진을 하며 런웨이에 등장했다. 기타를 들고 나온 학급은 기타를 치며 퍼포먼스를 선보였고, 선생님이 장교 출신인 반은 다 같이 모여 거수경례를 했다. 한 학급은 선생님 성함으로 삼행시를 지어 피켓을 들고 등장했다.

　입시에 지친 아이들이 이 피켓을 보면서 얼마나 좋아했을까? 어떤 반은 남학생 한 명을 눕혀서 여러 명의 친구들이 어깨에 올려 들고, '아이고 아이고' 하며 곡소리를 내며 등장했다. 한 아이가 어린 나이에 세상을 떠났는데, 장례 행진 후 교복을 입혔더니 벌떡 하고 살아난다는 이야기를 담은 행진이었다.

자유를 좋아하는 아이들이 예쁜 사복을 입고 개성을 표현하고 싶은 것은 당연하다. 그런 아이들의 개성을 똑같은 옷으로 모두 지워버렸으니 얼마나 답답했을까? '교복'이라는 주제로 다 같이 모여서 한바탕 즐거운 시간을 가지니 아이들이 교복이랑 조금 더 가까워졌을 거라는 생각이 든다.

이 외에도 2학년 축제 '레츄리', 추석 인사 '추카추카', 3학년 축제 '일심동체', 수능 합격 기원 '엿먹어라', 마지막 추억 쌓기 '마이쮸', 따끈따끈 내 마음을 전해 줘 '핫또고'와 같은 재미있는 일상 속 행복 찾기 행사들을 많이 만들어 나갔다. 아이들과 함께하는 과정 자체가 참 즐거운 일이었다.

● 로베르토 클레멘테처럼

미국 프로 야구의 전설적인 선수 로베르토 클레멘테는 기난한 나라 푸에르토리코 출신이었다. 어린 나이에 재능을 인정받아 미국에서 프로 선수가 되었지만, 인종 차별로 인해 출전 기회를 좀처럼 얻지 못했다. 그럼에도 그는 묵묵히 노력했고, 차츰 실력을 인정받으며 골든글러브 12회 수상, 월드시리즈 2회 우승 등, 화려한 경력을 쌓아나갔다. 고액 연봉자가 된 이후에도 자신의 출신과 힘들었던 시절을 잊지 않고, 어려운 처지의 흑인 선수들을 도우면서 사회봉사도 이어나갔다.

그러던 중 조국에 지진이 났다는 소식을 들은 그는 구호 물품을 잔뜩 준비하여 비행기에 올랐다. 화물의 무게를 이기지 못했는지 낡은 비행기는 이륙하자마자 폭발했고, 로베르토는 시신조차 찾을 수 없었다. 미국 프로야구 협회는 그의 정신을 기리기 위해 해마다 사회 공헌에 힘쓴 선수에게 '로베르토 클레멘테 상'을 수여하고 있다.

아이들의
일상생활을
재미있고 의미 있게
만들자!

> 세상을 변화시킬 수 있는데도 아무 일도 하지 않는 것은
> 지상에서의 시간을 낭비하는 것이다.
>
> – 로베르토 클레멘테

내가 자리한 곳에서 세상을 변화시킬 수 있는 방법을 찾고 싶다. 교사라는 내 삶 속에서 내가 찾은 답은 '내가 가르치는 아이들을 일상 속에서 행복을 찾을 수 있는 아이들로 성장시키기'였다. 자치회 아이들과 만들어 낸 소소한 행사들이 이루어지던 그때, 한 아이가 다가와서 이렇게 말했다.

"선생님, 요즘 학교가 넘 재미있어서 학교 다닐 맛이 나요."

그 말을 들었을 때 참 마음이 뿌듯했던 것이 생각난다.

나로 인해 주변 사람들과 세상이 조금 더 따뜻해지고 즐거워질 수 있다면, 충분히 멋진 삶을 살고 있는 게 아닐까.

행동 발달 및 특기 사항

　어린 시절 태권도 선수 생활을 통하여 체득한 강인한 정신력을 바탕으로, 한번 목표를 정하면 반드시 성취하고자 하는 욕구가 강함. 평소 인간관계를 중시하며, 유머를 겸비한 소통법으로 소속 집단의 분위기를 밝게 함. 늘 긍정적인 에너지를 함께 나누고자 노력하는 비타민 같은 '찐 체육 교사' 임.

02
깔쌈한
김성태

별명

깔쌈성태

'깔쌈하다' 는 '까리하다' 와 비슷한 경상도 사투리로 '쿨하다', '멋지다' 의 의미를 갖는다. 쿨한 성격 때문에 붙은 별명이다.

01 나는 이래서 체육 교사가 되었다

1 '태'는 발, '권'은 주먹, '도'는 나아갈 길

태.권.도! 국.기. 태.권.도!

대한민국 초등학생이라면 누구나 외치고 다녔을 기합 소리. 하얀 도복에 검은색 띠. 가슴에는 태극 마크. 도복을 입고 함성을 지르며 발차기하는 모습은 홍콩 액션 영화의 어떤 배우보다, 메이저리그 경기의 어떤 선수보다 멋졌다.

어렴풋한 기억으로 6살 때쯤인 것 같다. 서울에서 지방으로 이사 오던 첫날, 작은 용달차에서 이삿짐을 내리기 전 내가 했던 말이 아직도 생생하다.

"엄마, 엄마! 여기 태권도장 어디 있어? 나 언제부터 태권도장 다닐 수 있어? 보내 줄 거지?"

지금 생각해보면, 내 안에 운동 유전자가 있음을 그때 확인할 수 있었던 것 같다. 김구 선생님은 '어릴 때 나만큼 잘하는 사람 없고, 나보다 중요한 사람 없다'고 하셨다. 나에게 어린 시절은 딱 그렇게 기억된다.

그렇게 태권도에 대해 자신감이 넘친 상태로 열심히 운동하던 중 잊지 못할 큰 사건이 일어났다. 1987년 5월 5일, 전국 어린이 태권왕 겨루기 대회에 출전하여 1등을 차지한 것이다.

그날 경기는 전국에 텔레비전으로 생중계되었고, 이후 학교와 동네에서 '인싸'가 되는 경험을 했다. 국기 태권도로 시작한 태권도는 유치원생 때부터 대학생 때까지 내 삶의 전부가 되었다.

승승장구하던 나에게 어둠의 시간이 기다리고 있었던 것을 그때는 알지 못했다. 중3 되던 해 가을, 체육 특기자로 고교 진학이 확정되었다는 소식을 접한 날이었다. 점심시간에 친구들과 놀다가 발목 복합 골절을 당했다.

그렇게 강제로 운동을 쉬게 되었고, 자연스럽게 슬럼프를 겪었다. 아침, 점심, 저녁, 야간까지 쉬지 않고 더 많은 운동을 했지만, 전성기의 기량을 되찾지는 못했다. 재기를 노렸으나 대회에 출전하면 항상 8강, 4강 문턱에서 좌절을 맛보았다.

◉ 외나무다리

진퇴양난의 상황에서 일생일대의 중요한 사건이 발생했다. 갑작스레 교통사고를 당한 아버지가 가족과 한마디도 못 나누시고 떠나신 것이다. 내가 할 수 있는 일은 아무것도 없었다. 이때부터 학교도 안 나가고 운동도 안 하며 반항의 길을 걸었다. 무기력한 시간을 보낼 때, 엎친 데 덮친 격으로 어머니마저 쓰러지셨다.

드라마에서나 일어날 법한 일이 현실이 되자, 슬픔보다는 화가 났다. 불안감과 깊은 공포감에 휩싸여 생활하던 어느 날, '여기서 이러고 있을 시간이 없다, 정신 똑바로 차려야 한다'는 생각이 들었다.

이때부터 막연하게 생각하게 된 체육 교사. 그러나 방법을 몰랐던 나는 지방의 체육 대학에 입학 후 군대를 가게 되었다. '인제 가면 언제 오나! 원통해서 못 살겠네!'라는 말이 있을 정도로 오지인 강원도 인제의 원통이라는 최전방에서 근무하게 되었다.

하늘이 무너져도 솟아날 구멍이 있다고 했던가. 최전방에서 야간 근무를 서던 날, 곁에 서 있던 후임병에게 체육 교사가 되고 싶다고 말했다. 그때 후임병이 건넨 한마디 말이 지금의 나를 있게 했다.

"할 수 있습니다. 반드시 해내실 것입니다."

그 말은 칠흑 같은 어둠을 한 번에 밝게 비춰주는 한 줄기 빛과 같았다. 갑자기 뭔가에 홀린 것처럼 '내가 진짜 할 수 있겠다'는 생각이 들었다.

● GRIT, 새로운 길을 가는 것은 두렵지만 항상 설렌다

제대 후 제2의 인생을 위한 도전을 시작하였다. 하루에 4시간 정도 잠을 자며 내 일생 중에 가장 공부를 많이 한 시기가 이 시기다. 한 번도 해본 적 없는 영어 텝스 공부와 실기 종목(축구, 농구, 배구, 높이뛰기, 기계체조) 운동

도전과 목표

만 했다. 한여름, 이마에 수건을 질끈 동여매고 가장 먼저 학원 불을 켜고 가장 마지막에 불을 끄는 역할을 하며 최선을 다했다. 처음 편입학원 문을 열고 텝스 문제지를 받던 그날을 잊지 못한다. 내 앞에 놓인 흰 종이는 문제지, 검은 글자는 영어 단어였다. 실망보다는 짜증이 났다. 그렇게 시작한 영어 학원 생활은 6개월간 지속되었다.

드디어 첫 모의고사를 치르고 학원 게시판에 개인 성적이 공개되던 날, 내 이름이 보이지 않았다. 성적이 기준 이하이면 이름을 공개하지 않는다고 했다. 다행이라 여겼지만 부끄러웠다. 그때 생각했다.

'저 게시판에 내 이름을 올리고 싶다.'

교재를 하도 많이 봐서 옆면이 새까맣게 될 때까지 영어 공부에 매진했다. 그리고 3개월 후, 모의고사 성적 게시판에 당당히 이름을 올릴 수 있었다. '하면 된다'는 것을 성인이 되어 처음으로 경험한 것이다. 이런 시간을 견뎌 낸 덕분에 원하는 대학의 체육교육학과에 입학할 수 있었다. 지금 그렇게 하라고 하면 못할 것 같다는 생각이 들 정도로 정말 최선을 다했다.

GRIT

미국의 심리학자인 앤절라 더크워스가 처음 사용한 용어로, 삶에서 성공과 성취를 이끌어내는 데 결정적인 역할을 하는 '투지' 또는 '용기'를 의미합니다. 다시 말해, 선천적인 재능보다는 후천적인 노력이 성공과 성취를 이루는 데 더 큰 비중을 차지한다는 것이지요.

언제나 그렇듯이 정답은 없어도 해답은 있다. 시간, 노력, 열정, 지속성이 없이는 어떤 것도 얻을 수 없다. 시간, 노력, 열정, 지속성을 기반으로 2001년 임용고사에 합격한 이후에도 '장학사'라는 새로운 길을 갔으며, 현재는 경기도에서 중학교 교감으로 근무하고 있다. 체육 교사가 되기까지 도전하는 삶을 살았고, 교감이 된 지금도 도전은 현재 진행형이다.

산을 걷다 보면 오르막길, 평지, 내리막길, 구부러진 길 등 다양한 길이 나타난다. 오르막길이 있으면 내리막길이 있다. 길이 끊기면 새로운 길이 나타난다. 우리 삶도 그렇다.

여러분은 지금 어떤 삶을 살고 있나요?

성장통을 겪고 있나요? 그럼 성장할 때입니다.

체육을 좋아하나요? 좋아하는 일을 하세요. 지금 당장!!!

02 깔쌈한 체육 교사

1 네 바퀴의 매력에 빠지다

인라인스케이트와의 첫 만남

> 쌩쌩~ 내 귓가를 스쳐가는 바람소리에 맞춰
>
> 나의 질주 본능은 시작된다.
>
> 바퀴 네 개에 온몸을 의지하며 온전히 내 힘으로 바람을 가른다.
>
>
> 쌩쌩~ 내 온몸을 휘감는 바람소리에 맞춰
>
> 네 바퀴는 힘차게 굴러간다.

    인라인스케이트 동호회에 가입해서 함께 활동하자는 선배 교사의 권유를 받았다. "쇠뿔도 단김에 빼라."라는 속담처럼 퇴근 후에 분당 중앙공원으로 발걸음을 옮겼다. 헬멧을 쓰고 구령에 맞춰 인라인 기초를 배우는 사람들로 공원은 발 디딜 틈조차 없었다. 한구석에서 스테인리스 컵을 여러 개 세워

놓고 인라인스케이트를 타는 사람들이 나의 시선을 사로잡았다.

콘 사이를 바닷게처럼 옆으로 가는 사람들, 한 발로 빠르게 콘 사이를 통과하는 사람들, 콘을 빙글빙글 돌면서 묘기하는 사람들, 2인 1조 커플로 음악에 맞춰 연기하는 사람들, 눈가에 미소를 띠고 행복하게 운동하는 사람들.

처음 보는 광경에 한동안 넋을 놓고 쳐다보던 순간, '저렇게 멋지게 잘 타고 싶다'는 생각이 들었다. 한참 운동하는 사람들 틈에 조용히 쉬고 있는 분에게 다가갔다.

> **깔쌈성태:** 혹시 동호회 이름이 뭔가요?
> **동호회원:** 바람소리요.
> **깔쌈성태:** 지금 하고 계신 운동은 뭔가요?
> **동호회원:** 인라인스케이트 중에서 슬라럼이라는 종목이에요.

그때부터 '슬라럼'이라는 단어를 입에 달고 다니면서 생활했다. 그날 이후 틈만 나면 인라인을 탔고, 시간적 여유가 없을 때는 인라인을 타고 출퇴근하기도 하였다. 수업이 없는 시간에는 강당이나 주차장에서 인라인을 타고 연습에 매진했다. 그렇게 인라인스케이트 슬라럼은 나의 일상이 되어 버렸다.

그렇게 혼자 열심히 슬라럼을 타다가 문득 '혼자만 하니까 재미없네. 애들하고 같이 해볼까?' 하는 생각이 들었다. 수업 시간에 아이들과 함께 활동하고 싶었으나, 여러 가지 이유로 실천하지 못했다. 그래서 방과후 체육 활동으로 방향을 바꿨고, '인라인 마라톤 대회'를 개최하면 아이들이 관심을 가지고 많이 참가할 것이라고 생각했다.

대회 개최 생각만으로도 가슴이 벅찼다. 시작도 하기 전에 혼자 '절반은 성공'이라는 생각이 들었다. 내가 기획하고 준비한 대회에 아이들이 참가하면서 좋아할 생각을 하니 너무나도 색다른 기분이 들었다. 신청자가 너무 많아서 대회장소가 마비되는 상상을 해봤다. 그러나 이런 나의 생각과는 다르게 준비 과정부터 넘어야 할 산들이 버티고 있었다.

● 넘어야 할 산

> **교장 선생님:** 왜 해야 합니까? 어떻게 진행할 건가요? 예산은 있습니까? 안전사고 예방 대책은 세웠습니까?
>
> **깔쌈성태:** (대답을 고민하다가) 젊은 교사가 새로운 아이디어를 가지고 오면 격려해주고 칭찬해주셔야 하지 않습니까?

시작하기도 전에 반대부터 한다는 생각에 순간 기분이 상했다. 아마 여러분들도 그런 경험이 있을 것이다. 엄청 열심히 공부하다가 잠깐 휴대폰을 보고 있는데, 엄마가 갑자기 방문을 예고도 없이 여는 기분! 딱 그 기분이었다.

지금 생각해보면 '왜 직구를 선택했을까?'라는 생각이 든다. 스트라이크존에서 살짝 벗어나는 변화구를 몇 개쯤 던졌으면 어땠을까 하고 생각해 본다. 괜히 한다고 말했나 싶지만 후회는 없었다. 이런 생각이 들 때면 결정을 내리는 나만의 기준이 있다. '지금 하지 못하면 나중에 후회할 일인가? 그렇다면 힘들어도 지금 시작하자!'

교장 선생님은 이런 나의 마음을 간파하셨는지, 아니면 젊은 교사의 패기가 좋아 보이셨는지 안전에 관련된 것들을 잘 준비한다는 조건하에 허락해 주셨다. 안전사고 예방 대책 수립, 참가자 및 진행 요원의 사전 교육, 시청에 장소 협조 공문 보내기 등 준비할 것이 많았다. 어느 하나 쉬운 것은 없었으나 어느 하나 완벽하지 않은 것이 없었다. 주위의 기대를 저버리지 않기 위해서 최선을 다해서 준비했다.

그 결과 제1회 인라인스케이트 마라톤 대회는 성황리에 마무리되었다. 학생들은 친구들과 함께 인라인스케이트를 탄다는 것 자체를 너무나도 좋아했고, 잊지 못할 추억이 생겼다고 더 행복해했다. 나 또한 그 추억의 순간을 함께했다.

> "청소년기에 다양한 신체 활동 경험은 매우 중요하다.
> 학생들의 인라인스케이트 경험은 그들이 일생을 살아가는 데
> 중요한 길잡이 역할을 할 것이다."

● 방과후 활동에 슬라럼 도입

새로운 학교에서 새로운 도전을 시작했다. 어느덧 나에게는 '인라인스케이트 활성화'라는 사명감이 생긴 것 같았다.

당시만 해도 체육 방과후 활동은 대부분이 축구, 농구, 배드민턴이었는데, 갑자기 인라인스케이트반을 만들겠다고 하니 방과후 담당 교사는 당황하는 기색이 역력했다. 인라인 관련 홍보물을 벽에 붙이고 동영상을 수업

시간에 보여주자, 아이들은 슬라럼에 대해 관심을 보이기 시작했고, 인라인 스케이트반이 개설되었다.

학생들에게 몇 개월 후의 자신의 모습을 상상하도록 했다. 학생들은 벌써 자신들이 프리스타일 세계 챔피언이 된 듯한 표정으로 꽤나 진지하게 방과 후 활동에 임하고 있었다.

나도 방과후 수업을 마친 학생들의 모습을 상상해봤다. '아이들이 친구나 가족들과 함께 학교 및 공원에서 슬라럼을 즐기는 모습, 귀에 헤드셋을 끼고 형형색색의 콘을 통과하는 모습, 슬라럼을 타며 친구들끼리 깔깔거리며 웃는 모습.' 상상만으로도 너무 멋졌다.

교실 뒤편의 빈 주차장에서 일주일에 2번 아이들과 슬라럼 활동을 했다. 아마 학교 일과 중에서 나와 아이들이 가장 기다리는 시간이었던 것 같다. 제법 탈 줄 아는 학생들부터 아예 인라인스케이트를 처음 타본 친구들까지 수준이 다양했다.

그렇게 몇 번 수업을 진행하다 보니 기분 좋은 걱정이 하나 생기기 시작했다. 그것은 바로 학생들의 실력 때문이었다. 청출어람(靑出於藍)이라 했던가? 나보다 잘 타는 아이들이 나타나기 시작한 것이다. 나도 자극을 받아

슬라럼

인라인스케이트 종목 중 하나로, 정해진 구간에 일정한 간격의 콘을 놓고 자유연기로 통과하며 기술을 선보인다.

더 열심히 인라인을 타기 시작했다. 이럴 때 교사는 진정한 행복감을 느끼는 것이라는 생각이 들었다.

우리들의 인라인스케이트 활동은 학교에 점점 소문이 나기 시작했다. 하굣길에 우리의 활동을 한참 동안 구경하고 가는 친구들이 생기기 시작했다. 방송반 선생님은 나에게 이것저것 물어보면서 학교 홍보 영상을 촬영하자고 제의해 왔다. 방과후 슬라럼부는 기쁜 마음으로 즐겁게 촬영을 하는 영광을 누리게 되었다. 인라인스케이트와 함께한 체육 활동은 너무나도 행복했다.

좋아하는 것을 아이들과 함께하고, 그 속에서 성장하는 아이들과 시간과 공간을 함께하는 것. 그것이야말로 가르치는 직업을 가진 교사가 누릴 수 있는 최고의 호사가 아닐까 생각해 본다.

⚫ 생각의 전환

'슬라럼을 밖에서만 타야 하나? 비가 오면 어떻게 타지?'

날씨에 영향을 받지 않고 아이들과 즐겁게 탈 수 있는 방법에 대해 고민하던 끝에 체육관에서 슬라럼을 하면 되겠다는 생각이 들었다. 생각을 곧바로 실행에 옮겼다. 슬라럼을 체육 수행 평가 종목으로 정하고 수업을 진행했다. 안전한 수업을 위해 인라인스케이트와 헬멧, 보호대 등을 학교 예산으로 구입하였다.

실제 수업을 해보니 인라인스케이트를 신고 아장아장 걸음마를 시작하는 학생부터 문어발처럼 발을 움직이며 요리조리 수준급으로 잘 타는 학생까지 수준이 정말로 다양했다. 학생 한 명 한 명 일일이 손 잡아주며 다양한 방법으로 수업을 진행하였다. 아이들은 서로 잡아주고 밀어주고, 넘어지고, 소리치고, 아주 난리도 아니었다. 뭐가 그렇게도 재미있는지 깔깔깔 웃음소리가 체육관에 끊이질 않았다. 중심을 못 잡는 아이들을 위해 스키폴을 사용하여 중심을 잡을 수 있도록 도움을 주었다. 서지도 못하는 아이들이 폴을 이용하여 앞으로 나가기 시작했다. 아이들도 신기했는지 '오~오~'를 외치며 위태위태한 스케이팅을 이어갔다.

난 아이들이 자신이 타는 모습을 직접 눈으로 확인할 수 있도록 캠코더로 운동하는 모습을 촬영했다. 자신이 타는 모습이 화면에 나오도록 설정했더니, 화면에 나오는 자신의 얼굴을 본 아이들 때문에 체육관은 또 한번 시끌벅적해지기 시작했다.

> **체육부장:** 선생님, 학교에서 이렇게 새로운 것을 접해보니까 너무 신기하고 재미있어요.
>
> **깔쌤성태:** 그래? 아마도 너희들이 전국 최초로 학교에서 슬라럼을 타본 아이들일 거야. 자부심을 가져. 열심히 해줘서 고마워.

체육 시간은 신나고 재미있어야 한다. 아이들과 재미있게 한바탕 논 것 같다.

하고 싶은 것이 있으면 시도해보자. 기존의 방법이 안 통할 때 필요한 건 생각의 전환!

☺ 학교 축제에서 선보인 슬라럼

> **학생 1:** 선생님, 학교축제 때 우리가 슬라럼 공연을 하면 어떨까요?
>
> **학생 2:** 춤과 노래, 슬라럼을 함께 공연하면 완전 멋질 것 같아요.
>
> **깔쌤성태:** 좋지! 한번 멋지게 해보자.

아! 이게 웬일이지? 내가 그토록 하고 싶던 공연이었는데! 어쩌면 아이들 입에서 그 말이 나오기를 기다렸는지도 모른다. 아이들과 짧게 나눈 대화 한마디에 슬라럼 공연 기획은 시작되었다. 몇몇 지원자들과 함께 점심시간 과 방과후 시간을 활용하여 맹연습에 돌입했다. 없는 시간을 쪼개어 연습하고, 짜장면을 시켜 먹으면서 구슬땀 흘리기를 수개월! 학교 축제 때 슬라럼 공연을 할 수 있게 되었다.

드디어 공연 당일, 어디서 소문을 들었는지 공연장 주위에는 벌써 엄청난 학생들이 우리를 기다리고 있었다. 비트 있는 음악소리와 함성소리가 대학교 축제 못지않았다. 긴장되는 순간! 내가 마이크를 들었고 한 명 한 명 이름을 불렀다. 아이들이 슬라럼 퍼포먼스를 할 때마다 학생들의 박수와 함성소리가 학교를 가득 채웠다. 공연하는 아이들의 얼굴은 약간 상기되어 있었지만 기쁨과 흥분이 교차한 표정을 짓고 있었다. 아이들과 하나 되어 공연을 하는 그 기분! 경험해본 자만이 알 수 있을 것이다.

> **학생 1:** 선생님! 무대 위에서 환호를 받으며 공연하니까 제가 연예인이 된 것 같아요.
>
> **깔쌈성태:** 그래, 우리는 연예인이야! 이제 우리 학교 밖으로 나가볼까?

아이들도 나도 같은 기분을 느꼈다. 낯선 슬라럼을 방과후 활동과 수업 시간, 그리고 축제까지 함께 해준 아이들에게 고마움을 전한다. 그때 그 친구들이 보고 싶다.

고대 로마 시인 유베날리스는 "건강한 신체에 건강한 정신이 깃든다."라고 했다. 청소년기에 다양한 신체활동에 참여하면 신체와 정신이 모두 건강해진다. 운동을 좋아하는 학생이라면 교내외 다양한 체육 활동에 참여해보길 적극 권장한다. 미래의 진로를 선택하는 데, 더 나아가 인생을 행복하게 사는 데 운동보다 좋은 것을 아직 나는 찾지 못했다.

나에게 인라인스케이트는 태권도 선수 시절 지루하고 힘들고 꼭 이겨야만 하는 스포츠가 아니었다. 좋은 날, 좋은 곳에서 좋은 사람들과 함께 땀흘리며 나를 표현하는 것이다. 행복감을 느끼면서 몰입할 수 있게 해준 나의 첫 번째 스포츠이다.

"사람들은 당신이 일에 몰입해 있을 때 멋있다고 생각합니다.
지금 이 순간, 여러분은 무엇에 몰입해 있나요?"

2 줄을 향한 사랑

● 이유가 어디 있어? 좋으니까 하는 거지!

줄넘기는 친숙한 운동이다. 동네 어디를 가도 줄넘기하는 친구들을 쉽게 찾을 수 있다. 국민 스포츠라 해도 과언이 아닐 정도로 많은 사람들이 즐겨하는 운동이다.

음악 줄넘기가 유행하던 2000년대, 음악 줄넘기 지도자 연수에서 '줄넘기 스타' 김수열 강사님을 만났다. 강사님의 시범을 처음 보고 '와, 어떻게 줄을 저렇게 자유자재로 다루면서 넘을 수 있을까?' 감탄했다. 연수 중에 강사님은 '점프와 스피드도 좋고 감각이 있다'며 나를 여러 차례 칭찬하셨다. '칭찬은 고래도 춤추게 한다.'라는 말처럼 강사님의 칭찬에 '줄'에 대한 나의 사랑은 시작되었다.

줄넘기가 쉬운 것 같지만 막상 해보면 그렇게 만만한 운동이 아니다. 뛰는 동작만 해도 수십 가지가 되며, 음악과 리듬에 맞춰서 줄을 다양하게 돌리는 것은 더 어려운 일이다. 단체 줄넘기를 할 때면 친구들이 줄에 걸려서 자꾸만 멈추게 되는 순간들이 발생하기 때문에 남을 이해하고 협력해야 하는 운동이다.

사람들은 말한다. '천재는 노력하는 자를 이길 수 없고, 노력하는 자는 즐기는 자를 이길 수 없다'고. 그러나 즐기기 위해서는 잘해야 하고, 잘하기 위해서는 남들보다 더 노력해야 하는 것이 현실이다.

줄넘기도 마찬가지다. 줄넘기를 즐기기 위해서는 줄에 걸리지 않고 잘 뛰어야 한다. 그래서 줄이 내려오는 타이밍과 내가 뛰는 타이밍을 감각적으로 몸에 익혀야 한다. 줄넘기를 잘하기 위한 가장 좋은 방법은 줄을 많이 넘어 봄으로써 줄을 돌리고 넘는 타이밍을 몸으로 익히는 것이다.

줄넘기를 잘하고 잘 가르치기 위해서는 나부터 부지런해져야겠다고 생각했다. 그래서 주말이나 방학 때 개최되는 다양한 줄넘기 관련 연수에 무조건 참여해서 기능을 익혔다. 줄넘기를 배울 수 있는 곳이라면 어디라도 마다하지 않고 다녔다.

가장 인상 깊었던 현장은 서울의 ○○대교 밑이었다. 휴일에 그곳에서 줄넘기의 새로운 기술을 익히는 모임이 있다는 소식을 듣고 무작정 찾아갔다. 다리 밑에는 이미 유치원 아이부터 주부들까지 많은 사람들이 다양한 줄을 가지고 서로 깔깔거리면서도 진지하게 줄넘기를 하고 있었다. '저 사람들은 왜 아침에 나와서 줄넘기를 할까? 이유가 뭘까?'라는 생각이 들었다. 하지만 그들과 함께 같은 경험을 하면서 이내 그 대답을 찾을 수 있었다. '이유가 어디 있어? 좋으니까 하는 거지.'

● 오리 날다

그렇게 주말에 배운 동작을 학교에서도 쉼 없이 연습했다. 첫 학교에서는 체육관이 없어서 조회대에서 줄넘기 연습을 했다. 쉬는 시간이나 수업이 없는 시간에 조회대에서 운동을 하다 보니 학생들이나 선생님들이 관심을 보이기 시작했다.

기회를 놓치지 않고 음악 줄넘기 동아리를 홍보하고 관심 있는 학생들을 선착순으로 모집했다. 그렇게 음악 줄넘기 동아리를 결성했고, 우리는 모두 신나게 줄을 돌리게 되었다. 음악 줄넘기 동아리 명칭은 '○○ 줄사랑'으로 정하였다. 그렇게 하루하루 줄을 열심히 돌리다 보니 실력이 늘었고, 실력을 뽐낼 수 있는 무대에 설 수 있는 기회를 얻게 되었다. 예전보다 더 열심히 줄을 돌려야 할 이유가 생겼다.

아침 수업 전과 방과 후에 우리는 운동장 흙바닥에서 연습을 했으며 비가
오면 내가 연습하던 그 조회대에서 열심히 줄을 돌리고 줄을 뛰어넘었다.
음악은 체리필터의 〈오리 날다〉를 선택하였다. '날아올라, 저 하늘~ 멋진
별이 될래요'라는 노랫말이 내가 학생들에게 전하고 싶은 메시지를 잘 전달
해주었다. 우리 아이들이 꿈을 가지고 매순간 최선을 다한다면 정말로 날아
오를 수 있다는 생각이 들었다.

아이들과 나는 줄에 걸리면 또 돌리고 줄에 걸리면 또 돌리고, 그렇게 하
다 힘들면 쉬었다 다시 하기를 반복하면서 점점 줄넘기의 매력에 더 빠져들
게 되었다. 처음에는 줄 돌리는 사람을 향해 '똑바로 돌려'라고 탓하기도 하
고, 어떤 때는 줄에 걸린 친구에게 '더 높이 뛰어'라고 핀잔을 주기도 했다.
그러면서 우리는 성장했다. '아, 누구의 잘못이 아니라 우리의 마음이 하나
되지 못했구나. 서로 잘해야겠구나.' 하고 깨달으면서 '○○ 줄사랑'은 차츰
완전체가 되어 갔다. 줄넘기 활동은 단순히 줄을 넘는 법을 넘어 삶의 장애
물을 넘는 법을 일깨워준다.

성남종합운동장 실내 체육관. 지난 봄날 짧지만 강렬했던 우리의 연습 결
과를 여러 사람들 앞에서 선보일 곳이다. 아니, 우리의 실력을 입증하는 곳
이었다. 많은 사람들이 우리를 바라보고 있었고, 기대하고 있었다.

몇 번의 실수는 있었지만, 서로 격려하며 일생일대 중대한 줄사랑 공연을
무사히 마쳤다. '해냈다! 날아올랐다!' 아이들이 느끼는 성취감은 말하지 않
아도 서로 알 수 있었다. 그리고 아이들이 좋아하는 짜장면으로 그날 하루
를 마무리했다.

'얘들아, 너희들이 지금도 줄을 돌릴지는 모르겠으나 선생님은 너희들과 함께 열정적으로 줄을 돌릴 수 있어서 행복했다. 줄넘기에 대한 추억을 만들어줘서 고맙다!'

● 두 배로 즐거운 무지개 줄넘기

'체육관이 없는 학교, 산 중턱의 ○○ 대학교 옆의 외진 학교, 교사들이 선호하지 않는 학교, 연세가 많으신 체육 선생님.'

체육 수업을 하기에 환경은 열악했지만 아이들은 순수했다. 내가 할 수 있는 일을 찾던 중, 모든 학생들이 즐겁게 줄넘기를 할 수 있는 환경을 만들어야겠다는 생각이 들었다. 그래서 첫 학교에서의 경험을 토대로 눈에 잘 띄는 곳에서 누가 보던 안 보던 간에 같은 장소에서 거의 같은 시간에 줄넘기를 했다.

학생들이 관심을 보이기 시작했고 함께하기 시작했다. 그렇게 시작한 줄넘기 연습은 오전 8시에 시작했다. 9시 등교가 시작되기 전이라 가능했던 것이기도 했지만 학생들의 열정이 한참 늦잠 잘 나이인 중학생과 나를 8시에 운동장으로 모이게 했던 것 같다. 우리는 단체 줄넘기도 연습했다. 단체 줄넘기 중에 어려운 기술은 '무지개'라는 동작이었다. 단체 줄넘기를 운동장에서 하기란 쉽지 않다. 땅이 고르지 않았고, 돌멩이와 유리조각 같은 것들도 많아 운동장을 정리해도 매순간 위험했다. 황사나 미세먼지, 비라도 내리면 할 수 있는 공간이 없기에 답답하기도 했다. 하지만 그 어떤 것도 우리의 열정을 막을 수는 없었다.

무지개 동작은 2명이 아주 큰 줄을 돌리면서 뛰면, 다른 2명이 큰 줄 안으로 뛰어들어 가면서 중간 줄을 돌린다. 또다시 다른 2명이 그 중간 줄에서 뛰어들어가면서 작은 줄을 뛰면서 돌린다. 마지막으로 한 명이 작은 줄 안에서 개인 줄을 돌리면서 뛴다. 총 9명이 순서대로 점점 작아지는 원 속에서 줄에 걸리지 않고 뛰어들어가고 나오는 것이 중요한 동작이다. 완성된 모습이 무지개 같다고 하여 붙여진 이름이다.

팀원들에 대한 믿음과 호흡이 너무나도 중요한 동작인데, 이 동작을 하면서 정말로 내 마음속에 무지개가 뜬 것 같았다. 어린 친구들임에도 자신의 역할에 최선을 다하면서 친구들을 배려하며 집중하는 모습이 너무나도 멋있었다.

아이들과 함께 줄넘기를 열심히 하다 보니 단체 줄넘기 및 개인 줄넘기 영상을 제작하여 공유하고 싶다는 생각이 들었다. 줄넘기 영상이 이 친구들에 대한 선물이 될 수 있겠다는 생각이 들면서 기록으로 남기고 싶었다. 줄넘기의 기본인 양발 모아 뛰기부터 2중 뛰기, 뒤로 뛰기, 2인 맞서 뛰기, 8자 마라톤 등, 줄을 넘을 때 들어가는 방법과 나오는 방법, 그리고 함께 뛸 때

상대방을 배려하는 방법을 자세하게 그리고 최대한 멋지게 촬영했다. 그리하여 완성도 높은 영상이 탄생했다. 많은 선생님들이 음악 줄넘기 지도에 이 영상을 참고했고, 큰 도움이 되었다는 연락을 받았다.

호기심과 즐거움으로 시작한 음악 줄넘기 활동은 즐거움과 성취감을 경험하게 해주었다. 동시에 음악 줄넘기에 목말라 있던 여러 선생님들과 학생들에게 도움이 될 수 있었다는 것에 뿌듯하고 행복했다. 빛바랜 앨범처럼 가끔 컴퓨터에서 그때의 영상들을 보고 있으면 내 입가에 흐뭇한 미소가 번진다.

'애들아. 세상의 리듬에 맞춰 매순간 넘어야 할 것들을 잘 넘고 있지?'

● 월드컵 경기 사전 축하 공연

4년에 한 번 볼 수 있는 월드컵. 전 세계 축구경기 중 가장 열기가 뜨거운 월드컵. 그 월드컵 경기가 2002년도에 한국과 일본에서 동시에 개최되었다. 2002년 한일 월드컵을 생각하면 붉은 악마와 거리 응원이 떠오른다.

거리 응원에서 빠질 수 없는 것이 축하 공연이다. 일반 시민들에게 줄넘기를 알리기 위해 줄넘기 거리 공연을 시작했다. 첫 공연은 2006년 월드컵 '대한민국 대 토고'의 경기가 열리는 곳이었다. 가슴이 콩닥콩닥 뛰기 시작했다. 거리엔 모두 붉은 물결로 공연 시작 전부터 인산인해였다. 발 디딜 곳도 없이 사람들로 가득했다.

나는 공연 팀과 함께 붉은색 티셔츠를 입고 얼굴에 페이스페인팅을 하고 무대에 올랐다. 그렇게 많은 사람들과 큰 함성소리를 받으며 공연하기는 처음이었다. 경기 시작 전 축하 공연으로 매우 긴장이 되었지만, 중간중간 멋진 동작들이 나올 때마다 박수와 함성으로 응원해주신 시민들 덕분에 힘이 났다. 일반 시민들은 연신 탄성을 자아내며 박수와 함성으로 놀라움을 표현해 주셨다.

그렇게 무사히 공연을 마치고 편안한 마음으로 대한민국을 목이 터져라 응원하면서 경기를 볼 수 있었다. 이렇게 많은 사람들이 축구를 사랑하듯이 줄넘기를 사랑해줬으면 하는 마음이 생겼다. 이후에도 월드컵 축구 사전 공연을 성남종합운동장에서 한 차례 했으며, 프로농구 경기장에서도 음악 줄넘기 공연을 했다. 이렇게 사람들이 많이 모인 장소에서 축하 공연을 함으로써 음악 줄넘기를 널리 알리게 되었다.

● 중국 무술 학교와의 문화 교류

중국 하면 무엇이 떠오르는지? 만리장성? 자금성? 탁구? 혹시 소림사가 떠오르지는 않는지? 나에게 특별한 경험으로 남아 있는 건 중국의 무술 학교에서 줄넘기 공연을 하고 온 일이다. 그곳을 방문해서 붉은색으로 감싸진 학교 건물, 학생들의 헤어스타일과 복장을 보니 정말 무술 학교 같다는 생각이 들었다.

무술 학교에서는 소림 무술로 우리를 환대해주었고, 우리는 음악 줄넘기 공연으로 화답했다. 줄넘기 덕분에 중국 땅을 밟아 볼 수 있었고, 무술 학교 교직원들과 학생들에게

대한민국의 음악 줄넘기를 알려줄 수 있어서 잊지 못할 추억이 하나 생겼다.

　이후로도 주말이면 항상 모여서 연습하고 공연하러 다니기를 꽤나 오래했고, 이후에는 인근 학교 선생님들에게 무료로 줄넘기 강습을 했다. 세월이 흘러 장학사로 재직할 당시, 오산시 제1회 줄넘기 대회에서 축사를 해달라는 부탁도 받았다. 하지만 난 축사보다는 직접 '아빠와 아들'이라는 팀명으로 2인 맞서 뛰기 종목에 아들과 함께 출전했고, 줄넘기로 건강한 추억을 만들었다. 지금은 축구하는 아들과 아들 친구들에게 줄 넘는 방법을 알려주며 옛날의 추억들을 회상하고 있다.

　"빨리 가려면 혼자 가고, 멀리 가려면 함께 가라."라는 아프리카 속담이 있다. 줄넘기를 오래 즐겁게 하기 위해서는 많은 사람들과 함께 해야 한다. 줄넘기처럼 쉽고, 재미있고, 안전한 스포츠는 없는 것 같다. 이제 우리 청소년 친구들이 줄넘기의 매력에 빠져 함께 뛰는 대한민국을 만들었으면 하는 바람이 있다. 기존에 지루하게 줄만 넘었던 줄넘기에서 이제 즐거움을 느끼면서 함께 하는 줄넘기는 어떨까? 호기심에서 즐거움으로 즐거움에서 자신감을 준 줄!넘!기! 함께 해요!

월드컵 경기장으로 변신한 학교

● 6월의 함성

학교라는 공간은 밖에서 바라보면 매우 평온하다. 종소리가 울리면 학생들은 교실에서 공부를 하고, 종소리가 또 울리면 언제 그랬냐는 듯이 복도로 너나 할 것 없이 달려 나와 왁자지껄 한바탕 소란을 피운다. 그러기를 몇 번 반복하면 아이들은 하교하고 학교는 매우 조용하다. 평범한 학교가 조금은 특별한 체육 교사의 등장으로 활력을 찾기 시작한다.

2002년 월드컵 당시, 국민 모두가 붉은색 티셔츠를 입고 거리로 나와 대한민국을 외치면서 승리를 기원했다. 그때의 기쁨과 환희는 아직도 잊혀지지 않는다. 2006년 6월 뙤약볕이 내리쬐던 월드컵 시즌, '2002 월드컵 4강 신화'의 생생한 기억을 학교 현장으로 그대로 옮겨오고 싶었던 나는 특별한 이벤트를 준비했다. 이를 위해서는 다음과 같은 준비가 필요했다.

첫째, 등교 복장은 붉은 색 반팔 티셔츠.

둘째, 북, 부부젤라, 꽹과리 등 응원 도구 챙기기.

셋째, 선크림, 페이스페인팅, 선글라스, 모자, 음악 준비하기.

그리고 가장 중요한, 축구에 대한 열정!

이제 학교에서 월드컵을 즐길 수 있는 모든 준비가 끝났다. 공은 내가 준비하고, 아이들은 축구를 즐기기만 하면 된다. 아이들은 반 구호를 만들었고, 세리머니를 준비하기 시작했다. 반별로 응원을 어떻게 멋지게 할 것인가를 고민하고 연습했다. 비록 학급 대표지만 마치 축구 국가대표가 된 듯한 표정으로 자부심이 넘쳐 보였다. 지금 이 순간, 여기는 실제 월드컵이 열렸던 서울 상암 월드컵 경기장이다.

"대한민국 짝짝짝 짝짝! ○○반 파이팅~ 할 수 있다! 오~ 필승 우리 반!"

학생들의 함성 소리와 부부젤라, 북 등을 동원한 응원 소리와 승부욕 넘치는 경기는 정말로 월드컵을 눈앞에서 보는 것 같았다. 나의 체육 수업이 보통 하루에 4~5시간 정도 있었으니 하루 종일 북소리와 부부젤라, 학생들의 함성 소리가 끊이질 않았던 것 같다. 체육 시간이 끝나면 남학생들은 운동장 한켠에 있는 호스를 이용하여 서로에게 물장난을 치며 더위를 식히고 스트레스를 날려 보내곤 했다. 재미있다는 학생들의 환호성에 나는 머리 위로 동그라미를 그리며 화답했다. 그렇게 6월의 함성소리를 들으며 학생들과 행복한 축구를 즐기고 있었다.

유난히 시끄럽던 경기가 끝난 날, 교장 선생님이 나를 불러 '대체 생각이 있냐'고 야단을 치셨다. 어리둥절했던 나는 다음 말씀에 '아차' 싶었다. 1학기 2차 지필 평가 준비 기간이었던 것! 선생님들은 진도를 나가면서 시험 문제 출제에 여념이 없으셨고, 학생들은 수업 내용을 한마디라도 놓칠세라 귀를 쫑긋 세우고 있을 시기였다. 게다가 교실마다 에어컨이 없던 시절이라서 창문을 열고 선풍기를 틀며 수업을 해야 했다.

아이들이 월드컵이라는 역사적인 현장에 함께 참여하고 있다는 것을 느끼게 해주고, 스포츠 문화를 경험하게 해주고 싶었다는 나의 당돌한 대답에, 교장 선생님은 알았다고 말씀하셨지만 표정이 썩 밝지는 않으셨다. 그렇게 청개구리 체육 교사는 조금은 이색적인 활동들을 시작했다.

어떤 일을 행할 때는 타이밍이 중요하다. 그때가 아니면 결코 할 수 없는 것들이 있다. 월드컵 행사가 그렇다고 생각했다. 아이들은 시험 기간에 대한 기억은 흐릿해질지 몰라도, 그 당시 목 놓아 외치며 응원했던 월드컵 축구 경기는 분명히 기억할 것이다.

누군가 '그때로 돌아간다면 똑같이 할 거냐'고 묻는다면, 나의 대답은 'YES'이다! 아이들에게 평생 잊지 못할 추억을 선물해주었고, 무엇보다 스포츠는 문화로서 우리의 삶 속에서 함께해야 한다는 깨달음을 주었기 때문이다.

서툴러도 열정적이었던 경험을 바탕으로 2010년 남아프리카 월드컵 때는 점심시간에 월드컵 축구 리그를 운영하였다. 대한민국 경기가 있는 날이면 강당에 대형 스크린을 준비하여 학생, 학부모, 지역 주민과 함께하는 월드컵 응원전을 펼치는 행사를 진행했다. 코로나19 바이러스가 유행하는 지금은 이렇게 모여서 무엇인가를 한다는 것 자체를 상상하기 힘들다. 하지만 스포츠를 통해 그렇게 서로를 얼싸안으면서 행복해하던 그날이 하루빨리 오기를 기도해본다.

> "청소년 시절, 스포츠에 대한 긍정적 경험은
> 건강을 지키고 삶을 풍요롭게 하는 데 중요한 요소이다.
> 그 경험은 나에게서 멈추는 것이 아니라,
> 자녀들에게까지 깊은 영향을 주기에
> 청소년기에 스포츠 경험은 매우 중요하다."

이벤트는 나의 전공

◉ 밀가루 범벅이 된 학급 단합 대회

"준비됐나?", "준비됐다!"

학생들과 함께한 추억들 중에서 가장 기억에 남는 장면은 아마도 학급 단합 대회가 아닐까 싶다. 애정을 쏟았고 즐겁게 행사를 준비하고 모두 행복했다.

학급 단합 대회를 한 이유는 간단했다. 서로가 어색한 시기인 학기 초에 서로를 알아가고 친해질 수 있는 기회를 마련해주기 위해서였다. 학급 단합 대회의 골든타임은 4월이다. 사람과 사람이 친해지는 것은 여러 가지가 있지만 첫 번째가 음식을 나눠 먹는 것이고, 그 다음이 같이 운동을 하면서 서로 응원하고 마음을 하나로 모으는 과정이 있다. 이 과정을 통해서 서로의 벽이 어느 누구도 모르게 스르르 무너지면서 단합이 되어 간다.

프로그램은 체육 대회와 비슷하게 구성했고, 재미 요소를 많이 넣으면서 진행했다. 첫 번째 프로그램은 '2인 3각'. 2인 1조로 각자 발 하나씩을 마주 대고 줄로 다리를 묶어서 정해진 구간을 빠르게 돌아오는 것이다. '하나 둘, 하나 둘' 발을 맞추기 위해 안간힘을 쓰며 정해진 구간까지 달려간다. 어렵게

도착한 지점에는 또 하나의 과제가 주어진다. 끝날 때까지 끝난 게 아니다.

반환점에는 책상이 있고 책상 위에는 밀가루 속에 가려진 사탕 접시가 준비되어 있다. 도착한 팀원들은 손을 뒤로 하고 밀가루 사이에서 사탕을 골라 입에 물고 출발점까지 들어와야 한다. 사탕을 입으로 집어넣는 과정에서 얼굴은 온통 밀가루 범벅이 된다. 마치 판다처럼 눈 빼고는 얼굴 전체가 하얀색으로 색칠 되어 있는 상황. 친구들은 서로가 서로의 얼굴을 바라보며 웃음을 참지 못하고 한참을 웃어댄다. 학기 초 서로에게 느낀 긴장감은 사라지고 어느덧 진짜 친구가 되어가고 있었다. '한 사람의 열 걸음보다 열 사람의 한 걸음이 위대하다'는 말의 의미를 몸으로 느낄 수 있었다.

두 번째 프로그램은 누구나 좋아하는 '피구'. 역시 피구는 국민 스포츠임이 분명하다. 남학생이 여학생을 보호해주고, 여학생도 남학생을 보호해주면서 서로 하나 됨을 느낄 수 있었기 때문이다. 다들 팀을 위해 최선을 다하고 있다는 소속감!

세 번째는 유연성을 뽐낼 수 있는 개인전 종목인 '림보'. 정해진 기록의 바를 통과하려고 안간힘을 쓰는 과정에서 재미있는 장면들이 많이 연출된다. 그 이외에도 물총 싸움과 축구경기, 줄넘기 오래하기, 랩이나 노래하기 등 많은 프로그램을 진행하였다. 오순도순 모여앉아 삼겹살 파티를 마지막으로 학급 단합 대회는 마무리되었다.

이날 이후 우리는 완전체가 되어 서로를 위해 주는 존재로 거듭나게 되었다. 그렇게 담임과 학생들은 1년을 살아갈 힘을 얻게 되었다. 여러분도 학교에서 꼭 담임선생님과 학급 단합 대회를 경험해 봤으면 좋겠다.

◉ 1박 2일 캠프파이어

'5-4-3-2-1. 점화!'

한번 시작하는 게 어렵지, 두 번은 어렵지 않고 오히려 설레기까지 했다. 이번에는 1박 2일 학급 야영 때 캠프파이어를 준비했다. 캠프파이어라고 하면 대학교 MT에서나 할 것 같지만, 우리 반 아이들에게 경험시켜주고 싶다는 일념으로 꼼꼼하게 준비해서 진행했다.

'평범한 것은 거부한다!'

어디서 본 것은 있어서 옥상에서 불이 쫙 하고 내려왔으면 멋지겠다는 생각으로 준비에 돌입했다. 옥상에서 내려온 불은 미리 준비해 둔 하트 모양에 옮겨 붙으면서 하트를 밝힌다. 그러면 중심에 있는 캠프파이어 장작에 불이 옮겨 붙으면서 한여름 밤의 환상적인 캠프파이어가 시작된다.

준비는 끝났다. 학생들의 카운트다운 소리에 맞춰 옥상에 있는 선생님이 솜뭉치에 불을 붙인다. 아이들의 함성 소리와 함께 솜뭉치가 잘 내려오는가 싶더니, 돌발 상황 발생! 잘 내려오다가 솜뭉치가 중간에 걸리고 만 것이다. 하하하~!

그때부터 옥상과 지상에서 줄에 걸린 솜뭉치를 내려오게 하느라 분주해졌다. 우여곡절 끝에 솜뭉치는 하트에 옮겨졌고, 운동장에서 환상적인 분위기가 연출되었다. 머릿속으로 상상해보길 바란다. 화려한 도심 속 유일하게 컴컴한 공간인 학교 운동장. 저녁마다 조용히 숨죽이고 있던 학교 운동장이 하트 불길에 휩싸여 환상적인 분위기를 연출하는 모습을! 아이들의 함성은 보너스이다.

그렇게 캠프파이어를 위한 준비 이벤트를 마치고 우리들은 불길 주위에 모여 앉기 시작했다. 이번 학급 야영의 하이라이트는 캠프파이어와 학생 장기자랑 시간을 갖는 것이었다. 모든 학생들이 악기든, 노래든, 춤이든, 시낭송이든, 마임이든 자신을 보여줄 수 있는 시간을 가졌다. 사전에 오늘 행사에 대해 알려주었기 때문에 많은 학생들이 준비를 해왔다. 바이올린을 켜는 아이부터 랩과 춤, 노래를 하는 아이들까지 자신들이 준비한 것들을 자신 있게 발표하였다. 우리는 함께 응원하고 그 시간을 즐겼다.

너무나도 행복한 꿈같은 시간을 보내고 잠자리로 돌아갈 시간이 되었다. 텐트를 준비하는 것에 어려움을 느낀 우리는 교실 2개에 남녀 반을 따로 하여 방을 배정하고 하루를 마무리했다.

다들 알다시피 이런 특별한 날에 잠을 자는 학생들이 몇 명이나 있을까? 나도 아이들도 모두 밤을 지새우게 되었다.

여러분은 학창 시절에 어떤 경험을 했나요? 다양한 경험이 실력이 되는 세상입니다. 도전하세요! 다양한 경험을 하세요! '미래'는 '현재'를 충실히 살았을 때 덤으로 주어지는 최고의 선물입니다.

행동 발달 및 특기 사항

　항상 움직임에 목마른 과잉 운동성 행동을 보임. 학창 시절에 체조 선수 출신으로 물구나무를 잘했기에 세상을 거꾸로 바라보는 능력이 뛰어나고, 세상이 잘 안 돌아가면 직접 돌아버리는 등 남들이 도저히 따라 하지 못하는 신체적 능력과 실천력이 돋보임. 특히 춤에 진심인 예술인으로 상상력이 우수하고, 생각을 몸으로 표현하는 능력이 뛰어남.

03

엉뚱한

김정섭

춤추는 체육 교사 MR. JS

　춤을 좋아하여 세상을 춤으로 보는 예술인 겸 체육 교사. 세상에 없는 창조적인 글과 안무를 만들며, 특히 JSmusic이라는 부캐를 통해 자신이 직접 만든 곡을 수업에 적용하고 춤까지 추면서 생긴 별명이다.

나는이래서 체육 교사가 되었다

1 포장마차 CEO에서 체육 교사로

⊕ 외환위기를 넘어서

1997년에 시작된 IMF 외환위기 당시, 모두가 힘든 상황을 겪었다. 국가가 빚을 갚지 못하여 외환 위기가 찾아왔고, 많은 사람들이 회사에서 정리해고 되거나 회사가 도산을 하였다. 우리 집 역시 경제적으로 힘든 상황을 맞았다.

무용 학원을 운영하던 어머님께서는 항상 눈물을 닦는 모습이었다. 국가가 부도가 나서 모두가 힘든데, 어느 누가 춤을 배우려고 학원을 다니겠는가? 당시 나는 체육 교사의 꿈을 갖고 있던 고등학교 3학년이었고, 부족한 준비 탓에 대학 입시에 모두 낙방했다. 어차피 대학에 붙어도 등록금이 문제였다.

다행히 나는 투철하고 비상한 능력이 있었다. 튼튼한 몸과 지치지 않은 체력을 보유하고 있었다. 학창 시절 꾸준히 운동을 한 덕분이다. 대학 입시 낙방 이후, 바로 건설 현장에서 '현장 건설 근로자'로 돈을 벌기 시작했다.

무엇을 해야 할지 아는 것은 없고, 힘은 넘쳐났다. 할 수 있는 것은 노동이 제격이었다. 일은 단순했다. 한쪽의 벽돌을 다른 쪽으로 옮기면 되는 일이다. 보수도 만족스럽고 일도 생각한 것보다는 할 만했다. 결국 계속해서 돈만 벌며 일을 배우기 시작했다.

"어차피 할 거라면 잘하자!!"

일에 요령 피우지 않고 최선을 다하며 열심히 하였다. 운이 좋았는지 그 업체 사장은 보수도 올려 주고, 아르바이트가 아닌 직업으로 스카우트 제안을 해왔다. 현장에서 건설 노동자로 일하기에는 어린 나이였기에 만난 사람은 모두 인생 선배였다. 외국인 근로자, 사업 실패한 분, 몸이 불편한 장애인, 등록금 마련을 위한 대학생, 아버지뻘 되시는 아저씨들 그리고 이모 같

은 아주머니 등 다양한 사람들을 만나 같이 일하고 여러 가지 주제로 대화도 많이 했다.

인생의 목표와 가치관을 비롯해서 사고방식, 경제 관념, 결혼관, 직업관 등이 다른 사람들과의 다양한 만남은 사고를 깊고 넓게 만들어준다. 나는 건설 현장에서 번 돈으로 보다 생산적인 활동에 도전하기로 마음먹었다.

● 새로운 도전, 포장마차 CEO 되기

내가 선택한 것은 포장마차 운영이었다. 중고차 매매센터에서 저렴하게 구입한 화물차에 천막과 쇼 케이스(포장마차 안에 있는 여러 가지 생선, 회, 곱창 등등을 넣는 곳)를 장착하였다. 어머니는 무용학원에서 몇 안 되는 수강생을 가르치시고, 밤에는 포장마차 일을 도와주셨다.

열정과 도전 정신 그리고 체력이라면 남들보다 대단하다고 자부하지만, '장사 왕초보'인 나로서는 일이 잘 풀리지 않았다. 초반에는 하루 밥값 정도 벌었을까? 손님 중에는 술주정이 심한 사람도 있었으며, 다행히 손님이 꽤 많은 날도 있는 반면에 아예 없는 날도 있었다. 하루가 다르게 천당과 지옥을 오가는 느낌이랄까. 그런 게 인생이라는 걸 그때 배웠다.

'지금 하고 있는 일은 어떠한 것이든 분명 값어치가 있을 것이다. 성공을 하든, 실패를 하든 분명히 인생의 교훈이 될 것이다.'

포장마차를 운영하며 가장 기억에 남는 하루를 뽑는다면 단연 첫날이다. 처음 포장마차에 집기류를 싣고 동네에 자리를 잡았다. 3시간 정도였을까? 어머니와 난 차 안에서 멍하니 서로 눈치만 보고 있었다. 머뭇거리며 영업을 개시하지 못하던 중, 어머니는 결단을 내리고 말씀하셨다.

"아들아! 내일 다시 오자! 막상 시작하려 하니 겁도 나고 창피하다. 좀 더 큰마음을 먹어야 할 것 같아. 미안해."

아무 말도 하지 않았다. 나도 모르게 눈물이 흘렀다. 한참 눈을 감고 깊은 한숨을 내쉰 다음 차에 나왔다. 두렵고 창피한 건 나도 마찬가지였다. 미안해하시는 엄마의 표정을 보고 큰 결심을 했다.

"엄마! 저도 미안해요! 내가 한번 해볼 테니, 차 안에서 기다리세요!"

뭐라 말로 표현하기 어려운 감정 속에 포장마차의 집기류를 길거리에 깔고 자리를 폈다. 그 순간은 지금껏 살아오면서 해야 하는 모든 도전에 큰 힘이 되는 사건이었다. 내가 가질 앞으로의 미래에 두려움이 없어진 소중한 날이다.

포장마차 일은 가정 형편으로 인해 어쩔 수 없이 시작한 면도 있지만, 당시의 나로서는 '최선의 선택'이었다. 대학생이었던 친구와 매주 도서관에서 만나 공부를 같이 시작하면서 나의 시야는 '눈앞'이 아닌 '미래'를 향해 열릴 수 있었다.

나는 대학 입학을 목표로 '두 마리 토끼'를 잡기로 결심하고 의욕을 불태웠다. 낮에는 공부하고, 밤에는 포장마차를 운영했다. 잠자는 시간은 시간 될 때 휴식을 취하고 '주경야독'(晝耕夜讀, 낮에는 농사짓고, 밤에는 글을 읽는다는 뜻) 대신에 '주독야경'(晝讀夜耕, 낮에는 열심히 공부하고, 밤에는 최선을 다해 일한다는 뜻)을 실천했다.

⊕ 스승에게 쓰는 편지

이충원 선생님, 안녕하세요. 정섭입니다.

선생님을 중학교 때 담임선생님으로 처음 만나 뵌 이후로 오랜 시간이 흘렀고, 선생님은 벌써 퇴임을 하셨네요. 선생님처럼 되기 위해 인생의 방향을 정하게 되어 지금 체육 교사가 되어 꿈을 이루게 되었습니다.

하지만 선생님이 해주신 조언은 하루도 잊은 적이 없습니다.

"직업은 꿈이 아니다. 직업이 꿈이 된다면 직업을 갖는 순간 꿈이 사라진다. 따라서 직업에 형용사를 붙여라!"

이 말씀을 언제나 가슴속 깊이 새기고 있습니다. 그리고 '선생님보다 더 열정적으로 최선을 다하는 훌륭한 체육 교사'를 꿈으로 정하고 최선을 다하겠습니다.

항상 건강하세요. 선생님을 진심으로 존경하고 사랑합니다.

● 도전과 열정을 가르치기 위해

지금까지 교직에 있으면서 이러한 경험을 바탕으로 학생들에게 도전 정신을 강조하며 가르쳐왔다. 내 제자 모두가 다양한 역할을 경험해 볼 수 있도록 안내하고 싶다. 지금 너희가 열정을 쏟아 경험하는 모든 것이 미래에 분명 큰 도움이 될 것이라고.

포장마차 일의 경우, 장사가 잘 안 되거나 망해도 나만 힘들면 된다. 하지만 교사로서 수업 준비가 부족하면 학생들에게 피해를 줄 것이다. 포장마차 CEO 시절보다 교사라는 현재의 위치가 더욱 어렵고 힘들며 책임감이 느껴지는 상황이다. 열정을 쏟고 노력을 해도 끝이 보이지 않는다. 그래도 포기하지 않고 꾸준히 나의 열정을 믿고 학생들과 소통하려 한다. 먼저 태어난 사람이란 의미를 담고 있는 '선생'으로서 더욱 다양한 경험을 쌓아, 느끼고 고민한 것을 지금 만나는 아이들과 나눌 것이다.

엉뚱한 체육 교사

1 ▶ 체육 교사는 단무지?!

● 체육 교사의 흔한 별명

똥개
아무 곳이나
돌아다닌다는
뜻이다.

피바다
화나면 피바다가 된다는
무시무시한 별명이다. 보통 무서운
선생님에게 붙이는 별명으로 학교에서
가장 무서운 선생님은
대부분 체육 교사이다.

학주, 학생부장
학교 업무 중 생활 지도
또는 학교 폭력 담당자들 중에는
체육 선생님이 많다. '학주'는
학생 주임의 줄임말로,
지금은 사라진 직급이다.

킹카스타(king car star)
킹은 '왕', 카는 '차', 스타는 '별'을 의미한다.
'왕차별', 한마디로 남녀 차별이 심하다는 뜻이다.

에이즈
걸리면 죽는다는
뜻이다.

공포의 고구마, 불타는 고구마
화나면 얼굴이 빨개지기 때문에 생긴 별명들이다.

이사도라
24시간 내내 학교를 미친 듯이 돌아다닌다는 뜻에서
생긴 별명이다. 원래 이사도라는 정통 발레에 대한
저항의 의미로, 머리를 풀고 그리스 신화의 신처럼
맨발로 춤을 춘 현대 무용의 창시자
'이사도라 던컨'을 가리킨다.

미친개
'잡히면 물린다', '아무나 문다',
'잡히면 병 걸린다'는 뜻이다.

체육 교사가 된 이후 처음 알게 된 별명, '단무지'. '단'은 단순, '무'는 무식, '지'는 지랄이란다. 이 이야기를 처음 들었을 때, 나는 놀랐고 적잖이 당황했다. 그러고 보니 학창 시절 체육 선생님의 흔한 별명들이 생각난다.

체육 선생님들 중에도 열정적이고 수업에 헌신적이며 자기 계발에 힘쓰는 훌륭한 분들이 적지 않다. 하지만 왜 이

▲ 무서운 체육쌤

런 부정적인 별명들이 생겨났을까? 아무래도 체육 교과에 대한 편견, 체육 교사의 특별한 업무와 역할, 겉으로 보이는 체격이나 인상 등과 밀접한 연관이 있는 것 같다.

우선 체육 선생님의 외형을 보면, 일반인보다 운동을 많이 해왔기 때문에 대체로 몸이 좋다! 학생들 입장에서는 당연히 무서워 보이므로, 체육 선생님 말을 상대적으로 잘 듣게 된다. 그 결과 생활 지도나 학교 폭력처럼 문제 행동을 보이는 학생들을 지도하는 역할을 주도적으로 맡게 되면서 편견도 함께 생겨났으리라 추측한다.

● 차이와 차별을 구분하지 못해서 생기는 오해

체육 선생님의 별명 중 '킹카스타'와 관련해서 알아야 할 것이 있다. 대부분의 교과는 남학생과 여학생에 대한 평가 기준이 같지만, 체육은 남녀의 신체적 차이를 인정하여 평가 기준을 달리할 때도 있다는 점이다.

예를 들어 '100m 달리기'의 경우 남학생과 여학생의 최고 점수인 A의 기준이 다르다. 반면에 '청소년 체조'의 경우에는 남녀의 평가 기준이 동일하다. 차이와 차별이 왜 다른지 모르면, 오해가 생기기 마련이다.

올림픽의 경우도 남녀 신기록을 달리 측정하고 있다. 그리고 탁구나 배드민턴 등을 제외하면 야구, 농구, 축구, 배구 등 구기 스포츠에는 혼성 종목이 없다.

이러한 현실을 아는 체육 교사라면 남녀 학생의 신체적 차이를 인정하고서 지도에 임할 것이다. 청소를 시킬 때 체력적으로 힘든 일은 남학생에게 맡긴다거나, 혼을 내도 남학생을 더 엄하게 다루는 모습이 남학생들 눈에는 '남녀 차별'로 비칠 수 있다.

체육 교사에 대한 부정적인 별명이 많다는 것이 체육 교사인 나로서는 매우 안타깝다. 그래서 '단무지'라는 별명을 없애기 위해서 더욱 열정적으로 수업하고자 노력한다. 다양한 종목을 보다 전문적으로 배우기 위해 스포츠 동호회 활동을 하는가 하면, 교과 연구회 활동을 통해 다양한 수업 방법을 고민하고 실천하는 중이다. 따라서 기존의 체육 교사에게 붙은 '단무지'라는 별명을 다음과 같이 만들고자 한다.

> **단** 단호하고 친절하며   **무** 무궁무진하고   **지** 지혜로운 교사

고민하고 연구하며 도전하다

💬 수업은 무대, 수업의 생명은 연구

나는 수업을 아이들을 위한 공연 무대라고 생각한다. 즉 수업 준비는 공연 준비처럼 철두철미하게 해야 한다. 준비에 실패하면 실패를 준비하는 것이라는 말이 있다. 교사가 되어 수업을 준비하기 위해 항상 고민하고 배우는 것을 두려워하지 말아야 함을 뒤늦게 깨달았다.

수업 연구는 평상시 진행하지만, 특별한 날에 더욱 많이 하는 기간이 있다. 스스로 배우던 타 연구한 내용을 배우는 시간 등을 보통 연수라고 이야기한다. 다양한 연수를 받으며 선생님의 역량을 높여야 다양한 수업의 내용을 아이들에게 전달하고 같이 성장할 수 있다.

선생님의 연수는 일상생활이 모두 수업 준비이다. 주말에 쉬는 날 읽고 있는 책, 드라마를 보다가 수업과 연계할 요소를 찾는 것, 여행 중 인상 깊게 경험한 것 등 모든 생활에 학생들에게 의미 있는 이야기, 글, 사진, 영상 등이 모두 수업의 재료가 된다. 수업 연구는 특별한 날을 정하여 고민하고 공부하는 것이 아닌 평상시 모든 생활이 연구하는 날이 된다.

체육 교사는 누구보다 활동적이야 하고, 다양한 스포츠를 경험해 보아야 한다. 따라서 방학 기간을 활용하여 다양한 스포츠를 배우는 시간도 필요하다. 체육 교사라고 모든 스포츠를 잘하는 것은 아니고, 전부 배워본 것도 아니다. 그래서 학기 중에 배우기 힘든 종목을 선정하여 개인 레슨도 받으면서 전문성을 높이려 노력한다.

학창 시절에는 공부가 싫을 때도 있었는데, 교사가 된 이후에는 배워야 가르칠 수 있기에 항상 배우고 노력하는 자세를 갖게 된다. 방학이나 연휴 동안의 연수와 충전을 통해 수업 내용과 수업 철학을 고민하여 방향을 모색한다면, 자라나는 아이들이 더욱더 다채롭게 성장할 수 있을 것이다.

● 체육 교사가 되고 싶어? 이건 꼭 해봐!

체육 교사가 되기 위해 많은 경험과 고민이 필요하다. 그중 학생들에게 꼭 해야 하는 것을 권유한다면 단연코 여행이다.

새로운 환경에 적응이 빨리 적응하고, 상황과 환경을 창의적으로 느낄 수 있는 감수성이 높아지려면? 이 모든 것은 여행을 통해 얻을 수 있다.

 여행을 다녀야 하는 이유

① 새로운 환경에 위축되어 빨리 적응하려 몸이 스스로 움직여 준다.

② 어디서 자야 할지, 무엇을 먹어야 할지, 뭘 보아야 할지 고민하게 된다.

③ 새로운 것과 기존의 것을 무의식적으로 비교 및 분석하게 된다.

④ 새로운 물과 음식이 몸속에서 치열하게 반응하여 새로운 음식에 적응한다.

⑤ 기대감과 안도감 그리고 불안감이 몸을 긴장하게 만들어 준다.

⑥ 모든 장면을 눈과 귀, 코 등 온몸으로 기억하려 한다.

⑦ 대화가 통하지 않는다면 몸의 언어인 춤으로 소통하려 한다.

⑧ 새로운 땅을 밟고, 색다른 공기를 마시며 움직이면 몸이 자연을 기억하게 해준다.

⑨ 낯선 환경에 날 아는 사람이 없다면, 아무도 보지 않는다고 생각하며 자신 있게 행동한다.

⑩ 익숙한 집이 그립고 감사함을 느낀다.

학생들 입장에서는 위험을 감수하면서 무조건 멀리 떠나기보다는 집에서 조금 떨어진 곳으로 여행을 할 것을 권한다. 낯선 곳에서의 경험은 사람을 보다 성숙하게 만들며 예술적 감각을 키워 줄 수 있다. 체육 교사를 꿈꾸는 학생이라면 여행뿐만 아니라 많은 일에 도전하고 실천하며 성공과 실패를 끊임없이 경험하기를 바란다.

체육은 단순히 운동 종목을 배우는 시간이 아니다. 농구 수업의 최종 목표는 농구공을 활용한 드리블, 패스, 숏 등의 기술을 익히는 데 있지 않다. 농구의 경기 방법과 기술, 전략 등과 함께, 농구의 역사와 문화도 배우고 스포츠 정신과 페어플레이 하는 태도를 익히는 것이 농구 수업의 진정한 목표이다. 그런 만큼 교수 · 학습 방법도 매우 다양하여 체육 교사는 여러 가지 수업 노하우를 알고 있어야 한다. '노력과 열정'은 필수템이다.

만약 다시 학창 시절로 돌아간다면, 나는 음악 시간을 보다 소중히 여기며 들을 것이다. 미술 시간에 보다 많은 것들을 배워 미술적 감각을 키울 것이다. 취미로 카메라를 들고 여기저기 돌아다니며 촬영 전문가가 되고자 노력할 것이다. 그리고 스마트폰의 대가가 되어 영상 편집을 주된 취미로 삼을 것이다.

이처럼 시간이 흐르면 후회하게 되는 것들이 있게 마련이다. '미래의 나'가 '현재의 나'에게 앞으로 무엇이 소중하고 필요한지 미리 말해주면 좋겠다 싶다. 그게 바로 먼저 태어난 사람, 즉 '선생'이다.

지금 이 글을 읽고 있다면 사진 기술, 영상 편집, 목공 기술, 그림 그리기, 음악 분석 등의 다채로운 공부를 시작하기를 권한다. 가까운 미래는 멀티의 시대이고, 이런 능력은 기본으로 여겨질 테니까 말이다.

체육 교사가 되려면 반드시 배워야 할 7가지

사진 기술

체육 시간은 활동 위주일 때가 많으므로 밝고 경쾌한 사진들을 얻을 수 있다. 문제는 아무리 좋은 카메라도 사용자가 조작이 미숙하면 버려지는 사진이 될 수 있다는 점이다. 아이들의 활동을 기록한 각종 사진들은 소중한 수업 자료가 되기 때문에 사진 기술은 매우 중요하다.

영상 편집

수업에 필요한 영상 자료를 직접 제작할 수 있는 능력이 필요하다. 다양한 체육 관련 이론을 자신의 체육 선생님이 직접 나오는 영상으로 보여준다면 최고의 수업 자료가 된다. 따라서 컴퓨터 프로그램 또는 스마트폰의 애플리케이션을 활용한 영상 편집 기술이 필요하다.

작곡

체육 시간에 리듬과 박자에 맞추어 학생들에게 가르치려는 종목을 순서에 맞게 동작을 익혀 연습하게 하는 방법은 요즘 많이 활용된다. 물론 기존 음악을 활용해도 되지만, 조금만 연습하고 노력한다면 직접 만든 음악을 수업에 활용할 수도 있다. 다양한 애플리케이션과 프로그램 덕분에 누구나 쉽게 자신만의 음악을 만들 수 있는 시대가 되었다. 이러한 작업 능력을 키우려면 평소에 음악을 자주 접하고 들어보는 것도 중요하다.

교구 제작

프로 스포츠 경기를 초등학생, 중학생, 고등학생들에게 그대로 적용하기에는 상당히 무리가 있다. 학생 수준과 상황에 맞추어 변형이 필요하며 이를 위해서는 아이들이 사용하기 편리하게 교구를 변형해야 한다. 따라서 체육 선생님은 '손수 만들기(DIY) 전문가'가 되어야 한다. 학교의 버리는 물건들을 재활용한다거나, 기존의 교구를 수리하여 학생들을 위한 수공 작업이 필요하다. 평소 DIY에 관심을 갖고 수리, 보수를 경험해볼 것을 권한다.

**영화
분석**

체육 시간에 스포츠를 가르치는 다양한 방법들 중 영화를 활용한 수업 방식도 추천할 만하다. 스포츠 영화가 주는 순수한 감동을 간접적으로 가르치기 위해서라도 관련 작품을 여러 번 반복하여 시청함으로써 교육적 가치가 있는 내용을 분석하고 선별해야 한다. 따라서 영화를 주기적으로 보고, 꼼꼼하게 분석하는 능력도 중요하다.

**만화
분석**

영화와 마찬가지로 체육 시간에 운동 종목을 가르치기 위해 만화를 활용하는 것은 기본이 되었다. 〈슬램덩크〉를 모르고 농구를 가르치는 것이 힘들고, 〈하이 큐〉를 모르고 배구를 이야기할 수 없다. 즉, 스포츠 관련 만화의 주된 스토리와 캐릭터 분석을 통해 주인공의 노력과 성공을 위한 도전 과정을 잘 정리해두어야 한다. 지금 주변에 스포츠 만화가 있다면, 재미를 떠나서 필독서라 생각하고 무조건 읽어라.

**예능
분석**

텔레비전 예능 프로그램은 기본으로 시청해야 아이들과 무리 없이 대화할 수 있다. 아이들이 많이 보는 예능을 선생님들도 알고 있어야 하고, 아이들이 평소에 쓰는 유행어를 누구보다도 잘 알고 있어야 한다. 특히 최근의 예능은 도전과 경쟁을 다루는 것이 주를 이룬다. 목표를 달성하기 위해 도전하는 콘셉트, 다른 팀과의 대결 구도를 통해 재미나게 보여주는 경쟁 콘셉트가 그것이다. 특히 스포츠 스타들도 빈번하게 등장하며, 아예 스포츠를 예능과 접목하여 보여 주기도 한다. 이러한 예능도 모두 수업의 보조 자료가 되기 때문에 반드시 알고 있어야 한다. 지금 보고 있는 예능이 있다면, 단순히 웃고 즐거운 것을 떠나서 항상 스포츠와 연계하여 고민해볼 필요가 있다.

● 극한 직업, 체육 교사

체육 교사는 극한 직업일 수 있다. 여행, 사진, 영상, 영화, 예능, 드라마, 뉴스 그리고 작곡까지 해야 할 것들이 너무나도 많다. 하지만 이 모든 것이 결국 선생님으로서 아이들에게 교육적으로 효과가 있다면 모두가 의미 있는 일이 될 것이다. 마땅히 해야 하는 의무가 아니고, 하기 싫은데 억지로 해야 하는 일도 아니다. 모두가 즐겁게 참여할 수 있는 여러 가지 능력들을 취미 삼아 즐길 수 있는 것들이다.

얼마나 즐거울까? 그 누구보다도 행복하지 아니한가? 다양한 연수 기간을 통해 여행 다니기, 사진 찍기, 영상 편집, 영화 관람, 예능 분석 등 수업을 위한 공부로 풍부한 교육적 역량을 높일 수 있으며, 그로 인하여 학생들에게도 좋은 영향을 줄 수 있다는 것은 참으로 대단하면서 행복한 일이다. 과거의 나는 수업 듣기를 싫어하고 학교도 그만 다녔으면 했지만, 지금은 수업을 고민하고 배움이 즐거운 체육 교사가 되었다.

미래의 나의 모습이 어떻게 변할지 아무도 모른다. 지금 하고 있는 일이 단순히 재미만 있는 것인지 아니면 가치가 있는 것인지 고민해보았으면 한다. 만약 가치가 있다면 그 일에 최선을 다해보기를 권한다.

3 농구는 인생, 인생은 무대

● 나의 무대, 농구장

소극적인 성격으로 남들 앞에서 서 있는 것은 아주 부담스러운 일이다. 초, 중, 고등학교 모두 합쳐 반장과 부반장을 한 번도 해본 적 없는 일반적인 흔한 학생이었다. 이러한 성격 탓에 어떠한 교과든 스스로 손을 들고 발표를 해본 적도 없다.

그래도 남들 앞에서 무언가를 잘해보고 싶었던 경험이 있다. 그것은 바로 농구였다. 누군가 나를 바라보고 있는 것 같아도 멋지게 골을 넣으면 왠지 나 스스로가 멋있어 보일 것 같고, 보다 멋진 모습으로 골을 넣기 위해 자세 연습도 많이 했다.

고등학교 시절 농구에 완전히 빠진 이후로 단 하루도 농구를 거른 적이 없다. 농구장은 마치 나의 무대와 같았다. 실력은 점점 높아지고 멋진 플레이를 누군가 보고 있는 것 같아 기분이 좋았다. 농구장의 무대에 주인공이 되기 위해서는 우선 농구를 잘해야 한다. 그러기 위해서는 달리기도 빨라야 하고 근력을 키워 힘도 있어야 하며, 누구보다 점프력이 높아야 유리하기 때문에 다양한 체력 운동을 실시했다.

중학교 시절부터 꿈꾸던 체육 교사의 목표도 점점 더 가까워지는 것 같았다. 매일같이 내가 좋아하는 농구를 친구들과 하면서 체육 교사가 된 이후 내가 가르치는 아이들에게 농구장이라는 무대를 경험하게 하면 어떨까? 살짝 흥분되는 희망을 가져 보았다.

● 인생은 한 편의 연극 무대

체육 교사의 꿈을 위해 사범대 체육교육과에 입학했다. 호기심 많은 새내기로서, 연예인을 볼 수 있다는 말을 듣고 연극영화과 수업인 '연극의 이해'를 신청했다. 그리고 어느 날, 교수님의 말씀을 듣다가 무대에 대한 나의 편견을 깰 수 있었다.

"세상의 무대는 특정 공간에 만들어진 조그마한 틀이 아닙니다. 여러분이 있는 그 공간이 바로 무대입니다. 지금 수업을 듣고 있는 여러분이 관객이고, 칠판 앞에 서 있는 이 공간이 바로 무대이며, 여러분은 강의실 속 책상과 의자에 앉아 있는 역할을 하고 있는 무대 공간 안에 있습니다.

여러분은 현재 무대의 주변에 있습니까, 중앙에 있습니까? 세상에는 무대를 경험한 사람과 그렇지 못한 사람이 있습니다. 즉, 무대를 경험한 사람만이 느끼는 것이 있습니다.

무대를 경험한 사람은 관객으로 앉아 있는 인간이 얼마나 무서운 존재인지 알고 있습니다. 내가 준비를 잘 못하고 실수를 하면 관객은 바로 알아차리게 되고 저는 관객에게 큰 실망감을 주게 됩니다. 또한 무대를 경험한 사람은 1분을 위해 얼마나 많은 땀방울을 흘려야 하는지 압니다. 같은 동작과 대사, 노래를 단 1분을 보여주기 위해 1만 리터의 땀방울을 흘리게 되는 것입니다.

여러분도 잘 생각했으면 합니다. 연기자나 연예인만 무대에 서는 것이 아닙니다. 모든 것이 무대라고 생각을 해보세요! 무대 공연을 위해서는 수천 번 연습하고 실전처럼 연습해야 합니다. 그리고 남들 앞에서 공연으로 평가를 받는 것입니다. 이것이 인생이고, 앞으로 여러분이 겪어야 할 일입니다."

이 수업 이후 세상이 모두 무대로 보였다. 학창 시절 내가 즐겼던 농구장은 당시의 주 무대였고, 지금 나는 체육 교사로서 운동장에 나와 있는 학생들이라는 관객 앞에서 체육 수업이라는 공연을 보여 주는 멋진 배우가 되었다.

그런 의미에서 청소년들에게 이러한 이야기를 들려주고 싶다.

"인생은 하나의 무대다. 무대의 주인공은 바로 너희들이다. 취한 듯 춤을 추고 미친 듯 노래를 불러라. 지금은 어떠한 실수도 상관없다. 아직까지는 리허설에 불과하기 때문이다. 명심해라. 지금의 리허설이 너희들 인생에 꽃을 피우리라는 것을!"

● 아이돌보다 농구! 소녀 팬을 거느리다

내 인생의 첫 농구는 중학교 체육 시간 수행 평가로 농구의 레이업 슛이었다. 농구에 흥미도 없었고, 무거운 농구공을 몇 번 튕기다 손가락을 다쳐 절대로 하지 않을 그러한 스포츠였다. 하지만 고교 시절 농구를 못 하면 마치 친구와 어울리기 불편할 정도로 사회 전반에 걸쳐 농구 붐이 일고 있었다. 〈마지막 승부〉라는 농구 드라마가 대박을 치고 있었고, 프로 농구팀들이 창단되어 아이돌보다 인기 있는 농구 스타들이 나오기 시작하였다. 미국의 NBA에선 'AIR WALK'라는 별명이 붙은, 시카고 불스의 마이클 조던이 초유의 인기를 누리고 있었다.

학교에 다니는 모든 학생이 농구를 좋아했고, 쉬는 시간, 점심시간, 방과후와 주말이면 모두가 농구를 즐겼다. 농구의 황금기에 학창 시절을 보낸 나는 기본기도 없이 농구를 시작했다. 농구를 가르쳐주는 학원이나 방과후도 없었다. 텔레비전에 나오는 유명 선수들의 동작을 따라 할 뿐, 그 누구도 어디서 전문적으로 배우는 학생들은 없었다. 그래도 흘리는 땀방울은 역시나 배신하지 않는 법! 노력과 열정으로 농구 실력은 향상되었다.

고등학교 때 길거리 농구를 시작으로 친한 친구들과 팀을 만들었다. 동네에서 명성이 자자했던 '게토레이' 팀을 이겨보고자, '포카리스웨트'라는 팀으로 농구를 본격적으로 즐기게 되었다.

농구의 포지션은 크게 센터, 포워드, 가드로 나뉜다. 나는 친구들 중 가장 키가 작았지만 넓은 시야와 탁월한 리더십이 장점이었고, 빠른 패스와 점프 슛이 전매특허였기에 가드 역할을 맡게 되었다. 내가 다니던 고등학교 안에서 우리 팀보다 잘하는 팀이 없을 정도로 실력이 향상되었고, 수업 시간 외의 모든 시간을 농구 연습에 사용했다. 물론 학교에 소문이 나서 여고생들에게도 살짝 인기가 있어 적지 않은 소녀 팬도 보유하던, 동네에서 잘나가는 농구인으로 성장했다.

● 농구로 시작된 나의 인생

고등학교 1학년 때 키가 170cm였던 나는 농구를 하면 할수록 운동량이 더욱 많아졌고 키도 쑥쑥 하루하루가 다르게 성장했다. 식사량도 어마어마하여 하루 5끼씩 먹여야 겨우 하루를 버틸 정도였다. 그렇게 고등학교 3학년 때는 10cm가 자라서 180cm의 건강한 체격을 보유하게 되었다.

농구에 빠진 나에게 대학교 진학에, 보다 전문적인 운동을 배워보면 어떨까 하는 마음까지 더해져 체대에 큰 목표를 갖고 결국 체육과에 진학하게 되었다.

꿈에 그리던 체대에 들어왔을 때는 행복 그 자체였다. 나에게 딱 맞는 맞춤형 수업뿐이었다. 생각을 해보면 컴퓨터 게임을 좋아하는 사람이 대학교 가서 각종 컴퓨터 게임만 한다면 얼마나 행복할까? 음식을 좋아하는 사람이 대학교에 들어가서 각종 요리를 하고 음식을 먹는 시간을 갖는다면 얼마나 좋을까?

자신이 좋아하는 것과 잘하는 것을 잘 고민하여 대학교를 선택하는 것은 중요한 일이다. 나는 행운아다. 운동도 잘하는 편이고 스포츠를 너무나도 좋아하며 사랑하는 데다 전공까지 체육이니, 더할 나위 없이 행복한 시간일 따름이었다.

체대에 들어오니 운동을 잘하는 사람 천지였다. 중학교와 고등학교 때에는 반 아이들 중 내가 가장 운동을 좋아하고 잘하는 아이라고 한다면, 대학교의 같은 학과에는 운동을 좋아하고 잘하는 친구들만 있었다. 좋아하고 잘하는 스포츠도 엄청나게 다양했다. 운동선수였던 친구, 현재 국가대표 운동선수인 친구, 전공이 운동인 친구, 전국 대회의 특정 종목에서 1위에 입상한 친구 등 어마어마한 체육인들의 모임이다. 하지만 기죽지 않고 멋진 대학교의 생활을 위해 할 수 있는 것들을 찾아보는 와중에 대학교 안에 여러 스포츠 동아리가 있었고, 체대생의 농구 동아리인 '바구니' 팀이 그중 눈에 들어왔다.

문제는 애송이 1학년은 뽑지 않는다는 것이다. 나는 바구니 팀 주위에 항상 맴돌며 나의 잘함을 어필하듯이 주변에서 땀 흘려 연습하는 모습을 보여주었다. 바구니 팀의 선배가 다가와 말을 건다.

"야! 1학년이니?"

대선배가 묻자 당황하며 바로 대답했다.

"네, 1학년. 올해 입학했습니다. 농구 좋아합니다. 열심히 하겠습니다."

너무 당황했는지, 묻지도 않은 대답이 나왔다.

"농구 좋아하는 것 같네! 오늘부터 우리 팀에 들어와! 포지션은 뭐니?"

나의 포지션을 설명하고 바로 연습 경기를 시작했다. 대학교에서 전문적인 연습을 통해 농구 스킬을 높이기 시작했고, 교사가 되기 위한 임용고시 실기 시험에 하늘의 뜻인지 농구 종목이 있었다. 우수한 실기 점수로 멋지게 교사가 되었다. 운명적으로 시작된 나의 농구 인생은 곧 체육인 인생의 시작이나 다름없었다.

● 중2병 시절의 감수성으로 만든 랩 벌스

고등학교 때는 오직 농구밖에 몰랐던 시절이었다. 성장이 늦어 사춘기도 고등학교 시절에 찾아왔다. 이유 없는 반항의 시기. 그때는 마치 세상이 내 중심으로 돌아가는 것 같았고, 이 세상에 나만 가장 힘든 사람 같았고, 내가 마음만 먹으면 무엇이든지 할 수 있다는 근거 없는 자신감이 있었다. 그리고 무엇보다 감수성이 풍부하다 못해 과도했다.

농구를 좋아하는 사람은 힙합(HIP HOP)과 밀접한 연관이 있다. 미국의 흑인들을 동경하기 시작했고 그들의 문화와 춤, 노래 그리고 농구하는 모습을 무작정 따라하던 시기였다. 고등학교 때 심한 중2병에 걸렸었다.

농구를 사랑하는 마음에 작성했던 글이 지금의 랩 가사로 발전하게 되었다.

두근두근 나의 농구 심장
- Mr. Jung Sub Kim

굴러가는 농구공은 나의 심장

두근두근 농구장은 모두의 경기장

어두컴컴 교실 속의 깊은 잠

저 멀리 던져지는 농구공은 우리의 긴장

매일매일 반복해서 너에게도 던져

이제는 너에게만 던져

꿈속마저 매일 가는 농구장에 농구공을

가지고서 어디 가나 변함없이 만져

골대를 향해 내가 던진 공

결국, 나의 목표로 가는 성공

매일 던져 올라가는 상공

결코, 따라올 자 없는 내가 주인공

● 농구가 나에게 준 상처와 선물

'아픈 만큼 성숙해진다.'라는 말이 있다. 농구 대회에서 상대의 변칙적인 파울로 인해 '십자인대 파열'이라는 큰 부상을 입은 나는 수술과 재활을 거치면서 몸도, 마음도 힘든 시간을 보내야 했다. 하지만 그만큼 더욱 성숙해지자고 마음먹는 계기가 되었다. 내가 가르치는 아이들이 농구를 더욱 사랑하게 만들겠다고 다짐하는 한편, 승패를 떠나서 의미 있고 재미있으며 흥미를 높이는 수업을 고민하게 된 것이다.

한번은 아이들이 농구 시합 후 정리할 때 서로 주고받는 대화를 엿들은 적이 있다.

"야! 이겼어? 몇 등이야?"

하지만 나의 수업 의도와 방법이 바뀐 후, 아이들끼리의 대화도 이렇게 변했다.

"야! 경기 재미있었어? 난 엄청 즐거웠어!"

농구를 해야 하는 이유가 이기기 위해서가 아니다. 경기에 전략과 전술을 배워 경기에 우승하기 위해서 농구를 배우는 마음이 아닌, 농구를 통해 살아가는 삶의 기술을 배우기 위해 다음과 같이 '농구를 해야 하는 10가지 이유'를 정리하였다.

과거에는 농구 잘하는 법을 가르쳤지만, 지금은 농구를 통해 훌륭한 사람이 되기를 원한다. 과거에는 '농구를' 가르쳤다면, 지금은 '농구로' 가르치는 것이다. 단순히 스포츠를 잘하는 사람이 아니라, 스포츠를 통해 멋진 사람이 되기를 진심으로 바란다.

농구를 해야 하는 10가지 이유

❶ 작은 골대에서 모두가 하나의 목표 아래 한마음이 되어 공에 집중하는 법을 배운다.

❷ 슛을 통해 목표를 설정하는 다양한 방법을 배운다.

❸ 패스를 통해 상대방이 잘 받을 수 있도록 공감과 배려심을 배운다.

❹ 다양한 포지션을 통해 자신이 해야 할 역할과 책임감을 배운다.

❺ 드리블을 통해 공을 자유롭게 이동시키기 위해 신체 조절 능력의 중요성을 배운다.

❻ 3초룰, 5초룰, 8초룰, 24초룰 등의 시간제한을 통해 약속의 중요성을 배운다.

❼ 자주 안 쓰는 왼손의 소중함을 깨닫는다.

❽ 5번은 퇴장이지만, 4번의 기회와 용서를 배운다.

❾ 기회가 주어졌을 때 주저하지 말고 목표를 향해 시도해야 한다는 것을 배운다.

❿ 바이얼레이션과 파울은 학교의 선도, 학교 폭력과 닮았다. 경기 규칙을 통해 삶의 규칙을 배운다.

행동 발달 및 특기 사항

지리산 골짜기에 살던 소심한 소년이 운동을 접하고 자신의 성장 잠재력을 발견함. 한때 '만화 캐릭터 그리기'에 흥미를 느껴 학창 시절의 절반은 운동을 하고, 나머지 절반은 그림을 그리며 보냄. 체육 교사가 된 후, '그림으로 체육을 재미있게 가르치자.'라고 마음먹음. '운동장 라인을 전국 최고로 잘 그리는 체육 교사'라고 스스로 말하며 행복한 체육 교사의 삶을 그려 가고 있음.

04
꿈을 그리는
박영권

별명

체육 권법 영권

무술의 권법처럼 자신만의 수업 권법을 만들어 세상에 전파하고 있다는 뜻에서 지은 별명이다.

01

나는 이래서
체육 교사가 되었다

1 놀이가 가져다준 체육 교사의 꿈

● 지금 하고 있는 것에 최선을

1,000회 공연을 맞이했던 한 가수가 있었다. 그는 1,000회 공연이 목표가 아니었다고 했다. 매회 최선을 다해 즐기고 연주하고 노래를 불렀을 뿐이라고 말한다. 그렇게 어쩌다 보니 1,000회가 되었다고 말이다.

처음부터 목표를 정해 놓고 그것을 위해 살아가는 사람이 몇이나 될까? 꿈을 정하고 목표를 세워 살아가는 것도 의미 있는 삶이지만 정해진 목표를 위해 사는 것만 의미 있는 삶일까? 생각해보면 주위에는 어릴 적 꿈이 커가면서 달라지거나 심지어 꿈이 없었다가 새로 생겼다는 사람들을 어렵지 않게 만날 수 있었다. 어린 시절 나 역시 딱히 정해진 목표나 꿈이 있지는 않았다. 그냥 마냥 친구들 속에서 뛰어노는 것이 좋았다. 책을 읽고, 글을 쓰고, 셈하는 것보다 동네 골목, 뒷산, 논두렁을 이리저리 친구들과 몰려다니며 노는 것이 세상의 낙이었던 시절이었다.

"야! 밥 무~라~!"

"예."

"어딜 그리 싸돌아다니노?"

놀다 지칠 때쯤 저녁 먹으라는 엄마의 말이 들려야 겨우 놀던 것을 끝낼 수 있었다. 그때는 동네 형이나 누나들은 물론, 친구 모두 그렇게 놀았다. 노는 것은 당연한 일인 줄만 알았다. 그때는 친구들보다 조금이라도 오래 숨고, 공을 잘 던지고, 잘 치고, 잘 차는 것이 내 삶의 목표였다. '커서 무엇이 되고 싶은지', '내가 무엇을 하며 살아야 하는지'보다 그때는 그게 더 중요한 문제였다.

생각해보면 그때의 목표였던 그 놀이가 지금 체육 교사로 살아가는 목표를 만들어 주었던 계기가 되었다. 놀이를 통해 내가 무엇을 잘하는지, 어떻게 친구들과 함께 관계를 만들어 가는지를 배우며 새로운 꿈을 꾸게 되었으니 말이다. 술래잡기의 달리기는 '육상'으로, 눈싸움이나 흙 던지기는 '던지기'로, 개울 뛰어넘기나 징검다리 넘기는 '뜀뛰기'로……. 어린 시절 몸으로 했던 놀이 덕분에 운동의 기본 동작을 빠르게 익힐 수 있었고, 진로를 체육 계열로 결정할 수 있었다.

● 놀이로부터 키운 꿈

어릴 적 신나게 놀았던 가락으로 초등학교 때는 체육 선생님 눈에 띄어 육상부에 들어갔다. 그리고 자연스럽게 육상 코치가 되어야겠다는 꿈을 꾸었다. 학교 대표로 경기에 출전하기도 했지만, 초등학교 5학년 때 서울로 전학을 오면서 육상부를 그만둘 수밖에 없었다. 전학 오기 전까지만 해도 책을 읽고, 글을 쓰고, 셈하는 것보다 공을 차고, 뛰는 놀이가 최고였고, 그

것이 내 정체성이었는데……. 이젠 바뀌었다. 바꿔야 했다. 그렇게 '육상 코치'가 되고자 했던 꿈을 접고, 새로운 꿈을 찾으며 학교에 다녔다.

고등학교 2학년이 끝나갈 무렵, 체육 선생님이 슬쩍 던진 한마디.

"법, 문학, 수학, 과학만 공부가 아니야. 체육도 공부야. 난 체육을 공부하는 체육 선생님인데, 너희도 체육 공부 안 할래?"

오호, 체육 공부! 슬쩍 던진 체육 선생님의 말 한마디는 나에게 새로운 꿈을 꾸게 하였다. 그 말에 이끌려 체대 입시를 도전해 보기로 마음먹었고, 고3 시작과 동시에 바로 학교에서 진행하던 체대 입시반에 등록했다.

놀이가 목표였던 아이가 학교에서 육상을 접하고 '육상 코치가 되는 꿈'을 꾸고, 체육 선생님의 말씀 한마디에 '체육을 공부하기로 마음먹기'까지 놀이는 내 잠재력이 되어 주었고, 내 꿈과 성장 가능성을 열어준 열쇠가 되어 주었다. 대학에서 체육 교육을 전공하고, 임용고시를 통해 지금은 체육 교사로 이끌어 준 동력이 되었다.

잘 놀아야 좋은 어른으로 성장할 수 있다는 말이 있다. 지리산 산골짜기 한 소년은 놀이를 통해 체육을 가르치는 사람, 체육 교사가 되었다.

이제 나는 지금 또 하나의 꿈을 꾼다.

"얘들아, 잘 놀아야 좋은 어른 된다. 같이 놀자."

"충분히 놀아야 그 온전한 맛을 안다."

"국 · 영 · 수도 공부지만 체육도 공부야."

"그리고 넌 잘할 거야."

특히 운동을 좋아하고, 운동을 잘하는 아이들의 스포츠 감수성을 키워주는 것, 아이들이 자신의 잠재력을 발견하고 꿈을 꽃피울 수 있도록 마음의

울림을 주는 것, 그것이 지금 또 하나의 꿈이다. 그런 체육 교사가 되고자
한다.

진정한 문명은 놀이 요소가 없이는 존재할 수 없다는 말이 있다.
스포츠는 우리의 삶과 더불어 자연스럽게 발생하여,
삶의 즐거움을 느끼기 위해 인간이 만들어낸 '놀이 문화'의 일종이다.
사람들과 여럿이 놀이를 하다 보면 자연스럽게 세상과 소통하는 법을
깨닫게 되어 삶을 이해할 수 있다.

– 요한 하위징아

나, 꿈을 만나다
- 박 영 권

한 아이
안팎으로
달리고 뜀뛰고 던지고
세상 무엇보다
재미난 것임을
진짜 재미
그것으로
친구를 만나고 사람을 만나고
함께 나누는 건
재미 너머의 특별한 즐거움이 있음을
특별한 즐거움
그것은
내면의 아이를 만나게 하고
아이의 걸음으로
진짜 나를 만나는 길임을
놀이는
나를 만나는 길
참 좋은 사람으로 성장하는 길
꿈을 만나는 길

꿈을 그리는 체육 교사

02

1

체육 수업의 내용을 고민하다

체육에서 무엇을 가르칠까?

"체육 시간에 뭐 해요?" "체육 하지!"

"오늘 어떤 거 해요?" "체육 하지!"

"오늘 비 오는데 체육 해요?" "체육 하지!"

"곧 시험 기간인데 체육 해요?" "체육 하지!"

사범대 체육교육과를 졸업하고 임용고시를 치르고 교사가 되었다. 배운 대로 열심히 체육 수업을 준비해서 아이들을 기다렸다. 체육 수업을 통해서 아이들이 체력을 키우고, 스포츠 대회에 나가서 활약했으면 좋겠다는 생각을 했었다. 그리고 체육이 얼마나 과학적인지, 학문적인지를 애써 강조하면서 스스로 뿌듯해하기도 했다. 그런데 그렇게 가르치던 중, 문득 이런 생각이 들었다.

'체육 시간에 아이들에게 가르쳐야 하는 건 뭘까?'

20여 년 동안 가르친 제자 중에서 운동선수를 희망하는 아이는 거의 없었다. 체육학을 전공하고 싶어 하거나 스포츠 관련 일을 하고자 하는 아이도 많지 않았다. 물론 진학이나 진로와 거리가 있다고 해서 체육을 배울 필요가 없다고 말하려는 것은 아니다.

배울 필요가 없는 것이 아니라 오히려 체육 수업은 운동을 잘한다 해서, 또는 스포츠나 체육 계열의 진로를 준비하는 학생들에게만 필요한 교과가 아니라는 점을 말하고자 하는 것이다.

주변을 둘러보면 남녀노소 누구나 스포츠를 즐기고 있는 모습을 쉽게 찾아볼 수 있다. 왜 이렇게 많은 사람이 스포츠 활동을 하고 있을까? 건강과 체력 관리를 위해, 체육을 잘해서 선수처럼 경기를 잘하기 위해, 경기 기록을 모두 외우고, 과학적 학문적 지식이나 정보를 많이 알기 위해, 사람들과의 관계를 만들기 위해, 스트레스 해소와 힐링을 위해……

각자 다양한 이유로 스포츠 활동에 참여한다. 이 모두 중요한 이유가 된다. 조금만 관심 있게 들여다보면 체력을 키워 건강해지고 경기를 잘하는 것이 전부가 아님을 쉽게 알 수 있었는데, 그것을 아는 데 20여 년 걸렸다. 그렇다면 체육 시간에 아이들에게 가르쳐야 하는 건 뭘까?

2002년 한일 월드컵이 한창이던 때, 방송에서 들은 스포츠 평론가의 말이 떠오른다.

"첫 번째 호루라기가 울린 후 선수들은
종료 호루라기가 울릴 때까지는 멈출 수 없습니다.
경기장을 뛰어다니는 선수들의 열정과 그들의 이야기는
경기장 밖에서 사람들이 살아가는 방식과 다르지 않음을 볼 수 있습니다.

우리가 스포츠를 통해 배워야 하는 최소한의 교훈은
누구나 경기장에 서면 온 힘을 다해 뛰어야 한다는 것입니다.
그리고 누군가 반칙을 하거나 꼼수를 부린다 해도
모두가 바라보고 있기에 통하지 않는다는 것이고요.
소설 「이방인」으로 유명한 작가 알베르 카뮈는
'인간의 도덕과 의무에 대해 내가 아는 모든 것은
축구로부터 배웠다'고 했습니다.
누군가 "인생을 다시 산다면 축구와 문학 중에서 무엇을 선택할 것인가를
질문하자, '그걸 말이라고 해? 당연히 축구지!'라고 대답했다고 합니다."

공을 발로 얼마나 잘 차느냐, 잘 막느냐만이 축구의 전부는 아니다. 축구를 문화로서 오롯이 즐길 수 있게 해 주어야 한다. 선수뿐만 아니라 감독도, 트레이너도, 관중도, 치어리더도, 방송인도, 심지어 집에서 텔레비전을 보고 있는 시청자들도 모두 각자의 입장에서 각자의 수준에 따라 축구를 하는 것임을 이해하는 것이 필요하다. 바로 여기서부터 '문화로서의 축구' 즐기기는 시작된다.

체육 수업에서 우리가 가르쳐야 하는 것은 스포츠를 통해 서로를 이해한다는 것이다. 서로 다른 삶의 양식을 공감하고 존중하는 법을 아는 것이다. 그것이 체육 수업의 할 일이다. '참 좋은 스포츠 참여는 참 좋은 사람으로 자신의 삶을 살게 한다.'라는 말이 바로 그런 뜻이 아닌가 한다.

🌑 사람의 무늬, 사람다움을 배우는 체육

임용 발령 후 5년 차부터 지금까지 인문적 체육 교육에 관심을 두고 있다. 인문적인 것에 관심이 있는 사람들과 만나고, 인문적 체육 교육을 체육 수업에서 실천하는 교사 모임에 참여하고 있다.

"체육 인문학이라 하지 않고, 왜 '인문적 체육 교육'이라는 말을 쓰나요?"

사실 당시에는 질문하신 분께 뭐라 뭐라 말을 한다. 정확하게 의미가 전달되는 것 같진 않지만, 때마다 성심을 다해 설명했다. 아직도 답을 찾고 있는 나로서는 명쾌하게 설명하지 못하는 것에 답답함이 있었다.

그러던 중 근무 지역에서 '교사 아카데미'를 도울 기회가 있었다. 사회를 보게 되고, 진행의 실무를 도왔다. 강사로 나왔던 어느 대학교수의 말에서 '인문적 체육 교육'이 왜 의미 있는지에 대해 이해할 수 있었다.

그 교수는 이렇게 말했다.

"인문학이란 뭘까요? 인간다움의 특징, 인간의 삶과 사고에 대해 논리적 원리를 발견하고 탐구하는 학문을 의미합니다.

그렇다면 인문적이란 어떤 의미일까요? 객관적이고 논리적이고 이성적이지는 않지만, 사람다움, 우리들의 삶과 주관적·감성적으로 다른 사람에 대해 이해하고 공감할 수 있는 것이 있잖아요? 그런 감수성이라 할 수 있을 거예요."

사람이 살아가면서 뭔가 명확하지는 않지만 마치 그럴 것처럼 이해할 수 있다. 그리고 분명하지는 않지만 '느낌적으로' 알 수 있는 것이 있다. 그것이 '인문적'이라고 한다.

수업에서 우리는 체육을 통해 학문적 원리를 깨우치는 것도 중요하지만,

그것이 전부가 아닐 수 있다는 것을 생활하며 느낄 수 있었다. 스포츠는 잘해도 재미있지만, 못해도 재미있다. 성공하고 이기고 기뻐도 의미 있지만, 때로는 실패하고 슬퍼도 의미 있을 때가 많다. 스포츠에는 희로애락이 있기 때문이다.

체육을 통해 '참 좋은 사람이 되는 것', '좀 더 잘(온전하게) 살아가는 것'을 중요하게 여기는 체육 교사로서의 감수성이 있어야 한다. 스포츠는 우리 삶과 연결되어 있으므로. 그래서 체육은 문화적으로 가르쳐야 하고, 스포츠의 지식보다는 스포츠 문화에 참여하도록 가르쳐야 함을 이해할 수 있었다. 체육 수업을 통한 아이들의 배움은 인문적이어야 한다는 것, '체육'이라는 과목을 배우기보다는 '체육'으로 배우는 스포츠 문화가 되어야 한다. 아이들이 자기 삶의 태도와 가치를 경험하게 하는 체육 수업이 될 수 있도록 이끌겠다고 다짐하게 된다.

● **나의 인문성, 인문적 감수성은 어느 정도?**

나는 인문적인가? 인문적인 사람이 되고 싶은가?

후자의 물음에 "(강렬하게) 나는 인문적인 사람이 되고 싶다."라고 말하고 싶다. 하지만 전자의 물음에는 쉽사리 답이 나오지 않는다. 내가 얼마나 인문적이지?

대개 '인문적'이라 하는 범주는 종교, 철학, 문학, 예술, 역사…… 등이라 한다. 그것들 하나하나에 나는 얼마나 관심을 두고 있는지, 실천하는지 그리고 내 삶을 얼마나 풍요롭게 하고 있는지 생각해보는 기회를 가져보는 것이 필요하다. 나를 객관화해서 보기가 참 쉽지 않지만 말이다.

고인이 되신 신영복 교수님은 '배움이라는 것은 머리에서 가슴으로, 가슴에서 발로 가는 머나먼 여정'이라고 하셨다. 혼자 살아가는 세상이 아니기에 잘(행복하게) 살기 위해서는 더욱 필수적으로 인문적이어야 한다고 생각한다. 나를 이해하고, 그래서 다른 사람도 모두 나 같을 수 있는지를 공감함으로써 나 혼자의 기쁨(悅)을 넘어 다른 사람들과 공감하며, 즐거움(樂)을 향유할 수 있는 사회가 될 수 있기 때문이다.

그런 의미에서 인문적 체육 교육은 '스포츠와 우리의 삶을 연결 짓는 것', '스포츠보다는 인간과 인간의 삶에 지향점을 두고 있다는 점'에서 다른 체육 수업에서는 발견하지 못한 또 다른 가치와 의미를 발견할 수 있었다.

● 좋은 수업을 위해 '참 좋은 체육 선생님'과 연결하기

인문적 체육 교육과 그것을 연구하는 체육 교사 모임의 활동을 통해 내 수업이 달라졌다. 내가 하는 일 자체가 달라진 것은 아니다. 다만 그동안 해 오던 체육 수업에서는 미처 발견하지 못했던 즐거움과 매력이 보이기 시작했다. 사실 체육과 스포츠에는 이미 있었던 즐거움과 매력이었지만, 체력과 경기력에 관심이 쏠린 눈으로는 볼 수 없었다.

같은 관심을 가진 체육 교사들과의 만남을 통해 '같은 스포츠를 다르게', '즐거움과 매력을 체험할 수 있게', '신체 능력이 조금 부족해도 참여할 수 있게', '아이들 배움과 성장에 도움이 되게' 하는 체육 수업을 준비한다.

논리적이고, 구체적이고, 과학적으로 딱 떨어지게 뭐라 말할 수 없지만, '참 좋은 체육 선생님'들과의 연결 이후 같은 체육 수업을 하고 있지만, 그전보다 아이들 표정이 밝아졌다. 그리고 무엇보다 나부터 행복해짐을 느낀다.

우사인 볼트를 꿈꾸다

● 육상, 그거 먹는 거예요?

지금으로 치면 '학생 건강 체력 평가제'(PAPS, 학생들의 비만과 체력 저하를 방지하고자 개발된 건강 체력관리 프로그램)였을 거다. 학교에서는 매년 일명 '체력장'이라고 해서 달리기, 윗몸일으키기, 턱걸이, 오래달리기 등 기초 건강 체력 검사를 했다.

예전에는 전교생, 또는 한 학년 전체가 함께 참여하는 큰 체육 행사였다. 특히 체력장에서의 달리기 기록은 운동회 때 우리 반 계주 대표를 선발하는 기준이 되었다.

당시 우리는 다른 친구들의 연습 여부를 살피며 서로 눈치와 신경전이 나름 치열했다. 평소 일찍 일어나지 않던 내가 새벽부터 일어나서 달리기 연습을 했을 정도다.

체력장 전날에는 설레고 긴장이 돼서 잠을 설쳤다. 출발을 기다리는 동안에도 화장실을 몇 번이나 왔다 갔다 했는지 모른다. 지금은 웃음 짓게 하는 추억이지만, 그때는 퍽이나 진지했다. 나는 2학년 때 100m와 오래달리기에서 우리 반 최고 기록자가 되고, 운동회에서도 우리 반 계주 대표로 선발되었다.

체력장이 끝나고 며칠이 지난 어느 날, 3학년 남자 선생님이 반으로 찾아왔다.

"느그 반 계주 대표가 누고?"

"수업 마치고 조회대로 와라."

방과후 조회대에는 각반 날쌘돌이들은 다 모여 있었다.

선생님은 운동회 때 계주 연습을 시켜주신다며 아침에 일찍 와서 운동하고, 방과 후에도 조금씩 운동을 할 테니 나오라 말씀하셨다. 그리고 2학년 봄 즈음, 선생님이

"너 육상부 정식으로 하자."

"네, 할게요."

선생님 말씀에 바로 한다고 했다. 3학년이던 우리 누나는 육상부 부원이었다. 누나처럼 잘할 수 있다는 생각도 있었지만, 육상부에서 우유, 빵, 백숙을 먹었다며 자랑하는 누나가 무척 부럽던 터였다. 게다가 제일 친한 친구도 한다고 하니 흔쾌히 결정할 수 있었다. 육상은 당시 나에게는 친한 친구들과 놀 수 있는 시간이고, 맛있는 간식을 먹을 수 있는 시간이었다. 그렇게 나는 육상부원이 되었다.

● 그거 하면 스파이크 주나요?

초창기에는 단거리 달리기 연습부터 시작했다. 처음 본 스타팅 블록은 무척 신기했다. 한 번도 사용해 본 적이 없었던 터라 차라리 스타팅 블록 없이 뛰는 편이 기록이 좋았다. 하나씩 기본부터 배워갔다.

그렇게 1년이 지나 3학년이 되고, 3월 즈음 선생님이 큰 상자를 우리 앞에 내려놓았다. 그 안에는 스파이크가 들어 있었다. 5월 대회를 앞두고 학생마다 주 종목을 정하고 출전 학생이 정해지면서 스파이크를 나눠줬다.

6학년부터 차례로, 3학년이 맨 마지막이었다. 친한 동네 친구는 단거리 달리기로 선발되어 스파이크를 받았다.

드디어 내 차례! 그런데 내가 받은 스파이크는 친구 것과 조금 달랐다.

"넌 왜 이렇게 못이 길어?"

"내 것은 좀 짧은데?"

대시와 스퍼트, 전력 질주라는 단어에서 알 수 있듯이, 단거리 달리기는 온 힘을 짧은 순간 쏟아내는 종목이었다. 그래서 스프린터용 스파이크의 핀은 무척 길다. 반면 중장거리 달리기는 힘을 배분하고 조절하는 것이 중요하다. 그래서 전력 질주를 하는 단거리 달리기의 스파이크에 비해 핀이 짧은 편이다.

친구는 100m 달리기가 주 종목으로 남게 되었고, 나는 단거리에서 중장거리로 밀렸다. 당시 나는 친구와 같이 100m에서 시작했지만, 기록이 좋지 않아 200m를 거쳐 400m에서 연습하고 있었다. 그때 선생님께서 잠시 나를 부르셨다.

"넌 키가 크고, 마른 체형이라 800m가 잘 맞을 것 같아. 중장거리를 맡아줘."

일단 대답은 했다. 하지만 우리 육상부는 단거리 선수들에게만 스파이크를 줬기에 육상부를 하는 이유 중 하나를 잃을 수도 있었던 터라, 크게 낙심했던 기억이 난다. 중장거리는 힘과 페이스 조절을 해야 하므로 적응하기까지 꽤 오랜 시간이 필요했다. 그렇게 1년 정도 훈련하며 어느 정도 감을 잡았던 무렵, 우리 학교가 중점 학교가 되면서 중장거리 선수들에게도 스파이크가 지급되었다. 새 종목에 적응도 되었고, 스파이크도 얻었으니 이제 대회 출전만을 손꼽아 기다렸다. 그 시기 교육청에서 육상 전문 코치를 우리 학교에 보내주었다. 체육 교사들이 한 분씩 육상부를 맡아왔다면, 이제는 전문 운동선수 출신을 코치로 맞게 된 것이다.

새 코치님은 며칠간 종목별로 운동을 시켜보신 후 나를 부르셨다.

"넌 말랐지만, 탄력이 좋고, 키도 커서 신체 조건이 괜찮아. 그러니 달리기 말고 높이뛰기나 멀리뛰기를 해보는 게 어때?"

아, 또 종목이 바뀌는 건가? 겨우 중장거리에 적응했고 1년 만에 스파이크도 받았는데, 종목을 바꾸면 또 스파이크를 신을 수 없지나 않을까?

"선생님, 높이뛰기나 멀리뛰기를 해도 스파이크 신을 수 있나요?"

"당연하지. 높이뛰기도 스파이크 있어."

"그럼 좋아요."

당시 나는 스파이크를 신을 수 있다면 종목이 바뀌는 것쯤은 괜찮았다. 좋아하는 선배나 친구들과 함께 계속 운동할 수 있고, 간식도 계속 먹을 수 있으면 그만이었다. 초등학교 2학년 이후 육상부로 활동하며 단거리 달리기를 시작으로 200m, 400m, 단거리 이어달리기, 800m, 멀리뛰기, 마지막으로 높이뛰기에 이르기까지, 본의 아니게 여러 종목을 경험하게 되었다.

한편으로 생각해보면 나는 다른 선배나 친구들 심지어 후배들에게 밀려 종목을 몇 번이나 바꿔야 했다. 선배들에게 밀리는 것은 물론, 동기나 후배에게 치여 밀려나는 상황이었다. 특별히 빼어나 잘하는 것도 없고 큰 성과를 이룬 것도 없었다. 그렇게 육상 종목 중에서 던지기를 제외하고 다 해보는, 흔치 않은 경험을 했다. 어찌 보면 선수로서는 씁쓸한 '흑역사'라 할 수도 있는 기억이다.

하지만 육상부이면서도 내 꿈은 육상 선수가 아니었다. 1등을 하고, 메달을 따는 것이 목표는 아니었기에 그 상황에 크게 개의치 않을 수 있었다. 아들의 상황에 안타까운 마음이 들 수도 있었으련만, 부모님께서는 이 상황을 예민하게 받아들이지 않으셨고, 나에게 심적 부담을 주지도 않으셨다. 특히 그때 육상부 코치님도 그런 나를 있는 그대로 이해해 주셨다. 그런 덕분에 자칫 자존감이 떨어질 수도 있는 상황에서도 즐겁게 운동을 할 수 있었다.

운동이 기쁨을 주는 이유는 사람마다 다르다. 누군가에게는 큰 성과나 좋은 성적이 기쁨을 가져다준다. 하지만 다른 누군가에게는 운동 그 자체가 기쁨일 수도 있다. 좋아하는 사람들과 운동으로 시간을 같이 보내는 것만으로도 나는 충분히 기쁘다.

● 스포츠의 특별한 즐거움

5학년 때 서울로 전학을 가게 되면서 육상부 생활을 정리했다. 전입한 학교에는 육상부가 없었다. 시골에서 전학 온 까무잡잡하고 사투리를 쓰는 나. 친구들도 어색해했고 나도 낯가림이 있었던 탓에 또래 친구들과 서로 가까워지기 어려웠다. 그러던 중 반 대항 이어달리기를 한다고 체육 시간에 반별로 대표를 뽑는 시간이 있었다. 육상을 그만둔 지 얼마 되지 않은 나는 가볍게 학급 대표가 될 수 있었다. 마르고 까무잡잡해서 친구들이 별로 기대를 하지 않았었는지 무척 놀라는 눈치였다. 고향에서는 내가 계주 대표가 되는 것은 당연한 일이었는데 말이다.

대회 날, 친구들은 내 이름을 부르며 열렬히 응원해 주었다. 그 덕분에 잘 뛸 수 있었다. 당시 몇 위를 했는지 기억은 안 나지만, 그 일 이후 우리 반 친구들이 나를 전학생이 아니라 '같은 반 친구'로 받아들여 주었다는 것만은 분명하다.

육상부에서는 느껴보지 못한 묘한 느낌이 있었다. 혼자만의 희열, 기쁨을 넘어 함께 즐기는 특별한 즐거움을 이해할 수 있었다. 나의 달리기는 내 기쁨과 나 하나의 만족뿐만 아니라 내가 속한 우리 반 친구들과 특별한 즐거움을 함께 나누는 느낌이었다. 서로의 역할이 달랐을 뿐, 우리 반 모두의 마음을 오롯이 하나로 만들어 준 특별한 즐거움이었다.

그날 이후 운동을 좋아하는 친구들은 물론 함께 응원했던 다른 친구들도 한둘씩 나와 같이 어울리자며 다가와 주었고, 그것을 시작으로 새로운 학교에서의 적응을 잘해갈 수 있었다.

"스포츠는 서로 직접 대화하지 않고 그저 함께하는 것만으로도 서로의 마음을 주고받으며 하나로 만들어 주는 묘한 매력이 있다."

● 새옹지마, 오히려 희망이 되어 준 육상

초등학교 때 시작된 육상과의 인연은 내 인생에서 중요한 키워드 중 하나이다. 선수로서 부족한 실력으로 인해 여러 종목을 전전했다. 하지만 그 덕분에 여러 종목의 기초 기능을 익힐 수 있었고, 서울로 전학 와서 친구들에게 인정받고 함께 어울리며 빠르게 새로운 환경에 적응할 수 있었다. 또 육상부 시절 여러 종목을 배운 덕에 중고교 체육 교과의 수행평가에서 늘 후한 점수를 받을 수 있었다.

체육교육과 시절 육상 수업에서도 마찬가지였다. 대부분 대학에서는 단거리 달리기, 허들, 멀리뛰기, 높이뛰기 위주로 수업이 진행되었고, 우리 대학도 마찬가지였다. 그래서 나는 동기들의 동작을 수정해주는 보조 강사 역할을 하며, 높은 학점을 받을 수 있었다. 체조, 축구, 농구는 물론 다른 여러 종목의 수업에서도 기본 이상을 하는 데 육상이 큰 도움이 되었다.

육상은 모든 스포츠의 기초라는 말을 실감할 수 있었다. 특정 종목만 잘했다면 다른 종목에서 곤란이 있었을 수도 있지만, 육상부에서 여러 종목을 했던 것이 오히려 나에게는 새옹지마(塞翁之馬)가 되었다.

만약 100m 대표에 선발되지 않았다고 육상을 그만두었다면 어땠을까 생각해본 적이 있다. 전학 이후의 적응 과정, 중고교 체육 시간과 체대 입시 그리고 대학 육상 수업에서 지금과 같이 어려움 없이 다른 사람의 인정을 받으며 생활할 수 있었을까. 물론 또 다른 방법으로 해결책을 찾았을 수 있지만, 지금과는 확연히 다른 과정을 걸었을 것이다.

'무엇이 옳고 그르다'라는 말을 하는 것이 아니다. '육상이 최고다'라는 말을 하고자 하는 것은 더더욱 아니다. 지금 하는 일들이 성과가 없고 빛나지는 않지만, 자기에게 어떤 의미와 가치가 있는지에 무게를 두는 것이 중요하다. 지금은 작을 수도 있는 의미와 가치는 오랜 시간 누적되어 자신이 살아가면서 어려운 상황을 직면했을 때 문제를 해결해 줄 수 있는 멋진 열쇠가 되어 줄 것이기 때문이다. 덕분에 자신이 가고자 하는 길을 흔들림 없이 당당하게 걸어갈 수 있을 것이다.

☻ 육상 한번 해볼래?

"이번 학기에 육상 지도법 강의를 맡아주실 수 있으신가요?"

초등학교 2학년 때 시작된 육상과의 인연은 체대 입시를 통해 대학의 체육교육과를 거쳐 임용고시를 통해 체육 교사까지 이어졌다. 그 인연으로 말미암아 더욱 애정이 가는 스포츠가 되었다. 육상과 관련된 특별한 추억 하나가 생각난다. 매년 교육청에서는 한 학기에 한 번 지역별로 육상 대회를 했다. 선수들을 포함해서 일반 학생들에게도 참여할 기회가 주어져서 매 학기초 일반 학생들을 선발해서 출전하곤 했다. 체육 수업 때 눈에 띄는 아이들에게 권해서, 희망하는 아이들을 점심시간과 방과후에 연습한 후 출전했었다. 그때도 매달이나 성적이 잘 나오면 좋지만 그게 목적이 아니었다. 그런데 한해는 정말 눈에 확 들어오는 아이가 하나 있었다. 키는 작고 다소 왜소한 몸집이었지만 달리는 모습만큼은 선수라 해도 손색이 없었다. 달리는 리듬감과 탄력이 남달랐다.

"얘~ 너, 럭비부니?"

"아니요."

"그래? 그럼 초등학교 때 육상부였니?"

"아니요."

"선생님이랑 육상 대회 한번 안 나갈래?"

"엄마가 싫어하시는데. 한번 여쭤볼게요."

중1 학생이었다. 초등학교 때부터 육상부나 다른 운동부에서 스카우트 제의가 있었다고 했다. 부모님이 운동하는 것을 원하지 않으셔서, 1학기 대회는 출전하지 못했다. 하지만 학생의 소질이 남다르다는 느낌을 지울 수 없었기에, 부모님에게 아마추어 대회임을 말씀드리고 2학기 대회에는 우여곡절 끝에 출전할 수 있었다.

놀라웠다. 전문적으로 연습을 하지 않았는데도, 다른 학교 육상부 선수들을 이기고 당당히 1등을 차지했다. 그렇게 안양시 대표로 경기도 대회에 출전했고, 당시 안양 대표 학생들을 지도하던 육상 전문 코치 선생님도 재능이 있다고 인정했다. 대회 과정에서 아이와 부모님을 설득해서 육상을 해보기로 하였다. 몇 개월 적응 및 테스트 과정을 마친 후, 아이는 본격적으로 육상 선수의 길을 걷기로 하였다. 이후 안양 관내 육상부가 있는 학교로 전학을 권유했고, 종종 연락하며 응원하고 있다.

교직 생활 처음으로 육상 선수로서의 재능을 발견하고 진로를 안내했던 그 학생은 이후 우리나라를 대표하는 국가대표 육상 스프린터가 되었다. 1979년 멕시코에서 서말구 선수가 세운 최고 기록을 31년 만에 경신하며 육상계를 놀라게 한 주인공, 현재 10.07초의 한국 신기록을 가진 김국영 선수이다. 어린 김국영은 달리는 것을 좋아했고, 기록을 단축하고자 스스로 노력하는 의욕적인 모습을 보였다. 그것이 지금 그의 성과를 만들었다고 생각한다. 그런 김국영 선수를 응원한다.

스포츠 활동에 재능을 가진 아이를 발견하고 그 재능을 꽃피울 수 있도록 안내하는 것은 체육 교사의 중요한 역할 중 하나이다. 하지만 아이들의 잠재력은 관심을 두지 않고, 보려 하지 않으면 보이지 않고, 끄집어내려는 의지나 의욕이 없으면 끄집어낼 수 없다. 관심을 두고 보려 하고, 끄집어내려 하는 시선이 교사의 안목이다.

3 삼겹살 파티로 소통하다

세상에 그냥 되는 것은 없더라

학급 담임으로 아이들에게 해줄 수 있는 것은 무엇일까? 누구는 이런 것도 하고, 또 누구는 저런 것도 한다. 그럼 난 뭐하지? 뭘 할 수 있지?

일 년간 우리 반 아이들과 간단한 놀이와 게임도 하고 음식도 함께 만들어 먹자. 생각해보면 사람들과 친해지는 데 같이 놀고, 함께 먹는 그것만큼 좋은 방법이 또 있을까. 관계를 만드는 가장 기본이기에 어떤 모임에서든 '회식', '뒤풀이'라는 이름으로 시간을 만든다. 우리 반 아이들이 나와 함께 지내는 1년 동안 친하게 지냈으면 하는 마음으로 삼겹살 파티를 준비했다.

3월부터 학급 아이들과 시간을 정해서 간단한 놀이 시간을 갖고, 4월부터는 삼겹살 파티나 음식 만들기 대회를 했다. 처음으로 우리 반 아이들과 준비한 삼겹살 파티! 가위와 쌈장을 안 가져와서 기다란 삼겹살을 통째로 상추에 싸서 입에 욱여넣는 등, 난리도 이런 난리가 또 없었다. 그도 그럴 것이 중2 아이들이 직접 요리를 해본 경험이 몇 번이나 있었겠나. 집에는 필요한 것이 다 있지만, 밖에서는 필요한 것들을 챙겨오지 않으면 안 된다

는 것도, 무엇보다 뭔가 부
족하지만, 친구들과 함께 놀
고, 함께 먹는 시간이 행복
하다는 것을 느끼는 시간이
되었다.

　"학교 가사실에 가면 가위
가 많고, 버너도 있고, 불판
이 있는데 왜 힘들게 그래?"

　누군가는 이렇게 핀잔을 주겠지만, 이런 기회마저 모든 것을 선생님이 다
챙겨주는 것은 '스스로 느낄 기회'를 놓치는 것이 된다고 생각했다. 그래서
몇 번의 시행착오를 겪으며 '챙겨주기'가 아닌 '이전에 준비하기'를 신경을
쓰게 되었다. 조금 더 체계적인 준비가 필요하다고 생각했다. 잘 먹는 것도
중요하지만 먹는 게 전부는 아니니까.

　'식단 짜기, 식단별 준비물 체크하기, 집에서 준비물 확인하기, 개인 준비
물과 조별 준비물 구분하기, 준비물별 담당 정하기' 등, 하나하나의 과정을
아이들이 스스로 준비할 수 있도록 계획을 세웠다. 조회 시간에 이야기하면
아이들이 쉬는 시간이나 점심시간을 이용해서 준비할 수 있도록 했다. 종례
시간을 이용해서 방과후 아이들이 준비할 수 있도록 안내했다. 그렇게 한
주에 한두 단계씩 실행하면서 삼겹살 파티는 완성되어 갔다. 이제 먹는 걱
정을 털어버린 우리는 더 큰 그림을 그리게 되었다.

　'가자! 우리 반 모꼬지…….'

▶ 제자들과 함께 여행에서 배우다

● 우리가 여행에서 배우는 것들

지하철이 떠들썩하다. 출근 인파와 중학생 한 무리가 뒤섞여 난리다. 방학을 맞아 한 학급이 모꼬지(놀이나 잔치 또는 그 밖의 일로 여러 사람이 모이는 일)를 떠날 준비를 하고 있다. 신규 때부터 학급 학생들과 매년 여름 방학이면 종업식이 있는 주에 떠나는 학급 캠프이다. '차안대'를 차고 달리는 경주마처럼 공부라는 목표만 바라봐야 하는 아이들에게 잠시 쉼을 주고자 시작된 여행이었다. 상황에 따라 1박 2일, 대부분 2박 3일 학급 학생들과 떠난다.

대학 시절 몇몇 체육 센터에서 체육 자원지도자 활동을 하면서 캠프 준비와 진행을 배울 수 있었다. 서울 지역 곳곳에서 처음 만난 학생들과 함께하는 이 캠프에서는 불과 하루 이틀 같이 지냈을 뿐인데 서로 서먹했던 이 아이들이 끈끈해지고 서로를 신뢰하는 모습을 볼 수 있었다. 아이들에게 수영 영법보다, 래프팅 기술보다, 스키보다 그것은 더 큰 선물이었을 것이다. 그래서 담임이 되어 꼭 아이들에게 이런 경험을 선물해주고 싶었다.

첫 발령을 받고, 첫 우리 반 아이들과 떠난 모꼬지는…… 망했다! 그도 그럴 것이 기본을 생각하지 못했다. 사람보다 프로그램이 앞섰다. 행사 준비와 진행에만 신경 쓰느라 막상 아이들이 먹고, 누구와 자고, 쉬는 것과 관련해서 어디서, 어떻게 특히 누구를 생각할 겨를이 없었다. 아이들에게 쉼과 여유, 서로 자유롭게 이야기하며 관계 맺기를 할 기회를 뒤로 미루고 말았다. 그럼에도 드넓은 북한강과 확 트인 자연 덕분이었을까. 아이들은 너무나 좋아해 주고, 내가 준비하지 못한 많은 것들을 스스로 채워갔다. 마치고 돌아오는 기차 안에서 계속 맴도는 아쉬움…….

　한 학기 동안 우리 반에서 있었던 여러 가지 이야기, 평소 같이 어울리지 않았던 친구와 이야기도 하며 추억을 쌓았다. 그리고 2학기에는 좀 더 친한 우리 반이 되기 위해 무엇을 할 것인지 이야기 나눌 수 있어 좋았다.

　"우리는 모험만을 위해 캠프를 떠나는 것은 아니에요. 평소 자신이 살아가는 환경이 아닌 곳에 놓이기 때문에 모든 것이 모험이고 도전이라 할 수도 있어요. 결국 캠프는 서로 다른 사람이 함께 준비하는 과정에서 인간적 관계를 만들고, 준비한 것을 함께 진행하며 행복한 시간을 함께 보내기 위해 떠나는 것 같아요."

그림을 그리다, 꿈을 그리게 되다

● 그림으로 인해 더 깊어진 체육 교사의 행복

　서울로 전학을 온 직후에는 친구들이 많지 않았다. 그리고 놀이 방식도 달랐다. 시골에서 나는 뛰고, 달리고, 나무 타고, 개울에서 물놀이를 했다. 그런데 서울 친구들은 프로 야구 구단 클럽에 가입하거나 스포츠 센터에서 수영을 배우는 등, 문화 자체도 완전히 달랐다. 그렇다 보니 늘 친구들 속에 있다가 혼자 있는 시간이 훨씬 많아졌다.

　그 무렵, 책상에 꽂혀 있던 명작 동화가 눈에 들어왔다. 예전에는 쳐다보지 않았던 책들에 시나브로 시선이 머물렀다. 정확히 말하자면 독서 자체에 푹 빠졌다기보다는 표지 그림과 삽화에 더 끌렸다.

　시간이 많았던 나는 무작정 따라 그렸다. 그러다가 친구들에게 청소년 만화 잡지를 빌려서 연재만화들을 따라 그리기도 했다. 평소라면 운동을 좋아하는 친구들과 먼저 어울렸을 텐데, 이곳에서는 그림 좋아하는 친구, 만화책을 즐겨 읽는 친구들을 먼저 사귀게 되었다. 시골에서는 잘 어울리지 못했던 부류의 친구들을 '그림 그리기'가 연결해 준 셈이다.

와~ 내 그림 대박 ㅎㅎ!!

　물론 시간이 지나면서 운동 쪽 친구들과도 잘 지낼 수 있었다. 그 결과 친구의 범주가 이전보다 훨씬 넓어졌다.

　그림을 그리면서 그동안 보이지 않던 것들이 보이기 시작했다. 대상을 건성으로 보면 닮게 그릴 수 없었기에 작은 부분도 놓치지 않고 보려고 했던 것 같다. 그래서 특정 사물이나 대상의 움직임을 그냥 흘려보지 않고 유심히 관찰하는 습관이 몸에 배게 되었다.

이 습관은 학습에도 매우 유용했다. 스포츠의 기본 동작을 배울 때 세심하게 관찰하고, 교수님이 전해 준 여러 정보를 글과 함께 그림으로 그려서 정리하다 보니, 빠르고 정확하게 이해할 수 있었다. 그 덕분에 그림과 함께 작성한 보고서는 교수님들로부터 높은 점수를 받았고, 그렇게 학습한 내용은 쉽게 잊히지 않아서 학점 관리에도 도움이 되었다.

체육 시간에 다양한 동작 설명을 그림으로 안내하는 것은 그 어떤 사진보다 효과적이다. 단지 내가 그랬으니까 아이들도 그럴 거라고 추정하는 것은 아니다. 최근 들어 수업에서 마인드맵, 비주얼씽킹, 픽토그램, 인포그래픽, 캘리그라피, 시화 등 다양한 시각적 학습 자료들이 활용되고 있다는 것만 보아도, 그림 그리기가 참 좋은 학습 방법임을 알 수 있다. 스포츠 문화를 이해하고 즐기는 데에도 그림 그리기는 의미 있는 학습 경험이 될 수 있을 것이다.

스포츠를 소재로 한 고전 미술 작품, 올림픽 공원과 같은 스포츠 공간 곳곳에 있는 미술 작품, 야구와 축구 등 각종 경기장 내외에 전시되거나 설치된 미술 작품들. 체육 수업의 목표가 미술 작품 제작은 아니다. 하지만 처음 스포츠를 접하는 학생들에게 문턱을 낮추어 주는 효과가 있는 것은 분명하다. 더 나아가 스포츠를 더 깊이 있게 이해하고, 스포츠 문화를 더 풍요롭게 즐기도록 도울 수 있다.

"설령 마이클 조던처럼 대단한 농구 선수는 될 수는 없더라도,
마이클 조던보다 더 농구를 사랑하는 사람이 될 수는 있다."

지금은 사라졌지만, 예전에는 신학기마다 학급 환경미화라는 행사가 있었다. 당시 우리 반 아이들과 교실 이곳저곳을 함께 꾸미면서 빨리 친해질 수 있었다. 지금은 학교 축제의 그림 그리는 부스에 아이들과 함께 참여하기도 하고, 학기말 학습 전환기나 잠시 틈이 날 때마다 그림을 그리곤 한다.

"선생님, 혹시 미술 선생님이에요?"

"아니지. 나처럼 못 그리면 미술 선생님 못 하지. 체육 선생님이니까 잘 그리는 것처럼 보이는 거야."

"쌤, 저도 그림 하나 그려 주세요."

"학교생활 잘해야 그려 주지."

"잘할 테니까 하나 그려 주세요~오~!"

"그럴까, 그럼?"

그림 그리기를 좋아하면 교사로서 아이들과 만날 수 있는 또 하나의 통로를 만드는 것이다. 내가 서울로 전학 와서 취미로 그림 그리다가 친구들을 사귀게 된 것처럼, 학교에서도 체육이나 스포츠 활동이 아닌 다른 방식으로도 학생들과 만날 수 있다. 그 만남으로 인해 관계가 만들어지고, 그 관계는 고스란히 체육 수업에도 긍정적인 영향을 미쳤다.

첫인상은 3초간 보는 것만으로도 그 강렬함이 계속 지속한다고 한다. 시각적 자극의 강도가 다른 자극보다 훨씬 강하고 빠르게 전달된다는 뜻이다.

학생 대부분은 체육 교사를 통해 스포츠와의 첫 만남을 경험한다. 하지만 체육 선생님이 스포츠의 모든 것을 전하기는 어렵다. 그럴 때 그림, 사진, 영상 등의 좋은 시각 자료는 학생들에게 좋은 첫인상을 남겨 준다. 특히 선생님이 직접 만들거나 직접 그린다면 그 강도는 더욱 강화되기 마련이다.

마지막으로 운동도, 그림도 모두 좋아하는 학생들에게 이 말은 꼭 들려주고 싶다.

"여러분, 혹시 체육 교사가 꿈이라서 그림 그리는 취미를 중단할 건가요? 그렇더라도 그림을 절대로 멈추지 마세요. 지금 그리는 그 그림 덕분에 훗날 체육 선생님이 되어서도 더 깊은 행복을 느낄 수 있을 테니까요."

행동 발달 및 특기 사항

　　다양한 경험을 통한 성장에 관심이 많음. 도전에 대한 두려움을 떨치고 새로운 길을 개척하기 위해서는 함께하는 힘, 즉 '협력'이 필수라고 생각하여 이를 실천하기 위해 노력하고 있음.

두려움을 모르는 마당발
박태규

별명

도전태규

행동이 적극적이고 새로운 일을 하는 것에 두려움이 없기에 붙은 별명이다.

01 나는 이래서 체육 교사가 되었다

1 체육은 내 운명

칼 루이스를 동경하던 소년

우사인 볼트가 나오기 전까지 세계에서 가장 빠른 사나이는 미국의 칼 루이스였다. 그는 100m, 200m, 멀리뛰기, 400m 계주 4번 주자로 전 세계를 호령했다. 나는 아이돌이나 영화배우가 아닌 육상계의 '원 탑' 칼 루이스가 제일 좋았다.

누군가를 동경하는 마음은 나이가 들어도 쉽게 바뀌지 않나 보다. 지금도 나는 트랙을 보면 가슴이 뛴다. 달리고 싶다는 뜨거운 마음이 끓어오른다. 누구에게나 하나쯤은 있을 법한 그 심정, 혹여 그러한 마음을 느껴보지 못했다면 무언가를 열렬히 좋아해보기를 권한다. 꿈은 좋아하는 것에서부터 자라나기 때문이다.

매년 열리는 초등학교 체육대회의 하이라이트는 학급 대항 계주 경기이다. 학급 대표 선발전을 마치고 나면 제일 빠른 사람이 4번, 마지막 주자를 맡게 된다. 난 항상 마지막 주자였다.

"제자리에! 차려!"

'탕!' 하는 출발 신호에 맞춰 응원의 함성이 들리고, 심장이 두근거리기 시작한다.

'친구들아, 제발 넘어지거나 배턴만 떨어뜨리지 마!'

저 멀리 3번 주자가 달려온다. 최대한 멀리 나가 배턴을 넘겨받고, 골인 지점까지 전력 질주한다. 골인 지점 부근의 친구들이 기뻐하는데, 환호성은 들리지 않는다. 터질 것 같은 심장, 흩날리는 머리칼, 바람을 가르는 속도감, 흘러내리는 땀방울.

난 뛰는 게 좋다. 뛸 때의 그 상쾌함은 이루 말할 수 없다. 계속 뛰다 보면, 어느 순간이 지나면 고요함이 찾아든다. 힘든 것은커녕 상쾌함이 밀려온다. 달리는 게 마냥 좋았기에 초등학교 3학년 때부터 육상 선수 생활을 시작했다.

● 좌절과 방향 전환

어릴 때는 운동선수에 대한 선입견도 없었고, 훈련의 고단함도 느끼질 못했다. 내가 좋아하니까, 잘하니까 그 자체로 즐거웠다. 하지만 차츰 운동선수의 현실 앞에 고민이 시작되었고, 만족스럽지 못한 결과에 대한 패배감, 그 좌절이 나를 힘들게 했다.

중학교 3학년 때까지 운동을 하면서 결승 테이프를 1위로 끊어본 적이 많았다. 하지만 고등학교 입학을 앞두고 상황이 많이 변했다. 친구들에 비해 더 이상 키가 자라지 않았고, 나보다 빠른 사람이 하나둘 생겨났다. 도 대회도 아니고 시 대회에서조차 뒤처지기 시작하자, 부모님도 육상 선수의 길을 반대하셨다.

그래, 나는 여기까지인가 보다. 속상해서 눈물이 났고, 힘들었다. 지금껏 나의 가장 큰 자랑거리였던 육상. 마음이 변해서가 아니라 경기 성적 때문에 육상과 이별해야 했던 상황을 감당하기에 나는 아직 어렸었다.

그러나 미련 없이 스파이크를 벗고 나니 마음이 후련해졌다. 이젠 시합 출전 때문에 부상을 걱정하지 않아도 되고, 꽉 짜인 훈련 스케줄에 목맬 필요도 없었다. 하나를 놓으면, 다른 하나를 얻는다고 했던가. 새로운 삶을 향한 마음은 인생의 끝이 아닌 시작을 의미한다, 누구에게나.

● 거부할 수 없는 운명?

선수 생활을 그만둔 나는 인문계고로 진학한 후, 진로에 대한 고민으로 하루하루를 보냈다. 내가 잘하는 것, 좋아하는 것이 무엇인지에 대한 고민과 막연함으로 진로 설계에 혼란이 왔다.

운동을 제외하고 가장 잘하는 것, 좋아하는 것을 우선 찾아보았다. 내가 가장 흥미를 갖고 잘했던 과목은 '영어'였다. 영어 관련 직업 중 국제 무역 관련 직종, 외국인과 협력하고 소통하는 직종 등을 주의 깊게 찾아본 결과, 무역학과나 호텔 경영학과, 경영학과, 경제학과에 진학하기로 결심했다.

하지만 이게 무슨 운명의 장난인지, 고등학교 2학년 체육대회 계주 경기에서 일대 사건이 발생했다. 총 10학급인 우리 학년에서 내 바로 앞인 3번 주자가 9등으로 들어오고 있었다. 배턴을 이어받은 나는 앞의 8명을 단숨에 따라잡아 1등으로 골인지점에 들어왔다.

이를 본 담임선생님과 체육 선생님은 입을 쩍 벌리시면서 당장 상담하러 가자고 하셨다. 친구들의 환호와 박수를 뒤로한 채, 교무실에 들어선 나는 체육 선생님과 담임선생님, 학년 주임 선생님에게 둘러싸여 폭풍 질문 세례를 받았다.

"언제부터 달리기를 잘했냐? 운동에 관심 있으면 체육교육과 어때?"

"S대에 진학하면 학교에서 4년간 장학금을 지원한다. 어떻게 생각하니?"

며칠 후 부모님은 진로 상담을 받으러 오셨고, 체육교육과 원서를 쓰되, 교대도 같이 쓰는 걸로 이야기가 마무리되었다. 어차피 누군가를 가르치는 사범대 쪽이면 아이들을 좋아하는 나로서는 교대도 괜찮다고 생각했다.

● 꿈을 꾸고, 꿈을 그리다

운동을 그만두기 전에도 공부는 곧잘 했었다. 하지만 중학교와 고등학교의 차이, 고등학교에서도 학년이 올라갈수록 난이도가 어려워지고, 훨씬 많은 학습량이 필요했다.

그래도 운동을 오랫동안 했던 탓인지 긴 시간 동안 공부하는 데 체력적인 문제는 없었다. 내가 다닌 학교는 평일에는 밤 12시까지, 토요일, 일요일은 밤 10시까지 자율학습을 시키는 스파르타식 학교였다. 닭장 같은 교실에 갇혀서 공부만 하다 보니 몸도 마음도 지쳐 갔다. 하지만 이곳에서 벗어나 내 꿈을 펼치겠다는 목표와 다짐 덕분에 힘든 시간을 이겨 낼 수 있었다.

밤이 되면 창밖으로 보이는 수많은 별들,
반짝반짝 빛나는 저 많은 별들 중에
내가 그리는 꿈의 별은 어디 있을까?
저렇게 밝게 빛나는 별들을 바라보며
누군가도 나처럼 꿈꾸고 있겠지?
나처럼 꿈꾸고 있을 수많은 사람들이 있기에
이 늦은 밤, 홀로 공부하는 것이 외롭지 않다.
오늘도 힘을 내본다.
내가 꾸는 꿈, 내가 그리는 꿈, 내가 바라보는 별.
저 별은 나의 별, 나만의 별.

책상에 오래 앉아서 공부하다가 집중력이 흐트러지거나 졸릴 때면, 나는 항상 하던 행동이 있다. 마음 속 깊은 곳의 불씨를 다시 한번 확인하고, 그 불씨에 불을 지피기 위해 내가 가장 좋아하는 글, 코팅해서 책상 위에 붙여 두었던 그 구절을 한 번 읽고 창밖의 별을 바라보는 것이다.

고3이 되자 본격적인 입시 준비가 시작되었다. 체육교육과 지원을 위해서는 다양한 종목의 실기도 준비해야 했다. 100m 달리기를 비롯해서 높이 뛰기, 원반던지기, 체조 마루 운동, 철봉 차오르기, 턱걸이, 윗몸일으키기, 축구공 멀리 차기, 농구 골밑슛, 배구 브레디 테스트, 특기 종목 1개(자유선택 핸드볼), 이렇게 종목이 무려 10여 개였다. 공부와 운동 간에 적절한 시간 안배가 필요했다. 정규 수업이 끝나면 체대 입시반이라는 방과후 수업을 통해 부족한 종목을 준비하고, 다시 야간 자기주도학습에 참여하는 방법으로 진행했다.

수능 준비는 국영수의 경우 문제 풀이 위주로, 사회 탐구와 과학 탐구는 암기와 문제 풀이를 병행했다. 운동은 다치지 않도록 준비 운동을 철저히 하고, 한 종목씩 만점 기준을 목표로 연습했다. 운동과 공부를 병행하는 것이 힘들었을 법도 한데, 시간 계획을 효율적으로 짜고 실천해서인지 서로 간섭이 일어나지 않고 시너지 효과를 발휘할 수 있었다.

물론 단시간에 잘되지 않는 것도 있다. 단순 체력 측정 종목의 경우 반복되는 훈련이 흥미를 떨어뜨리긴 했지만, 포기하지 않고 꾸준히 하다 보면 시간과의 싸움에서 이기고 이내 기록의 향상이란 결과가 뒤따랐다. 운동 능력의 성장은 곧 학업의 성장에 대한 기대감과 자신감으로 이어졌다. '노력은 결코 배신하지 않는다'는 말처럼 학업 성적도 꾸준히 올랐고, 실기 능력도 많이 향상되었다.

당시의 대입에서는 대부분이 정시 전형으로 지원했다. '가군'부터 '라군'까지 최대 4곳에 지원 가능했는데, 나는 '가군' 사범대, '나군' 사범대, '다군' 교대 이렇게 3곳에 원서를 넣었다. 그 결과 '가군'과 '다군' 대학에 합격했지만, 정작 제일 가고 싶었던 '나군' 대학은 떨어졌다. 불합격에 대한 충격 때문이었을까? 불합격 소식을 듣고 눈물을 흘렸다. 기대했던 선생님들과 부모님께 죄송하다는 생각도 들고, 나 자신에게도 참 원망을 많이 했었다. 최선을 다했기에 후회는 없지만 실망감이 나를 짓눌렀던 시기였다.

원하던 학교를 떨어졌으니 이제 선택을 해야 했다. 처음엔 집에서 가까운 곳에 있는 교대를 가려고 했다. 하지만 그 학교는 내가 기대했던 대학생활을 채울 수 있는 학교가 아니라고 판단했다. 동아리 부원 모집을 위한 대학생들의 유치한 홍보에 당황하고, 고등학교보다 조금 더 큰 캠퍼스 규모에 실망해서 등록하지 않았다. 아이들을 좋아한다고 생각했지만, 교대 특유의 대학 문화에 적응하며 살아가기엔 내 마음의 동기가 부족했던 것 같다.

남은 선택지는 하나, 잘 알려져 있지 않은 대학이었다. 그저 '나군' 대학의 실기 종목과 유사한 종목을 평가하기에 선택했던 학교인데, 자세히 보니 등록금 4년 면제와 기숙사 무료 입사 혜택이 마음에 들었다. 사범대와 교대가 결합된 대학이라서 부전공, 복수 전공을 통해 다양한 교육 계열 선택도 가능했다.

드디어 꿈에 그리던 대학 생활! 상상만 했던 자유와 행복, 진리 탐구, 하고 싶은 운동을 실컷 할 수 있는 그곳은 내가 꿈꾸던 그 이상이었다. 교사를 양성하기에 적합한 커리큘럼 속에 다양한 신체 능력 향상과 종목별 기술 습

득에 최적화된 실기 수업, 깐깐하지만 체육을 학문으로 대하기에 부족함 없이 배움의 깊이를 탐구할 수 있게 해주신 교수님들의 전공 이론 수업, 타 전공에 대해 선입견 없이 오픈 마인드로 학업을 지지하고 응원해주신 영어과 교수님들 덕분에 대학 생활이 항상 즐거웠다. 또 체육교육과 학생들은 대부분 운동부 활동을 하나씩 하는데, 나는 처음 배운 테니스가 너무 재미있어서 밤늦게까지 연습하곤 했다. 혼자서 연습할 수도 있고, 단체전을 통해 함께 팀워크를 키울 수도 있었다. 지역 대회, 전국 대회 등에 출전하여 단체전 입상도 해보면서, 어릴 때 했던 육상과는 다른 세계의 기쁨을 맛보았다.

학과 생활도 좋았지만, 동아리에서도 대학의 낭만을 느낄 수 있었다. 같은 과 동기들과 선후배들은 전공 분야가 공감대라면, 나와 좋아하는 분야, 취미, 철학 등이 비슷한 사람들을 만나 교감할 수 있다는 것은 동아리만의 매력이었다.

합창단과 수화 동아리 활동은 대학 생활의 활력소가 되었다. 다른 과 친구들과 함께 공연하며 울고, 웃던 시간이 내게는 또 다른 세계로의 여행과도 같았다. 동아리 방을 직접 꾸미고, 방명록에 남긴 글을 공유하고, 비 오는 날 부침개도 구워 먹고, 비도 맞고, 잔디밭에 둘러앉아 음악에 취하고, 술에 취하고, 다함께 둥글게 손잡고 노래 부르던 그때 그 시절이 그립다.

02 두려움을 모르는 마당발 체육 교사

1 체육 교사는 단무지?!

◉ 최고가 아니라도 좋아! 끊임없이 도전한다면

"야, 너 뭐 잘해?"

이 질문에 스스로 답하기 위해 '이것저것 궁금하면 못 참아!'라는 마음으로 한 종목, 한 종목 집중적으로 배우고, 배운 걸 바탕으로 자격증을 따는 것에 도전하기 시작했다. 아마 맨 처음 시작했던 건 대학생이 되면서부터일 것이다.

남들과 다른, 평범하지 않은 사람이 되고 싶었던 걸까? 시간과 공간이 주는 한정적 제약에 머무르고 싶지 않아서인지 나는 대학생이 되면서부터 이 것저것 해보고 싶은 것들에 도전했다. 체육교육과 학생이었지만 영어에도 관심이 많았기에 영어교육 복수 전공을 시작했다. 체육교육과와 영어교육 과 수업을 모두 들어야 해서 항상 24학점을 꽉 채우고, 계절 학기에도 강의 를 수강했다.

두 분야를 두루 잘하는 것이 쉽지는 않았지만, 주어진 시간을 잘 활용하고 영어과 친구들과 어울리며 스터디도 하고, 어학 시험도 보며 공부를 게을리 하지 않았다. '운동 잘하는 사람은 무엇이든 할 수 있다'는 마음으로 도전하니까 영어 교사 자격증도 딸 수 있었다.

내가 나온 대학은 사범대로만 이루어진 특수 목적 대학교라서인지 나처럼 전공이 2개인 학생들이 타 대학보다는 많았고, 주전공이 아닌 부전공, 복수 전공으로 교사가 되는 사람들도 많은 편이었다. 체육교육과에 입학했지만 초등 교사, 윤리 교사, 기술 교사 등 다른 교과 교사가 될 수 있고, 반대로 영어교육과, 컴퓨터교육과에 입학했지만 체육 교사가 될 수도 있는 것이다.

교사라는 꿈이 변하지 않는다면 다양한 과목에 대한 호기심으로 시작해서 구체적인 계획을 통해 전공을 바꿀 수도 있다. 그러니 꿈이 정해지지 않은 사람이라면, 대학에 들어와서 다양한 과목을 들어보고, 전공을 바꿀 수 있다는 점도 고려해 볼 필요가 있다.

나의 경우 영어는 삶에 도움이 되는 도구 정도로 생각했고, 주 전공을 계속 살리길 원했기에 전공 관련 자격증에도 많은 도전을 했다. 다양한 분야에 도전하며 내 적성을 찾을 수도 있고, 아이들에게 다양한 경험을 가르쳐 줄 수도 있기 때문이었다. 자격증 자체에 대한 의미가 그리 큰 것은 아니지만 무언가 성취감을 위해, 내가 과정에 도전했다는 흔적을 남기기 위해 노력했다.

여러 분야에 도전한 결과, 생활체육지도자(탁구, 테니스, 보디빌딩, 배드민턴, 수영 등), 심판(배구, 탁구), 스쿠버 다이빙, 수상인명구조, 레크리에이션, 줄넘기, 카이로프랙틱, 스포츠마사지, 건강체력관리사 등의 자격증도 따게

취업에 도움이 되는 자격증

- 생활스포츠지도사(직장, 지역사회 또는 체육단체 등 생활체육)
- 전문스포츠지도사(학교나 단체 코치, 감독)
- 장애인스포츠지도사(장애인 전문스포츠선수단, 생활체육클럽, 장애체육시러 기관 및 단체)
- 건강운동관리사(국민체력센터, 종합스포츠센터, 종합병원 스포츠의학센터 등 단체나 기관)
- 유소년스포츠지도사(어린이집, 유치원, 초등학교, 공공 및 민간 체육 시설, 방과후 체육교실, 문화센터 등)
- 노인스포츠지도사(노인시설, 복지관, 생활체육관 등)

여름에 활용하기 좋은 해양레저 자격증

- 스쿠버다이빙 자격증
- 동력 수상레저기구 조종면허
- 래프팅 가이드 자격증
- 인명구조요원 자격증
- 수상안전 지도자
- 수상구조사
- 수상스키 심판 자격증
- 수상스키 지도사 자격증
- 서핑 지도사 자격증

자격증 종류

- 스노우보드 자격증(CASI, WSF, KSIA, KASBI,)
- 스키자격증(레벨테스트－레벨 1, 2, 3, 4, 티칭테스트)
- 스키구조요원(Patrol) 자격증
- 스키 심판 자격증
- 스노보드 심판 자격증
- 스키장 안전요원 자격증
- 레저스포츠 안전지도사 자격증

겨울에 활용하기 좋은 동계레저 자격증

- 레크리에이션 지도자
- 응급처치 강사
- 에어로빅 강사
- 패러글라이딩 자격증
- 스포츠 댄스 자격증
- 각종 구기 심판 자격증
- 스포츠마사지 자격증
- 카이로프랙틱 자격증
- 스카이다이빙 자격증
- 태권도, 유도, 검도, 합기도, 택견 등 무도 자격증
- 스포츠 경영관리사

기타 체육 관련 자격증

되었다(참고로 태권도, 유도 등의 무도 기본 단증 및 승단은 대학교육과정에서도 가능하다.). 처음에는 테니스만 땄는데, 과정 자체에서 얻는 즐거움과 목표가 있으니 부지런한 생활 습관을 갖게 되고, 실력도 쌓는 등 '일석삼조'의 효과를 보았다.

자격증이 많은 편이라고 하지만, 다 그저 잘하는 정도이지 최상급은 아니다. 하지만 결국 중요한 것은 '나만의 장점'을 찾는 일이다. 체육 교사는 특정 종목의 선수가 아니라고 자기암시를 걸었고, 이렇게 생각을 바꾸기로 했다. '나는 여러 수준의 아이들에게 다양한 운동의 즐거움과 원리, 정보를 주고 아이들이 즐겁게 참여하고 스포츠를 통해 배우고 나누고 실천하게 만드는 사람이다!'

체육 교사에게 필요한 능력은 특정한 분야만 엄청나게 잘하는 것이 아니라 다방면으로 고르게 잘하는 것이다. 특히 나는 이것저것 운동을 할 때 자세가 좋다는 얘기를 많이 들어서 어떤 종목이든지 선수들이 하는 자세를 잘 따라했고, 아이들의 동작을 잘 파악해서 아이들에게 설명해준다. 수준별 학습, 원 포인트 레슨이 별건가? 아이들이 어려운 동작이나 경기 룰로 운동에 대한 흥미를 잃지 않게 재미있게 가르치는 것이 나는 더 좋았다.

● 또 하나의 도전

대학생 새내기 시절, 교내에서 유니폼을 입고 지나가는 사람들에게 경례하고 군인처럼 생활하는 사람들이 있었다. 처음에는 아무 관심을 갖지 않았지만, '군대 문제는 어떻게 할 거냐'라는 선배들의 질문에 걱정이 되기 시작했다.

당시 나는 친척들이 카투사로 입대해서 막연하게 거길 가야겠다는 생각만 하고 있었다. 하지만 선배들을 통해 군대 내 계급의 존재, 급여의 차이 등에 대해 알게 된 후 관심을 갖게 된 것이 '군복 입는 대학생'인 학군사관후보생(ROTC) 과정이었다.

낭만적인 대학 생활을 하겠노라 다짐했던 내 모습은 온데간데없고, 현실과 타협하여 선택한 과정이었다. 그러나 생각보다 배운 것도 많고 의미 있는 시간이었다. 물론 훈련 과정이나 선후배 관계 등 힘든 점도 있었음에도, 돌이켜보면 그때처럼 다양한 전공의 친구들과 만날 수 있는 계기도 없었다. 장교라는 계급이 가져야 할 책임감과 희생정신을 배웠고, 솔선수범과 리더십에 대해 고민할 수 있었던 것 같다.

소중한 방학 기간 동안 받아야 하는 훈련이나 용의 복장, 행동의 제약은 '자유로운 대학생활'의 걸림돌이었다. 하지만 무엇이든 얻는 게 있으면 잃는 것도 있다고 생각했던 시기라, 우선 경험해보자고 마음먹었다.

우리나라 대학에는 거의 대부분 육군 ROTC 장교 과정이 개설되어 있다. 내가 나온 대학도 그랬는데, 몇몇 대학교에는 공군 ROTC(한국항공대), 해군 ROTC(한국해양대, 목포해양대, 제주대), 해병대 ROTC(한국해양대, 제주대) 과정도 있다.

2년 동안 육군 교육을 받았으니 당연히 육군 장교가 될 거라 여겼다. 그런데 동기 한 명이 시험을 통해 해병대 ROTC 장교를 선발한다는 소식을 전해 주었다. 힘들기 때문에 주어지는 특전이 있다고 했다. 군 복무 기간이 짧은 점, 사회에서는 돈 주고도 경험할 수 없는 다양한 특수 훈련, 그에 따른 생명 수당 등 어차피 복무해야 하는 거라면, 피할 수 없다면 즐긴다는 마음으로 해병대 ROTC 장교 시험을 보게 되었다.

전국의 3,000명 동기 중에서 50명만 선발하는데, 필기시험이 존재하는 것은 아니었고, 선발 과정은 대학 성적(학점), 군사학 성적(학군단 성적), 체력 검정(턱걸이, 4km 구보, 윗몸일으키기 등), 면접의 과정으로 이루어졌다. 당시 모교에서 4명 정도 시험을 보고, 나 혼자 합격했다.

해병대 ROTC 장교에 합격하니 보통 육군 동기들보다 먼저 훈련을 받게 되었다. 다른 동기들은 졸업식도 하고 신변 정리할 시간들을 보낼 때, 우리 는 육군에서 해병대로의 신분전환 교육을 받게 되었다. 해병대 역사와 전통 에 대한 인식 교육부터 복장, 용모, 용어에 대한 차이, 군가도 새로 배웠고, 유격 훈련, IBS 기습특공 훈련 등을 경험했다.

다른 건 다 추억으로 남길 수 있지만, IBS 기습특공 훈련은 정말 힘들었 다. 2월 초순에 교육을 받느라 바닷물은 차가웠고, 100kg이 넘는 고무보트

를 머리에 이고 있으면 목이 끊어져 버릴 것만 같았다. 모래사장을 선착순으로 뛰어다니다 차가운 바닷물에 빠져서 뒹굴며 덜덜 떨 때는 훈련이 힘들기보다 추위로 인해 쓰러지는 동기들이 더 많았다. 50명의 동기들 중 31명이 병원으로 후송되었고, 최후의 19명만이 교육을 통과했다. 짧은 기쁨도 잠시 덜덜 떨며 서로를 안아주던 그때의 기억이 아직도 생생하다.

난 이때 신비한 경험을 했다. 극도로 긴장되거나 힘들 때 먹으라고 어머니가 우황청심환을 챙겨주셨는데, 혹시 몰라서 그걸 팬티 속에 넣어뒀다. 훈련받느라 빠질 법도 했는데 내가 오리궁둥이라 그런지 신기하게도 팬티 속에 고스란히 있었다.

훈련이 다 끝나고 오한으로 극도로 힘들 때 팬티 속에 넣어둔 청심환을 반으로 쪼개서 동기 한 명과 나눠 먹었다. 잠시 후 몸속 깊은 곳에서부터 올라오던 그 열기를 잊을 수 없다. 무협 소설에서 나올 법한 내기가 단전에서부터 차올라 혈도를 따라 몸속 구석구석까지 전해지는 듯한 느낌이었다. 동기와 서로를 바라보며 해맑게 웃던 그날, 그 순간이 지금도 아른거린다.

● 교육을 고민하던 새내기 교사

처음 발령받았을 당시만 해도 체육 교사에게 담임이라는 직무를 맡기는데 선입견이 팽배해 있었다. 체육 교사는 무식하다, 진로와 진학에 대해 잘 알지 못한다 등의 납득하기 힘든 논리로 우리 아이들에게 다양한 교사들로부터 배울 수 있는 권리를 뺏는 일이 부지기수였다.

이러한 억지를 되돌리려면 담임 업무를 수행할 때 다른 교과 교사들보다 더 열정적으로, 아이들을 위한 마인드로 학급 경영을 진행하면 될 터이다.

나는 아이들과 상담을 더 오래, 더 깊게 진행했다. 진정으로 원하는 것, 하고 싶은 것, 잘하는 것이 무엇인지 함께 얘기 나누면서 아이들이 더 구체적으로, 더 계획적으로, 더 큰 꿈을 꿀 수 있게 희망을 전하는 전도사가 되고자 했다.

하지만 현실은 녹록치 않았다. 같은 학년 담임교사들부터 색안경을 끼고 나를 바라봤다. 회식 자리에서 옆 반 선생님이 다른 반 선생님께 하소연하는 소리를 들었다.

"우리 반 ○○이가 공부를 너무 안 하는 거예요. 맨날 운동만 할 줄 알았지, 커서 뭐가 되려고 저러나 모르겠어요. 공부 못하는 애들, 다루기 정말 힘들어요."

마음이 불편해진 나는 참지 못하고 한마디 했다.

"선생님, 학창 시절에 공부 잘하셨다면 왜 교사가 되셨어요? 교사라면 그런 아이들이 더 노력하고 꿈을 가질 수 있도록 해주셔야 하는 거 아니에요?"

당돌한 질문에 어이가 없으셨는지 연거푸 술잔만 기울이는 동료 교사를 보면서, 나는 울분을 삭혔다. '공부를 안 해서 그렇지, 필요성을 못 느껴서 그렇지, 방법을 몰라서 그렇지, 믿어 주지 못해서 그렇지.'라고 생각해보면 안 될까. 날 때부터 공부 잘하는 천재들이 과연 몇 퍼센트일까? 누구에게나 가지고 있는 재능은 있을 것이다. 다만 우리가 관습적으로 무의식중에 하는 비교! 그것 때문에 우리는 아이들의 행복을 어른이 정한 잣대와 기준으로 꿈에서 더 멀어지게 하는 것은 아닐까?

이러한 고민으로 마인드가 통하는 선배 교사들과 항상 교육의 본질과 아이들을 위한 배움의 과정에 대한 이야기를 나누게 된다. 우리가 누군가로부터 무언가를 배우는 이유가 뭘까? 또한 가르치는 입장에서 어떠한 교육관을 가지고 아이들을 대해야 할까? 교육에 대한 고정 관념은 우리 모두를 자유롭지 못하게 만든다.

수많은 아이들의 다양성을 존중하며 각기 다른 꿈을 펼칠 수 있는 힘을 갖게 하는 것, 스스로 탐구하고 자립할 수 있을 때까지 믿고 기다리며 지지해주는 것. 그러한 부분이 하나둘씩 모여 교육에 대한 올바른 가치관을 갖게 되는 게 아닐까.

⦿ 내 맘대로 수업, 규칙 변형 뉴스포츠(feat. 전국체육 교사모임)

교사로 첫 발령을 받았을 때 나의 수업은 어땠을까? 돌아보면 열정은 가득했지만 무엇을, 왜, 어떻게 가르쳐야 할지를 잘 몰랐던 것 같다. 선배교사들의 수업을 참고하고 도움을 받아 그럭저럭 해나갔지만 마음 한켠에는 아쉬움이 가득했다. 아이들이 즐겁고 행복한 수업, 배움이 있는 수업을 하고 싶었다.

그러한 질문들에 대한 답이나 교육에 대한 철학도 없이 고민만 하던 중에 전국체육교사모임(이하 전체모)이라는 단체에 대해 알게 되었다. 전국에 있는 체육 교사들 중에 체육 교육 전반에 관심을 가지고 함께 모여 체육 수업 방향을 연구하고, 책을 만들고, 사회의 각종 스포츠 현상에 대해 평가하고 인식을 공유하며 한 목소리를 내는 그런 단체였다. 발령 첫해 가졌던 수업에 대한 갈증을 풀기에 안성맞춤이었다.

처음에는 경기도에 근무하면서 모임을 위해 서울까지 가다 보니, 이질감에 사람들에게 선뜻 다가가지 못했다. 하지만 전체모 연수에 참여해서 모임의 취지와 철학에 공감하고, 매주 여의도 사무실에 모여 수업이나 체육계의 각종 현안들에 대해 토론하고 다양한 고민을 함께 나누었던 시간들은 성장의 계기가 되었다. 특히 1년에 4권의 계간지를 만들었던 편집부 활동은 글을 쓰거나 수업에 대해 고민할 때 큰 도움을 주었다.

여기서 나는 '뉴스포츠'를 처음 알게 되었다. 정규 스포츠로의 접근성을 높여 보다 쉽게 성공적 수행 경험을 쌓게 하는 뉴스포츠를 수업에 접목한 결과, 아이들의 참여율이나 만족도가 높아지는 것을 느낄 수 있었다. 초등학교, 중학교 수준에는 잘 맞았지만 고등학생들에게는 아쉬웠던 부분들을 보완하여 '내 맘대로 수업'을 하기 시작했다. 어차피 뉴스포츠도 정규 스포츠의 경기 규칙, 도구, 경기장 환경 등을 변형한 스포츠니까, 거기서 한 발짝 나아가 학교 수업 환경에 맞게 아이들의 요구를 반영한 새로운 형태의 스포츠를 만든 것이다. 학생들의 요구가 있으면 다시 변경하고, 개선해가면서 만든 일명 '변형 뉴스포츠' 수업. 학생들과 수업을 함께 만들어나가다 보니, 수업의 질적 개선이 이루어져 자기만족도 또한 높아졌다.

● 해외 학교 탐방 및 연수를 통해 본 교육 현장

외국 여행을 좋아하지 않는 사람은 드물 것이다. 더군다나 지원을 받아서 가는 경우라면 더욱 그렇다. 물론 이 경우에는 해야 할 일, 즉 목적이 있는 탐방 혹은 연수 형식으로 이루어지는 경우가 대부분이기 때문에 자유 여행과는 거리가 멀다. 하지만 새로운 세계를 향해 떠난다는 설렘을 안고, 그곳에서 낯선 문화를 경험하고 호기심을 해소할 수 있다는 것만으로도 가야 할 이유는 충분하다. 물론 가고 싶다고 다 갈 수 있는 것은 아니다. 기회가 있어야 하고, 스케줄이 맞아야 가능할 것이다. 특히 학교관리자가 아닌 평교사들에게는 이런 기회들이 많지 않은데 나는 운이 좋게도 몇 번에 걸쳐 다녀오는 행운이 있었다.

전체모에서 일본 민단 및 조총련계 한국 학교들과 연합으로 추진한 일본 학교 탐방 사업에 참여하여 오키베히가시 초등학교, 오키베 중학교, 후세기타 고등학교, 오사카 조선고급학교를 방문하였다. 이 학교들의 공통점은 최고 수준의 체육 시설을 갖추고 있다는 것이다. 넓은 활동 공간, 다양한 시설들은 마치 특수 목적 체고에 와 있는 것 같은 착각이 들게 했다.

특히 축구장, 야구장, 럭비장이 따로 있다는 점, 체육관도 농구장, 배구장이 따로 있고, 유도장, 가라데장, 복싱장, 탁구장, 수영장 등이 각각 있는 점, 각 시설별로 방과후 프로그램이 진행된다는 점에서 '충격 반, 부러움 반'이었다. 단순히 시설만 좋은 게 아니라 시설을 활용하는 수많은 방과후 프로그램, 그리고 그러한 프로그램을 뒷받침하는 학교 교육과정과 사회적 분위기 등 이러한 것들이 함께 어우러져 있기에 일본이 생활 스포츠 강국이된 것이 아닐까.

이러한 모습이 그동안 우리나라 체육계에서 그토록 바라던 지향점임을 감안하면, 우리도 최근 불고 있는 '학교 공간 재구조화 사업'의 바람을 타고 다양한 체육 시설 확충과 재구조화에 대해 논의와 투자가 필요할 것으로 보인다. 기껏 공간을 재구조화했는데 교육과정, 단위 학교 프로그램이나 교직원들의 인식이 제자리걸음이라면 무슨 의미가 있을까? 할 수 있는 범위 내에서 학교 구성원들의 다양한 의견을 수렴하고, 학생들이 공부도 하고, 스트레스도 풀고 건강도 챙길 수 있는 그런 학교로의 발전이 필요한 시점이다.

오사카 학교 탐방의 첫 번째 목적지는 전교생이 외발자전거를 타는 오키베히가시 초등학교였다. 일본 아이들은 체육활동을 할 때 노란색 모자를 쓰고 수업을 하는 모습이 신기했다. 등하교할 때도 써서 교통사고도 예방해주고, 모자를 뒤집으면 빨간색이 되어 팀을 나누어 수업할 때도 용이하다고 하였다.

두 번째 목적지인 오키베 중학교에서는 중학교 학급과 배구 시합을 했다. 중학생들이고 남녀 합반이라서 실력을 얕보았다가 결국 3세트 접전까지 갔다. 가까스로 이기기는 했지만, 이때 받은 충격은 수업의 질적 수준 향상을 위한 동기 유발이 되었다. 농구하는 모습을 지켜볼 때도 놀라지 않을 수 없었다. 여학생들조차 드리블이 자연스럽고, 양손 레이업슛을 하는 모습을 보면서 수업을 진행하는 교사의 능력을 떠나서, 시설 환경과 스포츠를 대하는 인식, 문화에 대한 차이가 아이들의 실력 향상과 관심도에 영향을 준다는 것을 알 수 있었다.

스포츠를 왜 배워야 하는지, 선수가 될 것도 아닌데 이 기술을 왜 익혀야 하는지, 단순히 하기 쉬운 운동만 하고 싶은 건 아닌지, 운동은 공부에 방해가 된다는 편견을 여전히 갖고 있는 건 아닌지, 체육 시간을 다른 과목 책이나 자료를 봐도 되는 시간이라 여기지는 않는지, 이러한 질문들에 대한 답을 보는 듯했다.

스포츠를 직접 하면서 얻는 성취감, 기쁨, 과정에서의 노력과 극복, 동료들과의 화합과 배려, 나눔, 승패를 떠난 상호간의 존중 등 스포츠에서 얻을 수 있는 다양한 가치, 삶에 필요한 가치에 대한 인식과 그것을 바라보는 시선의 차이가 명확해 보였다. '체육 수업이 사는 데 무슨 도움이 되나요?'라는 질문을 한다면, '문학의 고대 시조가, 수학의 수많은 공식이, 듣고 말하지 못하면서 외우는 외국어 문법 등이 사는 데 어떤 도움이 될까?' 생각해보라고 말하고 싶다.

사실, 그렇다. 운동이 대학 가는 데는 크게 도움이 되지 않을 수 있다. 삶의 중요한 관문인 대학 입시만 생각하면 그렇게 보일 것이다. 하지만 더 크게, 더 멀리 바라본다면, 삶에서 체육은 더할 나위 없이 중요한 일부라고 감히 얘기할 수 있을 것 같다.

재일교포들이 다니는 오사카 조선고급학교. 이곳을 방문하려면 통일부로부터 대민접촉 허가증을 받아야 하는 소정의 절차까지 밟아야 해서, 기대와 염려가 교차되는 기분이었다. 사진 촬영이나 교사, 학생들과의 대화는 문제가 없었으나, 한국으로 귀국할 때 방문단을 교육하신 분의 이야기가 아직도 기억에 남는다. 여기서 들은 내용들, 찍은 사진들은 한국에서 무단 배포하거나 인터넷상에 노출할 경우, 국정원의 조사를 받을 수 있다고.

이 학교는 우리에게 역사적인 아픔을 고스란히 전달해주는 곳이다. 일본의 조선학교는 남한의 지원을 받는 민단, 북한의 지원을 받는 조총련계로 나뉜다. 사실 일본의 많은 학교들이 북한으로부터 지원을 받아왔다. 이는 전쟁 직후 남한에 비해 경제적 여력이 컸던 북한의 지원이 현재까지 이어져왔기 때문이며, 북한의 지원을 받고 그 사상을 교육받는 이유로 우리 정부의 관심권 밖에 있었다.

일본의 조선학교들은 '남한, 북한, 일본' 중 하나의 국적을 스스로 선택할 수 있는데, 학교 교육에 이념이 개입되어 있어서 개인의 선택에 알게 모르게 영향을 주는 부분이 다소 아쉬웠다. 또한 이들은 그저 조선 사람은 조선 학교에 다녀야 한다는 가치를 지키고 있는데, 한 나라가 나뉘어 이념 대립을 하고 있기에 이들이 어느 한쪽의 이념 체제 아래에서 교육을 받아야만 한다는 사실이 서글펐다. 교실마다 칠판 위에 걸려 있는 김일성, 김정일 부자의 사진이 이를 단적으로 보여주고 있었다.

일본에는 1,200여 개의 조선 학교가 있고 대학교 1개, 고교 11개, 중학교

36개, 나머지는 병설 유치원이 있는 초등학교가 있다고 했다. 특히 오사카에는 총 150여 개의 고등학교가 있는데 조선 학교는 한 군데만 있다는 얘기를 듣고 불편한 마음이었던 기억이 난다. 후세기타 고등학교를 방문했을 때 들었던 '전교생 500명 중 50여 명이 한국계 학생들'이라는 말과 비교해보면, 재일동포들이 일본계 학교에 흩어져 지내고 있음을 알 수 있었다.

오사카 조선고급학교는 재일동포들이 2, 3, 4세로 세대가 분화될수록 한국어를 사용하는 비율이 줄어들고 있다고 했다. 내가 갔을 때도 수업을 거의 한국어로 진행함에도 불구하고 한국어를 말하지 못하는 비율이 20% 정도 되었다.

들을 수는 있는데 말을 잘하지 못한다는 것도 국적만큼이나 의아한 부분이었다. 한국, 북한, 일본 중 하나를 선택하는 부분, 재일한국인인지 재일조선인인지, '조국'(조상의 출신 국가), '고국'(자기가 태어난 국가), '모국'(자신이 국민으로 소속되어 있는 국가)에 대한 의미와 정체성에 대한 문제, 쓰는 단어만으로도 이념 교육이 어떻게 진행되었는지, 분열된 사회적 상황이 어떤 결과를 낳는지를 알 수 있었다.

우리는 흔히 동아리 활동, 클럽 활동이라 부르는 부서 활동을 여기서는 '소조 활동'이라 불렀다. 각자의 소질과 흥미를 기반으로 한 활동인데, 80% 이상이 다양한 체육 활동에 참여했다. 소조 활동에 대한 교사들의 기본적인 자세도 남달랐다. '가르치는 입장에서 배워라'라는 보습 교육관과 '부모 된 마음으로 힘과 용기를 주는 소명의식'을 기본으로 하는 교육관을 바탕으로 운동 기능 숙달만이 아니라 선후배 관계, 규율, 예절 등을 강조하는 측면이 우리나라의 30~40년 전 모습 같아서 익숙하면서도 낯선 느낌이 들었다.

저녁에는 선생님들과 함께 어울리는 시간을 통해 서로의 교육관과 수업에 대한 이야기를 나누면서 체육이야말로 아이들에게 삶에 있어서 다양한 체험을 갖게 해주는 것이라는 공통된 생각을 공유할 수 있었다. 인상 깊었던 것은 이 학교의 교장선생님부터 많은 선생님들이 '문제의식을 갖자'라는 생각을 기본으로 교육에 임한다는 것이었다. 어떤 사회적 문제에 대한 문제의식뿐만 아니라 스포츠 종목의 동작 수정에 대한 문제의식까지 자기 스스로를 돌아보고 주변을 살펴보며 다시 한번 깊은 생각을 해보라는 의미로 들렸다. 내 스스로에게도, 우리 아이들에게도 꼭 해주고 싶은 말이기도 해서 메모장에 꼭꼭 눌러 썼다.

이외에도 혁신 학교에서 추진하는 해외 우수 교육기관 탐방의 일환으로 일본 후쿠오카 오키타 고등학교를 찾아갔고, 교육지원청에서 선발하는 국외 연수에서 싱가포르 한국국제학교, 싱가포르 NIE 대학교, 말레이시아 국제학교, 말레이시아 TARC 대학교, 말레이시아 SIS 국제학교 탐방 등을 통해 다양한 해외 국가의 학생 선택 중심 교육과정과 초·중·고 연계 교육, 이중 언어 교육, 미래 교육에 대한 운영 시스템을 볼 수 있어 좋았다.

해외 학교 시스템을 돌아보면서 초·중·고 어느 학교든지 방과후 프로그램을 모두 운영할 뿐만 아니라, 대부분의 학생들이 스포츠 방과후 활동에 참여하고, 그 종목에 경험이 있거나 관심이 있는 타 교과 교사들도 학생들을 지도한다는 점이 인상적이었다.

어릴 때부터 다양한 스포츠 경험을 바탕으로 자연스럽게 자신만의 평생 스포츠를 찾아가는 과정은 학교 체육이 평생 체육으로, 사회 체육으로 이어지는 주춧돌이 된다는 점에서 너무나 부러운 시스템이었다. 학교 교육과정에서 자연스럽게 생성되는 이러한 과정을 통해 학생 선수들도 탄생하고, 공부는 배제한 채 운동만 하다 중도 탈락하는 선수들이라든지, 그로 인해 꿈을 잃고 방황하는 사람들을 사전에 예방할 수 있어 우리나라에 도입이 시급하다.

현재 우리나라는 교사들의 높은 역량과 다양한 수업 운영에 대한 노하우를 바탕으로 한 체육 교육의 소프트웨어는 넘쳐난다. 이제는 학교 공간 재구조화 사업 등을 통한 다양한 시설과 환경 개선을 통한 하드웨어의 변화가 필요한 시점이다. 교사들의 역량에만 기대지 말고, 학생 스스로의 자발성을 높이기 위해서라도 다양한 시도와 접근을 통해 우리의 체육 교육 환경과 시스템의 변화를 기대해본다.

● 학교 운동부에 대한 단상

교직 생활을 하면서 다양한 운동부를 맡아 지도해봤다. 펜싱, 스쿼시, 스케이트, 소프트테니스 등이었는데 해당 종목의 선수 출신이 아니더라도 체육 교사라는 이유로 감독이라는 직책을 수행하게 된다. 학교 운동부 감독이

라는 것이 쉽게 하면 쉬울 수 있지만 제대로 하려면 해야 할 일, 책임져야 할 일이 상당하다. 해당 종목의 전문 지도를 제외하면 각종 학생 교육, 학부모 교육, 지도자 교육, 시합 출전에 따른 공문

처리와 예산 집행 등 업무는 산더미 같이 많다.

그리고 무엇보다도 학생들의 진학, 진로 문제가 가장 중요하겠고, 그것을 위해서라면 실적 또한 중요하다. 최근에는 공부하는 운동선수에 대한 규제가 강화되어 정규 수업 이수와 보수 교육, 최저 학력제 도입에 따른 보충 교육까지 진행해야 한다. 운동도 하고 공부도 해야 하기에 쉬운 부분이 없지만 더 큰 문제는 전문 지도자인 전임 코치와의 관계도 좋아야 하고, 나아가 지역 체육회와의 관계, 심판과의 관계 또한 무시할 수 없는 실정이다. 특히나 심판 판정이 결과에 영향을 미치는 종목들은 더욱 그러하다. 하물며 대학교로의 진학, 실업 팀으로의 취업 등을 할 때 우리 학생이 더 좋은 실적을 갖고 있음에도 불구하고 성장 가능성을 이유로 실적이 낮은 학생들이 우선 선발되기도 한다.

이러한 어려운 부분들을 체육 교사들이 오롯이 책임지기에는 그 한계가 너무 크고, 개선되기에는 그 과정이 너무 멀고 험하다. 예전에 비해 많이 좋아지긴 했지만 중도 탈락 학생들에 대한 명확한 대비가 아직도 제대로 이루어지지 않는 현실이고, 진학할 학교나 실업 팀이 소리 소문 없이 사라져버리기도 하는 상황이다.

학교 운동부를 지역 클럽제로 전환하는 작업은 속도가 더딘 데다, 전문 지도자들의 생계 문제 등을 이유로 반발도 여전하다. 체육 교사들이 운동부 시합 출전으로 인한 출장이 잦다 보니, 체육 수업에 온전히 집중하지 못하는 것도 사실이다.

체육 교사가 되면 언제, 어디서, 어떤 종목을 갑자기 맡게 될지 모른다. 단순한 체육 종목에 대한 이해도가 아니라, 그 종목을 업으로 살아가는 사람들과 어우러지며 그 안에서 일어나는 일들을 경험하다 보면 고충이 크다. 이러한 이야기를 하는 이유는 특히나 체육 교사를 꿈꾸는 청소년, 청년들은 이러한 현실을 알고 미리 대비하라는 것을 알려주고 싶어서이다.

세상을 나 혼자 살아갈 수는 없다. 더구나 관계와 협력이 중요한 교직 사회와 체육계의 문화를 고려하면 더욱 더 협력적인 문제해결능력이 요구되는 직업이 체육 교사이다. 체육 교사들이 주로 담당하는 업무인 학생 관련 사안뿐만 아니라, 학교 운동부를 맡게 되면 수많은 관계자들과의 이해관계가 얽혀 있어 대인관계 형성 및 대응 능력이 중요하다. 이를 잘 수행하기 위해서는 남을 배려하는 마음과 협력하는 능력뿐만 아니라 원칙에 대한 고수, 공정성에 대한 강조, 갈등 관리, 진학, 취업 실패 시 입시 전략 등 준비해야하고 갖추어야 할 것들이 무수히 많다. 자기 자신만을 위해 입시와 취업 준비에만 몰두하지 말고 다양한 동아리, 클럽 활동, 생활 체육 등을 꾸준히 하며 다양한 사람들과 만나고 다양한 문제에 노출되고 문제를 해결해봄으로써 이러한 문제들에 직면했을 때 위기를 잘 극복해나가면 좋을 것 같다. 경험보다 더 좋은 교과서는 이 세상에 흔하지 않기 때문이다.

● 보다 바람직한 교육을 꿈꾸며

6년 동안 혁신 학교에 근무했지만, 혁신 교육에 대한 질문에는 명확하게 답을 하지 못했다. 기존의 틀을 크게 벗어나지 않으면서 나름대로 학생들이 주도적으로, 학생들이 행복한, 학생들을 위한, 학부모가 공감하는 학교의 모습을 만들어나가는 데 힘을 쏟았다.

하지만 딱 거기까지였다. 그 이상의 혁신 교육을 위한 노력이나 활동들은 내가 아닌 누군가의 몫이라 생각했다. 그래서일까. 다른 학교로 전근을 가며, 그동안 내가 경험했던 것들이 '혁신'이란 이름을 달고 있는 교육 체제가 맞았다는 생각이 들었다. 난 6년 동안 교직원 회의시간에 손들고 일어나서 의견을 피력한 적이 없었지만, 혁신 학교에서 옮긴 이후 작지만 큰 변화가 일어났다.

변화는 단순한 계기에서 시작되었다. 내가 근무하는 지역 내 모든 학교에서 2~3명씩 의무적으로 차출되어 혁신 연수를 받은 적이 있다. 그때도 가려는 사람이 없다 보니, 혁신 담당 부장의 권유에 참여했던 것이다. 시간대별로 다양한 교육을 받던 중, 혁신교육실천연구회에서 활동하는 선생님이 '우리 지역에는 초등 출신 연구위원들이 많은데 중등 출신은 없다'고 하셔서 충격을 받았다. 뭔가 민망한 느낌, 해야 할 일을 하지 않은 느낌이 들어서 내 성격상 연구회가 어떤 것인지 물어보았고, 결국 참여하게 되었다.

이것이 시작이었다. 혁신교육이 무엇인지 공부하고, 실천할 부분은 무엇인지 나를 돌아보고 대안을 찾아가는 과정, 그 자체가 내게는 큰 도움이 되었다. 함께 활동하게 된 선생님들과 함께 책을 읽고 생각을 나누고, 수업을 성찰하고 만연한 교육계의 분위기를 개선시키고자 생각을 모으는 과정은 내게 신선했다.

그렇게 시작된 혁신교육실천연구회 활동이 점차 확장되어 초등과 중등이 분리되는 시기가 왔고, 나는 중등 분과 초대 회장을 맡게 되었다. 자발적인 참여를 통한 학교 안팎, 지역 사회를 아우르는 교육 문화를 개선하는 연구, 민주 학교 분석 도구 개발, 교사 역량 강화 연수 지원, 혁신학교 점검 지원, 혁신 교육 포럼 발제 및 토론 지원, 민주적 학교 모델 분석 및 연수 운영, 지

속 가능한 지역 혁신 교육 방안 연구, 역량 강화 독서 토론을 통해 나 자신
이 성장하는 것은 물론, 소속 학교와 지역의 성장까지 도우면서 가슴 벅찬
성취감을 느낄 수 있었다.

그리고 지자체 연계 사업에 공모하여 민주적 학교 문화 조성을 위해 연구
하고 힘쓰는 교사 자율 동아리를 만들었다. 모임에서 나온 의견들을 학교,
교육청, 지역 사회에서 반영하도록 요구하는 정책 제안을 기본으로, 민주
적인 교직원 회의 문화 조성, 교육과정 대토론회 퍼실리테이터(회의나 교육
등의 원활한 진행을 돕는 역할) 지원, 신규 교사 역량 강화 연수를 주관하면서
단위 학교와 교육청, 지역 사회의 가교 역할을 위한 밑거름이 되도록 노력
했다.

학생들은 '졸업하면 공부는 끝'이라 생각할 수 있지만, 인간은 평생 공부
하고, 연구하고, 함께 의견을 나누어야만 성장할 수 있는 사회적 동물이다.
학습의 노고를 한시적인 것이 아니라 지속적으로 내 삶을 성장시키는 과정
으로 생각하여 그 자체를 즐긴다면, 마음의 여유를 가질 수 있다. 한마디로
'피할 수 없다면 즐기라'는 말이다.

⚫ 제자리에 안주하지 않기 위한 몸부림(feat. 창체모)

상어가 어떤 동물인가. 부레가 없어서 잠깐이라도 움직임을 멈추면 물속
에 가라앉아 죽고 마는 것이 상어의 운명이다. 태어나서 죽을 때까지, 심지
어 잠잘 때까지도 쉴 새 없이 움직여야 하는 것이다.

상어는 바다 생태계 피라미드의 최상위층에 자리하는 포식자이다. 하지만
한없이 움직여야 하는 모습을 볼 때면, 마치 나를 보는 듯해서 애처롭다는

생각이 들곤 한다.

내 마음 깊은 곳에서부터 현실에 안주하지 말고 쉴 새 없이 경험하고 활동하라는 외침이 들려왔다. 그래서인지 교직 생활 20년 동안 인사 직무, 교육 과정 개발, 공무 국외 연수, 교과서 및 교육 잡지 집필, 대학원 강의 등, 다양한 경험을 쌓았어도 배움과 도전에 대한 갈증을 느꼈다.

그런데 그 내면의 갈증이 어느 순간, 삶을 짓누르고 있었다. 몸과 마음이 힘들어질 때쯤, 이 글을 쓸 수 있게 만들어 준 고마운 사람들이 있다. 창의적인 체육 교사 모임, 줄여서 '창체모'.

이 모임은 우연한 기회에 결성되었다. 교과서 집필을 시작하면서 만든 모임이 해를 거듭할수록 더 많은 교과서 작업을 통해, 더 많은 생각들을 공유하고, 서로 자극을 주고받으면서 성장해 왔다. 따뜻한 위로와 조언, 창의적인 생각, 실천적인 행동을 보면서 내 안의 불씨를 다시 살리고 각오를 다질 수 있었다.

누구에게나 소중한 사람들이 있다. 여러분도 힘들다고 속으로 끙끙 앓지만 말고 주위 사람과 터놓고 얘기하다 보면, 내면의 불씨는 시나브로 커져 갈 것이다. 멈추지 않는 움직임, 쉴 새 없는 노력이 바다에서 가장 강한 상어로 만들 듯이 끊임없는 노력은 결코 배신하지 않는다는 진리를 깨닫길 기원하며, 그 과정을 향해 따뜻한 응원의 박수를 보내고 싶다. 파이팅!

행동 발달 및 특기 사항

실패를 거듭 경험하다 보니, 사소한 성공에도 만족감과 성취감을 느끼고 평온한 일상에 기쁨과 행복의 의미를 부여하며 살고 있음. 실패와 좌절의 경험은 단점을 장점으로, 약점을 강점으로, 실패를 성공으로 승화시키는 계기가 되었으며, 나아가 무언가에 도전하고 성취하려는 의지가 강해짐. 이러한 경험들이 학생들에게도 동기 유발이 되도록 끊임없이 노력하고 실천하는 중임.

06
지름길을 모르는
백승필

승리승필

'반드시 이긴다'의 필승이 아니라 '이길 수 있게 돕는다'는 '희생'과 '봉사'의 의미를 가지는 별명이다.

01 나는 이래서 체육 교사가 되었다

1 ▶ 배불뚝이, 스포츠를 만나다

● 똥배의 꿈

"똥배야, 노~올자!"

대문 밖에서 나를 찾는 친구들의 목소리가 들린다. 대답과 행동이 번개보다 빠른 나는 이미 문밖으로 나와 있다. 신발 한 짝을 손에 든 채. 어려서부터 작은 키, 안 먹어도 살찌는 체질이었던 나의 별명은 '똥배'였다. 어릴 때부터 놀림을 받았지만 내 생각에도 '똥배'가 딱 어울리는 별명이었기에 그렇

게 기분 나빠하진 않았다. 가족들 모두가 동일한 체형인 걸 보면, 나의 비만은 유전임에 틀림없었다. 성격까지 내성적이고 조용했던 터라, 집 앞에서 친구들 목소리가 들리면 나는 번개같이 달려 나갔다.

성격과 외모로 인해 앞에서 대장노릇 한번 못 해본 나는 초등학교에 입학하면서부터는

작고 뚱뚱하다는 이유로 놀림 받는 내 모습이 싫어, 살을 빼보겠다는 다짐을 한다.

그래서 초등학교 1학년 때 아버지를 따라 조기 축구회에 나가기 시작했다. 아버지도 뚱뚱한 편이라 그렇게 잘 뛰거나 화려한 개인기가 있지 않은 후보 선수였다. 그때도, 지금도 조기축구는 격투기 경기만큼 거친 운동이었기 때문에 실제 경기에 참여하지는 못했고 준비운동, 패스와 킥 등의 기본기 훈련, 숏 게임(풋살) 등을 같이 했다. 매주 주말엔 그렇게 아저씨들과 축구를 했고, 주중에는 놀이터와 운동장에서 뛰어놀았다.

나의 소망은 소박했다. 친구들과 어깨를 나란히 할 정도의 키, 혼자 뒤처지질 않을 정도의 달리기 실력이면 충분했다. 친구들과는 술래잡기, 딱지치기, 구슬치기, 말뚝박기, 자치기를 하며 놀았다.

여러 가지 중에서 가장 좋아했던 놀이는 나의 신체적 장점을 활용할 수 있는 '말뚝 박기'였다. 도움닫기를 하고 가속도를 붙여 하늘 높이 점프하여 상대 말뚝의 가장 약한 지점에 착지하면 와르르 무너지고, 우리 편은 계속 공격할 수 있었다.

부모님은 말뚝 박기 놀이에 최적화된 비만 유전자를 물려주셨다. 하지만 가느다란 발목과 두꺼운 허벅지, 튼튼한 심장도 함께 주셨다.

튼튼한 심장은 심폐 지구력이 보통 사람보다 월등히 좋아 지치지 않고 오래 달릴 수 있었고, 폐활량이 좋아 숨도 오래 참을 수 있었다. 이는 장거리 달리기, 수영 등의 유산소 운동에 유리한 신체적 조건이었고, 가느다란 발목과 두꺼운 허벅지가 순발력과 민첩성까지 보장해준 덕분에 나는 체육 교사가 될 수 있었다.

● 육상부의 구경꾼

초등학교 1학년 때부터 2년간 매일 아침마다 학교 운동장에서 태권도를 했고, 주말엔 아버지를 따라 조기축구에 나가 아저씨들과 함께 축구를 했다. 운동에 조금씩 관심이 생겼고 초등학교 3학년 때는 학교 육상부에 들어가 운동을 정식으로 배우고 싶었다. 선수 모집 공고를 본 친구는

"야! 육상부 선수 모집한대! 우리 5명이 함께 가볼까?"

"그래! 그래! 나도 할래!"

나와 친구들은 육상부 선생님을 찾아가 단체로 육상부 가입을 희망했다.

"선생님, 저희 육상부 할래요!"

선생님은 5명 중 2명에게 테스트를 약속했고, 다른 두 명은 선생님의 터프함에 금방 꼬리를 내리고 안 하겠다고 했다.

선생님은 마지막으로 나를 위아래로 훑어보시고는 "근데 넌 아니야!"라고 하셨다. 나는 그 짧은 말 한마디를 충분히 이해했고, 현실을 받아들였다.

테스트 후, 육상부에 들어간 2명을 제외한 3명의 친구들끼리 모여 운동장 주변을 기웃거리다가 육상부 선수들의 하는 준비운동과 본 운동을 열심히 따라 했다. 주변에서 육상부 운동을 따라 하다가 실제 육상부가 된 친구들도 있었으나, 나에게는 그런 기회조차 없었다.

그렇게 2년, 어깨너머로 따라했던 육상의 기초 훈련으로 다져진 나는 달리기 자세도 선수처럼 좋아졌고, 속도도 빨라져 자신감이 생겼다. '서당 개' 생활 2년, 어깨너머로 배운 육상부 운동으로 웬만한 친구들보다 빠르게 달릴 수 있었다. 체격과 체력의 변화는 심리적으로도 안정감과 자신감을 갖게 했으며, 달리기를 포함한 어떤 운동이라도 잘할 수 있을 것만 같았다.

자신감이 충만해진 초등학교 6학년, 여느 때와 마찬가지로 바깥 놀이를 하고 집에 들어온 무더운 여름날, 놀러 와 있던 누나 친구가 "밖에 비 오냐?"라며 새까맣게 그을린 얼굴과 땀에 흠뻑 젖어 있는 내 모습을 보았다. 그중 한 명이 말했다.

"야! 너는 밖에서 뛰어노는 게 그렇게 좋으면 나중에 체육선생이나 해라!"

그 친구 말에 대한 누나의 대답은

"쟤는 공부를 못해서 절대 안 될 걸?"이라며 비아냥거리며 대답하고 자기들끼리 다른 이야기를 하며 다시 웃고 떠들기 시작했다. 나는 속으로 "아, 그런 직업도 있겠구나."라고 직업과 진로에 대한 생각을 처음 해보았다.

조금씩 없어지는 뱃살, 작지만 여전히 자라고 있는 키, 육상부를 통해 배운 기초 체력과 달리기 실력은 긍정적 요소였다. 하지만 운동장과 오락실, 놀이터에서만 보낸 초등학교 시절의 성적은 좋은 편이 아니었기에 체육 교사가 되겠다는 나의 꿈은, 정말 꿈이었다.

막연했지만, 어찌됐건 내게는 '체육 교사'라는 꿈이 생겼다. 씩씩하게만 자라기를 바라셨던 부모님 역시 건강하게 밖에서 뛰어노는 활기 찬 내 모습을 좋아하셨다. 그래서 나는 행복해하며 뛰어놀았고, 한번 집 밖으로 나가면 언제 들어올지 기약 없는 가출을 매일매일 했다.

● 존맛 체담과 소수 정예

우연인지 필연인지, 중학교 1학년 때 담임선생님이 체육 담당이셨다. 훤칠한 키에 날렵한 몸매, 단정한 헤어스타일, 핏이 살아 있는 체육복. 선생님의 첫인상은 내가 꿈꾸던 체육 선생님의 모습 그대로였다. 나도 언젠가는 저렇게 멋진 선생님이 되어야겠다고 스스로에게 다짐하는 순간이었다.

'학력고사 마지막 세대'인 내 경우에는 대학 입시에서 내신 성적과 실기의 비중이 매우 높았다. 고등학교 성적이 1등은 아니었지만 등교 순서는 1등이었다. 아침 일찍부터 학교에서 영어단어를 외웠고, 내신관리를 위한 복습과 시험공부를 했다. 모범적이고 성실한 고등학교 1학년 생활이었다. 고등학교 첫 번째 시험부터 성과가 나타났고 노력은 성적을 배신하지 않았고 목표로 했던 내신 성적까지 잘 유지했다.

실기 준비는 방과후, 학교의 체대 입시반에서 운동하는 게 전부였다. 그런데 이름만 체대 입시반이지, 오후가 되면 20여 명의 반 친구들 중 3분의 2 이상은 체대 입시 학원으로 빠져나갔다. 남은 5명 중에서도 한두 명 부상으로 빠지고 나면 고정 멤버는 나를 포함해 단 3명뿐. 자칭 '소수 정예'인 우리는 서로를 위로하며 혹독하게 실기 준비를 했다.

당시 체육선생님의 입시 프로그램은 체계적이지 않았다. 체대 입시를 준비하는 우리도 마음가짐 말고는 학교 시설이나 환경, 체육선생님의 열정이 뒷받침되지 않는 '무늬만 체대 입시반'인 상황이었다. 선생님 기분이나 컨디션에 따라 운동의 양과 질이 달랐고, 운동하는 2~3시간 중 선생님 얼굴을 볼 수 있는 시간은 고작 10분 정도였다.

재미를 느낄 만한 구기 종목은 할 수 없었고, 오로지 기초 체력(근력, 근지구력, 심폐지구력, 유연성, 순발력 등) 훈련만 했다. 계단 오르내리기, 턱걸이, 윗몸일으키기, 왕복달리기, 오래달리기, 100m 달리기, 팔굽혀펴기 등, 생각만 해도 재미없는 운동뿐이었다. 정예 멤버 셋은 이유도 모른 채 지겹고 힘든 일상을 반복해서 해냈다.

시간이 흘러 이곳저곳의 대학교에 원서를 넣고 실기시험장에 도착할 때마다 당황스러움과 초라함이 아직도 생생한 기억으로 남아있다. 체대 실기시험을 위해 특별히 준비한 체육복도 신발도 없이 평범하게 준비해 온 우리와는 비교가 안 됐다. 국가대표나 프로선수들 정도의 멋들어진 장비와 용품들, 시험 종목별 유니폼과 전용 운동화를 준비해 온 다른 수험생들을 보면서 초라해졌다. 더구나 우리보다 머리 하나씩은 더 크고 근육으로 다져진 다른 아이들과 실기를 경쟁한다는 것은 계란으로 바위를 치는 듯한 큰 부담이었다.

하지만 지원자 일부는 원서만 낸 경우, 실기 준비를 전혀 안 한 경우, 성적만 좋은 경우 등이라서 실질적인 경쟁률은 높지 않았고, 다부진 체격에 비해 운동을 잘하지는 못했다. '우물 안 개구리'인 줄 알았던 우리의 입시 준비 과정이 아예 보람이 없지는 않았다. 체육 선생님이 무관심한 듯 시켰던 기초 체력 위주의 입시 준비가 비로소 빛을 발했다. 이는 체육 선생님이 계획적이지 않고 체계적이지 않았다고 생각한 나에게 잔잔한 울림과 깨달음을 주기에 충분했다. 함께 준비한 '소수정예 멤버' 3명 모두 원했던 대학교의 체육학과에 당당하게 입학했다. 그때의 친구들과 이야기하다 보면, 여전히 풀리지 않는 수수께끼가 하나 있다.

'체대 입시반 선생님은 다 계획이 있으셨던 걸까?'

우리 모두는 이렇게 생각하고 싶다. 고도의 전략이 내재된 수준 높은 입시 프로그램이었다고.

지름길을 모르는 체육 교사

1 돌고 돌아 가는 길

● 슬기로운 군대 생활

체육 교사가 되고자 체육학과에 입학했지만, 첫 번째 학교에서는 체육 교사가 될 수 없었다. 교사가 되기 위한 기초 과목인 교육학을 수강해야 하는데, 체육학과에는 교직 이수 프로그램이 개설되어 있지 않았던 것이다. 입학하면 곧바로 임용시험을 준비하려던 계획에 차질이 생겼다. 곧바로 "재수해볼까?"와 졸업 후 "교육대학원을 갈까?"의 고민을 반복했다. 재수한다고 좋은 학교 간다는 보장도 없었고, 그렇다고 교육대학원은 시간과 등록금이 많이 들었다.

일단 2년간 체대 생활을 했고, 이후 내린 결론은 '군 입대'였다. '일단 시간을 벌면서 차분하게 생각해보자! 언젠간 꼭 한 번 다녀와야 한다면 지금!'이라는 생각에서였다.

군대에서의 내 특기는 기갑병으로서 장갑차와 탱크 조종기술을 배웠고, 조종수라는 타이틀로 전역했다. 고교 시절 체대 입시를 준비하며 기초 체력을 다졌고, 체대 생활 2년 동안 조직 문화에 심신이 적응된 나로서는 군 생활이 편하게 느껴졌다(물론 당시와 다르게 요즘에는 사병들끼리 존댓말, 휴대전화 사용, 체벌 금지 등 인권 보호 차원에서 병영 문화도 크게 개선되기도 했다.).

연병장(운동장)의 골대를 빨리 돌아오는 순서로 밥을 먹었던 논산훈련소에서는 전체 훈련병 중 밥을 제일 빨리 먹을 수 있었다. 제일 먼저 밥을 먹고 나오는 순간에도 다른 동기들은 연병장을 뛰고 있고, 나는 포만감을 느끼며 흐뭇하게 쳐다봤다. 또 체대 출신이라는 이유로 부대 체육대회를 하면 전 종목에 참가해야 했고 그 만큼 휴가도 부대에서 제일 많이 나왔다.

● 편입의 달인, 사범대에 진학하다

제대 후, 교직 이수가 가능한 학교로 편입하기로 마음먹었다. 학창 시절, 가장 좋아하고 잘했던 과목이 바로 '영어'와 '체육'이다. 편입 시험의 필수 과목인 영어와 체육 실기라면 자신 있었기에, 원하던 대학교에 한 번에 합격할 수 있었다.

그러나 편입한 학교에서 편입생에게는 교직 이수 자격이 주어지지 않는다는 사실을 뒤늦게 알게 되었다. 억울했으나 상황은 이해가 갔다. 대학교 1, 2학년 성적을 기준으로 교직 이수 기회를 부여하는데, 3학년으로 편입한 내게는 불가능한 일이었다. 그리하여 사범대 진학 (재편입)을 준비했고, 꿈에 그리던 체육교육과에 합격했다.

그야말로 돌고 돌아서 그 자리까지 간 것이다. 지금 생각해도 현명했던 판단은 대학 생활을 어디서 하든지, 임용 시험을 틈틈이 준비한 것이다. 편입하기 전에 다녔던 학교에서 취득한 학점이 모두 인정되었고, 편입한 학교에서 졸업에 필요한 학점을 이수하는 데까지는 2년이라는 시간이 필요했다. 남은 2년 최선을 다하겠다는 다짐으로 '교육학' 부전공을 선택하여 임용에 필요한 교육학적 소양도 더 많이 쌓았다. 학위(졸업장)에는 '전공: 체육교육학', '부전공: 교육학'이라는 문구가 선명하게 남아 있다.

교사가 되고자 한다면, 최선의 방법은 사범대(○○교육학과)에 들어가는 것이다. 서울과 수도권의 명문 사범대라면 좋겠지만, 교사가 되는 데 사범대 학벌이 문제 되지는 않는다. 어떤 지역, 어느 대학교든, 사범대 체육교육과를 졸업하면 임용시험에 응시할 자격(2급 정교사 자격)이 주어지고 1차(논술형, 전공)와 2차(심층면접, 수업실연)로 이루어진 임용시험에서 최종 합격하면 비로소 교사가 될 수 있는 것이다. 무엇보다 시험을 볼 수 있는 자격을 갖춘 후 시험을 통과하면 똑같은 조건의 교사가 되는 것이다. 학벌과 경

교대와 사범대는 어떻게 다를까?

선생님이 되기 위해서는 초등 교사, 중등(중학교+고등학교) 교사 중에서 결정한 후, 초등 교사를 희망하면 ○○ 교육대학교에, 중등 교사를 희망하면 ○○ 사범대학에 진학해야 한다. 초등과 중등은 마주보며 나란히 놓여 있는 기찻길처럼 근무 학교를 변경할 수 없다. 초등 교원 자격증 취득자는 초등학교에서만 근무할 수 있지만, 중등 교원 자격증을 취득하면 중학교와 고등학교를 오가면서 근무할 수 있다. 근무 지역의 경우 시·도간 교류가 가능하여 근무지를 변경할 수 있고, 지역 내에서도 원하는 학교를 지정하거나 선택해서 가는 경우가 많다. 단, 이는 국·공립학교에만 해당된다.

첫째, 학과 성적 우수자(상위 10~30% 내외)에게 자격이 주어지는 교직 과목을 이수하여, 2급 교원 자격증을 딴다.

둘째, 편입 시험을 보고 사범대에 편입한다.

셋째, 편입 시험 없이 일반 학과를 졸업하고 교육대학원에 진학하여 석사 학위를 취득한다. 5~6학기분의 등록금이 필요하고, 2~3년이라는 시간이 소요된다.

력에 상관없이 동등한 지위로 학생들을 만나볼 수 있다. 현장의 교사들에겐 당당하게 시험을 통과했다는 자부심과 성취감이 있을 뿐, 출신 대학의 이름은 그다지 중요한 요소가 되지 않는다.

● 모든 꿈, 모든 선택은 존중받아야

힘들게 돌고 돌아서 들어온 사범대학이다 보니, 학교생활에 임하는 나의 태도와 각오는 남다를 수밖에 없었다. '내일이 시험'이라는 비장한 각오로 하루하루 학업에 최선을 다한 결과, 임용 시험에 필요한 가산점은 사범대 생활 1년 만에 초과 달성한 데다, 졸업할 때까지 장학금으로 학교를 다녔다. 2년간 성실하게 준비한 임용 시험에서도 단번에 최고 성적으로 합격할 수 있었다.

돌이켜보면 고단한 여정이었다. 작고 뚱뚱했던 내가 운동으로 다이어트에 성공했고, 눈만 뜨면 밖에 나가 놀던 내가 체대와 사범대 입학부터 임용 시험을 보기까지 학업과 운동에 매진했다. 힘들게 돌아온 길이었지만, 모두 의미 있는 시간이었다.

나는 지금의 나를 있게 만든 원동력은 콤플렉스였던 '똥배'라고 믿는다. 사람이라면 누구나 감추고 싶은 콤플렉스가 있다. 자신의 약점을 인정하고 이것을 극복하고 보완해 나가는 의지를 보이는 것은 이를 감추고 숨기는 것보다 훨씬 용기있고 아름다운 모습이다. 콤플렉스를 드러냄으로 인해 마음이 훨씬 편해지고 안정될 수 있다. 여러분도 콤플렉스에 위축되지 말고, 멋지게 극복하기를 바란다. 약점을 극복하고 보완하는 과정에서 내공이 쌓이면, 약점이 오히려 강점이 될 수 있다.

청소년 시절에 진학, 진로에 대해 진지하게 고민하지 않는 학생들을 가끔 마주하게 된다. 또는 가고 싶은 길이 있어도 사회적 여건이 호락호락하지 않다는 것을 잘 알기에 지레 포기하기도 한다. 대학 입시는 물론이고, 연애나 취직, 결혼, 주택, 출산, 육아, 무엇 하나 쉬운 게 없다. 그럼에도 불구

하고 우리는 사회의 구성원으로서 의미 있는 삶을 살기 위해 자신의 역할에 대해 책임을 다해야 한다.

　모든 꿈, 모든 선택은 존중받아야 마땅하다. 다만 진학과 진로, 직업 선택에서 반드시 고려해야 할 조건들이 있다. 자신의 적성과 흥미, 성격에 맞는지, 이 일을 통해 성장하며 재미를 느낄 수 있는지, 노력에 대해 정당한 대가가 따르는지 등, 개인차에 따라 우선순위는 다르더라도 꼭 한 번 고민해 볼 필요가 있다. 이 중에서 어느 한 가지라도 만족스럽다면 인생을 걸고 '올인'해 볼만 하다. 직업에는 귀천이 없으며, 평생직장이라는 개념도 이제는 없는 시대이다. '하고 싶은 일을 하면서 사는 삶'이 그만큼 중요해진 것이다.

> 춤추라! 아무도 바라보고 있지 않은 것처럼.
> 사랑하라! 한 번도 상처받지 않은 것처럼.
> 노래하라! 아무도 듣고 있지 않은 것처럼.
> 일하라! 돈이 필요하지 않은 것처럼.
> 살라! 오늘이 마지막인 것처럼.
> 　　　　　　　　　　　　- 알프레드 디 수자
>
> 네가 헛되이 보낸 오늘은 어제 죽은 이가 그토록 바라던 내일이다.
> 　　　　　　　　　　　　- 소포클레스

2

맨땅에 헤딩하기

무한도전은 나의 일상

나의 체육 교사 생활 20년을 딱 반으로 나눈 앞쪽 10년과 뒤쪽 10년은 큰 차이가 있다. 내 꿈은 대한민국 체육 교육에 큰 발자취를 남기는 것이었다. 그래서 체육 수업 전문가가 되기 위해 국내외 자료를 탐독하고 정리하여 수업에 활용하는 등, 많은 노력을 기울였다. 스스로를 체육 수업 전문가라 자부했지만, '우물 안 개구리'였을까. 외부 위촉 활동, 집필, 평가 활동, 수업 관련 대회에 매번 참가했지만 결과는 좋지 않았다.

5년째 맨땅에 헤딩만 하던 어느 가을날, 체육 교과 문항 출제 공모에서 선발된 것을 계기로 다양한 활동에 발을 내디딜 수 있었다. 어렵게 얻은 첫 활동 기회인 만큼 열정과 의지가 불타올랐다. 교수·학습 자료 제작 및 수행평가 자료 개발까지 경험하면서, 당시 체육계에 만연했던 학연과 지연을 어렵지 않게 실감하기도 했다.

그 시절과 비교하면, 독창적인 아이디어, 실력, 열정, 유능함, 인성 등이 남다른 체육 교사가 인정받는 시대를 살고 있는 요즘은 참 행복하다. 과거에는 체육 교사로서의 수업에 대한 평가가 몇몇 사람의 주관적 판단에 의해 이루어진 반면, 최근에는 판단 주체가 학생과 동료 교사, 학부모, 나아가 전세계의 구독자까지로 확대되었다. 자신이 수업하는 학생들, 함께 일하는 동료 체육 교사들, 자신의 콘텐츠를 이용하는 구독자의 마음을 움직일 수 있는 것이 중요하다. 한마디로 '구독'과 '좋아요'로 대표되는 공감의 위력이 세상을 변화시키고 있는 것이다.

● 내리막 없는 오르막길

나는 자타가 인정하는 우수한 체육 교사였다. 체육 교사 모임, 체육 교사 연구회, 각종 학회, 세미나, 토론회, 협의회, 시도 교육청, 교육개발원, 교육과정평가원, 교육부 등을 오가며 다양한 활동을 했다. 교사로서 누릴 수 있는 영광과 권위는 모두 이루었다고 해도 과언이 아니다. 국가 교육 발전에 이바지한 공로로 대통령, 국무총리, 장관, 교육감, 교육장, 교장 표창, 올해의 체육 교사상, 각종 위촉장 등을 셀 수 없을 만큼 받았고, 국비로 해외 교육 기관 연수도 여러 번 다녀왔다. '맨땅에 헤딩'을 반복하며 교직 생활 10년 만에 이룬 성과이다.

당시에는 몰랐지만 이러한 영광의 이면에는 어둠이 존재했다. 자타가 공인하는 으뜸교사가 되기까지, 한 번의 수업을 위해 기획과 연출을 하며 보여주기 위한 쇼를 수없이 반복했다. 쇼가 반복될 때마다 새로운 수업 도구

개발과 교수 학습 방법을 고민해야 하는 노력이 필요하긴 했지만, 돌이켜 보면 '나와 수업했던 아이들이 학습 목표를 향한 과정에서 진정 흥미 있고, 행복했었을까?' 하는 의문이 든다. 그 질문에 대한 대답은 확실히 "No!"일 것이다. 이렇듯 나는 내가 설계하고 기획한 틀 안에서의 수업을 내가 원하는 방향으로, 내가 정한 학습 목표로 완전 학습을 꿈꾸며 해온 것에 불과하다는 생각이 들었다. 앞서 이야기한 '우수 교사' 타이틀이 민망하고 창피하다. 여기까지가 10년의 옛날이야기이다.

최근의 열정 가득한 젊은 체육 교사들의 노력은 내가 해온 '보여주기식' 수업 연구와는 질적으로 차원이 다른 듯하다. 체육 학습 목표를 향해 다양한 수업 전략과 준비, 도구의 활용으로 전인 교육을 실현하려는 교육 철학과 비전을 엿볼 수 있다. 조건 없이 연구회를 조직하고 자기 시간을 할애해서 수업 내용을 공유하고, 다른 수업을 분석하고 비평하여 더 좋은 체육 수업을 위해 재능 기부와 나눔 등의 활동을 펼치는 소중한 인재들이다. 이들은 멀티미디어와 기기를 활용하는 능력, 아이들과 소통하고 대화하는 능력, 아이들의 흥미를 이끌어 내는 능력, 주제 선정 및 타 교과와의 융합 능력, 연예인에 버금가는 개인기 등 그들에게 배우고 싶은 영역이 참 많고 넓다. 솔직하게는 그들의 젊음과 열정이 무척 부럽다. 이 글을 읽고 있는 여러분 중에서 이 역할을 이어 받아야 할 누군가가 있을 거라 확신한다.

● 오르막 없는 내리막길

화려한 10년을 보낸 후, 수업에 대한 성찰과 반성의 시간이 필요했다. 내가 정한 종목과 학습 목표, 교수 학습 방법과 수업 전략, 평가 기준에 이르기까지, 정작 가장 중요한 '학생'은 빠져 있었고, 고려 대상이 아니었다. 교사 스스로 정한 학습 목표 지점까지 모든 학생이 성취하게 하는 것이 최우선이라 생각하던 시절이었다.

하지만 지금은 그렇지 않다. 열 사람의 똑같은 한 걸음보다 '한 사람의 색다른 반걸음'도 의미 있다고 생각한다. 출발점이 높은 학생, 즉 운동을 잘하는 학생은 내 수업의 질과 관계없이 운동 기능이 높은 지점을 유지하거나 더 높아질 수 있다. 이는 교사의 능력이거나 학생 스스로의 신체적인 성숙에 의한 결과일 수도 있다.

반면에 출발점이 낮은 학생의 경우, 수업 중 교사의 개입으로 눈에 띄는 향상을 가져올 수 있다. 지필고사 평균 90점의 학생이 10점을 올려 100점을 맞는 것보다 '평균 50점의 학생이 60점이나 70점을 맞는 것'이 더 빠르고 쉽다는 데에는 대부분 동의할 것이다. 전문가의 적절한 피드백 한두 번이면 눈에 띄게 달라질 수 있다. 단, 그러려면 학생이 적극적으로 참여할 수 있는 동기가 필요하고, 그 동기가 사라지지 않도록 교사의 지속적인 관심과 상호작용이 필요하다. 그래서 앞으로 나는 '학급에서 제일 존재감 없는 마지막 한 사람의 가치를 소중하게 여기는 수업'을 실천하기로 마음먹었다.

진심을 다해 다가가고 지금의 기능 수준보다 더 좋아질 수 있을 거라는 기대와 확신으로 존재감 없는 학생들을 대하기 시작한 지 어느덧 10년이 되어 간다. 그런 학생들도 체육 시간이 기다려지고 행복할 수 있다면, 나의 수업은 성공한 거라고 스스로에게 격려를 보내고 있다.

● 배구 언더핸드 수행평가와 과세특

존재감 없던 학생: 선생님, 저 이번 수행 망했어요.

체육 교사: 연습 많이 했는데, 왜 그랬을까?

존재감 없던 학생: 긴장했나 봐요. 떨려서 평소에 반도 못했어요. 다시 하면 잘할 것 같아요!

체육 교사: 선생님도 진짜 아쉽구나. 그래도 초반에 비해 많이 늘었어. 팔도 잘 펴지고, 무릎도 이용할 줄 알고, 손목 윗부분에도 정확하게 잘 맞췄고. 그런데 아직까지는 공을 따라가는 움직임이 느려서 연속성이 떨어지더라.

존재감 없던 학생: 근데, 저는 배구 수행에서 C 받은 것에 만족해요. 재시험을 본다면 좋겠지만 아니라도 괜찮아요. 기회가 한 번 더 있다면, 제가 얼마나 늘었는지 제대로 보여드리고 싶었어요. 수행에서 못한 건, 나중에 배구 경기할 때 확실히 보여드릴게요. 이제는 배구공이 무섭지 않고, 공에 맞아도 아프지 않아요.

체육 교사: (속으로) 아, 진심으로 마음이 아프다. 이런 학생에게 C를 줘야 하다니. 너에게 다음과 같은 과세특을 써주겠노라!

➡ 차분하고 조용한 성격이지만 체육 수행 과제를 설명하거나 시범을 보일 때 주의 깊게 관찰하고 연습시간이 주어지면 적극적이고 진지한 자세로 목표를 성취하려는 의지를 보임. 과제에 끊임없이 연습하고 도전하는 태도와 학생들에게 귀감이 될 만한 긍정적인 마음가짐으로 수업 분위기 조성에 크게 기여할 뿐만 아니라, 교사의 피드백을 주의 깊게 듣고 동작을 수정 및 개선하여 자신의 배구 언더핸드 토스 기록을 계속해서 발전시킴.

과세특('학생생활기록부' 중에서 과목별 세부 능력 및 특기사항)을 작성할 때 대부분의 교사들은 다음과 같은 상황에 맞닥뜨리게 된다.

첫째, 수행평가만 잘 본 경우(인성이 바르지 않은 경우)

둘째, 수행평가를 잘 보고, 그 과정(노력, 인성 등)도 좋은 경우

셋째, 수행평가를 못 보고, 그 과정(노력, 인성 등)도 좋지 않은 경우

넷째, 수행평가는 못 봤지만 그 과정(노력, 인성 등)이 좋은 경우

첫째 경우는 과세특에 사실적인 기록만 하게 되고, 둘째 경우는 사실에 입각해 풍부하게 기록하려고 노력하게 된다. 셋째 경우는 아무리 생각해도 뭘 기록해야 할지 모르겠고, 넷째 경우에 가장 정성이 들어가고 신경이 많이 쓰인다.

먼저, 열심히는 했지만, 수행 점수로 인한 마음의 상처를 받았기 때문이다. 무엇보다 열심히 과제에 참여하고 기능의 향상을 위한 노력의 과정 또한 어떠한 방식으로든 평가되어야 한다. 평가 기준에 의해 수행한 정도의 점수를 부여하는 것은 당연하지만, 학생이 노력한 정도를 평가 점수로 반영하기에는 아직 한계가 있다. 노력의 과정이 절대 헛되지 않았음을 교사로서 증명해줄 필요가 있고, 그 유일한 방법이 학생의 수업 태도, 참여 정도, 노력, 다른 학생들과의 상호 작용 등의 내용을 빠짐없이 학생생활기록부(과세특)에 녹여내는 것이다.

3

▶ 소외된 아이들을 위한 체육 교사

⦿ 존재감 없는 투명인간

한 학급 30명 내외의 체육 수업을 하다 보면, 체육을 좋아하는 학생, 싫어하는 학생, 좋아하고 잘하는, 좋아하지만 못하는, 좋지도 싫지도 않은 중립적인 학생, 나대거나 까부는 학생 등으로 구분된다. 체육 수업을 좋아하는 학생들은 비교적 운동을 잘하거나 외향적인 성향의 학생들일 것이고, 중립적인 학생들은 실력도 성향도 두드러지지 않는 평범한 학생들일 것이다.

그렇다면 체육을 싫어하는 학생들은 어떨까? 학급에서 존재감 없이 자리만 지키는 무의미한 학교생활을 하고 있을 가능성이 높다. 체육을 싫어하는 이유는 참 많다. 살찌고 뚱뚱해서, 키가 작아서, 힘이 없어서, 귀찮아서, 운동신경이 없어서, 운동을 싫어해서, 다칠까봐, 무서워서, 규칙을 몰라서, 땀나고 더러워져서, 냄새 나서 등등.

체육 시간 중 수행 평가가 끝난 직후 또는 학기말에 자유 시간이라도 생기면 이런 학생들은 주변 친구의 강요에 의해 하기 싫은 축구를 인원수 때문에 억지로 해야 한다(여학생의 경우엔 피구). 욕을 먹거나 원망 받기 싫으니 어쩔 수 없이 참여하지만, 힘들고 가혹한 상황일 것이다. 의욕도, 영혼도 없이 어슬렁거리다가 공을 놓치면 욕까지 먹고 손가락질 받는다. 더욱 안타까운 건 이런 학생들일수록 크고 작은 부상을 당하기 쉽다는 것이다.

이런 학생들에게 체육 수업은 어떤 의미일까? 과제에 관심 없고, 친구들과 원만한 관계 형성도 안 된 상황에서 교사마저 투명인간 취급을 한다면, 그들에게 체육 수업은 매우 지루하고 힘든 시간일 것이다.

어릴 적 나의 비만은 친구들에게 놀림의 대상이기도 했지만, 운동을 못할 것이라는 편견이 있었다. 작고 뚱뚱했던 나는 키 크고 달리기 빠른 친구들과는 비교가 안 되었다. 반에서 손에 꼽힐 정도는 아니었지만 그렇게 못하진 않았기 때문에 억울하기도 했다. 그래서 체육 시간이면 놀이 건 운동이 건 주도적으로 하진 못했던 것 같다. 누군가가 체육 시간에 뚱뚱하다는 이유로, 운동을 잘 못할 것 같다는 이유로, 운동신경이 없다는 이유로 선생님이나 친구들에게 소외되고 배제된다면, 내가 경험한 것처럼 억울하고 슬픈 상황일 것이다. 부모 입장에서 내 아이가 운동 기능이 미숙하고, 적극적이지 못하다고 해서 체육 선생님에게 존재감 없는 아이로 남는다면 그 역시 마찬가지다. 학창시절에 내가 경험했던 '존재감 없는 투명인간' 같은 시간들이 적어도 내가 가르치는 수업에서는 없도록 해야겠다고 다짐했다.

누군가의 소중한 아들이고 딸인 학생들 한 사람 한 사람에게 적어도 내 수업만큼은 다 같이 즐겁고 행복할 수 있어야 한다. 운동을 잘하는 학생들에게 나의 관심은 잔소리이고 참견이겠지만, 운동을 못하는 학생들에게 나의 관심은 그동안 겪은 서러움을 떨치고, 숨겨진 재능을 북돋을 수 있는 기회일 수 있다. 나의 차별 수업은 그래서 시작된다.

● 체육 시간이 주는 차별의 긍정적 효과

그간의 체육 수업에 대한 반성과 성찰의 시간이 필요했다. 과연 그들을 위한 나의 체육 수업은 어땠는지? 나의 철학은? 나의 전략은? 창피하지만 지금에서야 비로소 그런 학생들이 눈에 밟히기 시작했다.

나의 도움과 관심이 절실하게 필요한 학생들에게 손을 내밀고, 관심의 눈빛을 보이며 등을 토닥여 주고 싶다. 실제로 운동을 싫어하거나 체육 수업이 지옥 같았던 아이들에게 이러한 나의 관심은 기대 이상의 교육적 효과를 나타냈다.

첫째, 자아존중감이 향상된다.

'나에게 관심 갖는 선생님도 있구나, 나도 제대로 배우고 꾸준히 연습하면 잘할 수 있겠구나.' 이렇게 가능성을 북돋아 주면, 기죽어 있던 학생들의 자아 존중감이 향상된다. 눈빛과 행동, 태도와 의지가 싹 달라져서 선생님과 친구들을 대할 때 덜 두려워하고 덜 피하게 되는 것이다.

둘째, 체육과 운동에 대한 관심이 생긴다.

운동이 재미없는 것은 잘하지 못해서이다. 반대로 운동을 잘하면 재미가 없을 수 없다. 서서히 기초 기능이 발달하고 능숙해지면 운동에 대한 관심과 기능에 대한 욕심이 생긴다.

셋째, 수행 평가에 대한 태도가 바뀐다.

수업에 무기력한 학생들의 경우 수행 평가에서 최하점을 받아도 아무런 감정의 변화가 없다. 하지만 선생님의 관심과 피드백을 받으며 꾸준하게 연습을 한 이후의 수행 평가에서 최하점을 받으면 하염없이 눈물을 흘리기도 하고 억울해 하며 재시험의 기회를 요구하기도 한다. 같은 최하점을 받더라도 이러한 태도와 감정의 변화는 다음 수행 평가나 수업 태도에 매우 긍정적인 영향을 미친다.

넷째, 사람과 사람이 서로를 이해하고 서로에게 공감할 경우, 신뢰 관계와 유대감, 즉 라포(rapport)가 형성되어 자연스레 상담과 생활 지도가 이루어진다.

상호작용을 빈번하게 하다 보면 학생과 라포가 형성되고, 그러면 일상 이야기부터 가족, 진로, 교우관계 등의 진지한 이야기도 편안하게 나눌 수 있다. 사소한 농담도 하고 장난을 치기도 하는 등 이전에 경험하지 못한 상호 긍정적 관계가 형성되는 것이다.

다섯째, 활기 찬 학교생활을 통해 만족감이 향상된다.

체육 시간에 체육 교사와의 빈번한 상호작용은 의미가 남다르다. 학교에서 제일 무섭고 거친 선생님과의 친분은 다른 선생님들을 좀 더 쉽게 생각하고 다가갈 수 있는 밑거름이 된다. 선생님들과의 교류는 학교생활에 자신감을 불어넣는 계기가 되기도 한다.

체육 수업에서 내가 차별을 해야 하는 이유가 바로 이러한 것들이다. 나의 교육 철학과 교육관이 무조건 옳다고는 생각하지 않지만, 체육 교사로의 삶을 되돌아보는 현 시점에서, 지금은 적어도 그렇게 하고 싶고 앞으로도 그렇게 할 것이다. 단, 운동 신경이 있고, 원래 운동을 잘했던 학생들에게도 양질의 결정적인 피드백을 줄 수 있어야 하고, 최소한의 교수·학습 활동은 있어야 한다. 그리고 그들의 우쭐거림을 능가하는 제대로 된 '존멋 시범'이 가능한 조건이면 더할 나위 없이 좋을 것이다.

뚱뚱하다고, 작다고, 느리다고, 못한다고 놀림 받던 시절 나의 아픈 경험은 초등학교 4학년 이후로는 거의 없었다. 하지만 내가 가르치는 학생들 중 일부는 그 아픈 경험을 아직 겪고 있다. 나의 차별 수업으로 인해 그들이 운동에 흥미를 갖게 되고, 여가 활동이나 평생 체육으로까지 전이된다면, 나는 체육 교사의 역할을 충실히 잘해낸 것이라 할 수 있을 것이다.

다른 시선으로 접근한 나의 수업이 정당화되는 또 다른 이유가 있다. 운동 기능이 중·상위권 학생들은 교사의 적극적인 개입이 없더라도 자신들이 수업에서 소외되었다고 생각하지 않으며 오히려 자부심을 느끼기도 한다. 과제를 연습하다가 나를 찾아와 적극적으로 피드백을 요구하기도 하며 적당한 무관심 속에 체육 시간을 즐긴다.

반대로 소외되고 구석을 찾아 숨으려고만 했던 학생들이 운동장이나 체육관 중앙에서 선생님과 상호 작용을 하고, 그들의 운동 수행이 학습 목표를 향해 한 걸음씩 나아갈 때 이를 지켜보는 다른 학생들도 자극을 받아 더욱 과제에 집중하는 모습을 보인다.

물론 전보다 1도 발전되지 않은 채 낮은 등급의 수행 결과가 나올 때도 있지만, 미세한 진전을 가져오거나 눈에 띄게 향상되기도 한다. 나와 그들 모두 결과가 중요하지 않은 것을 알기에 누구를 탓하거나 원망하지 않는다. 체육 시간에, 교사와 학생이 스포츠나 운동을 매개로 많은 상호 작용을 하고 뭔가를 가르치려 시도했고, 또 배우려는 마음을 갖고 있었다는 것만으로 학생부 기록과 점수를 대신하기에 충분하다.

"잘하는 놈들은 나 없이도 잘할 거야!"

그래서 나는 여러 가지 이유로 운동을 잘 못하고, 뚱뚱하거나 소극적인, 소외된 학생들을 위해 존재하는 체육 교사이고 싶다.

4
근면과 성실, 계획성 있는 삶

● 나의 인생 80년을 그려 본다면

대학 시절에 해보았던 급식 납품 트럭 운전은 나의 일생에 '근면', '성실'을 가져다준 고마운 경험이다. 새벽 2시, 눈을 감은 듯 뜬 듯 가락시장으로 출발하는 것부터 배송이 마무리되는 오전 8시까지 정말 숨 가쁘게 돌아간다. 모두 잠들어 있을 것만 같은 새벽 2시의 가락시장은 지방에서 올라오는 트럭들과 경매인, 도매인, 소매인들로 인해 활기가 넘친다. 새벽 2시의 풍경이라곤 믿기지 않을 정도로 분주하고 활기차게 돌아간다. 달이 지고 해가 뜨는 아침 8시가 되면 이곳의 상점들은 대부분 문을 닫고 내일을 준비한다. 보통 사람들은 하루를 시작하는 시간이건만, 이곳에서는 하루가 마무리되는 시간이다.

〈인생 80년의 소비 분석〉

인생의 4분의 1인 20년은 성장하느라 보내고, 4분의 3인 60년은 늙어 가면서 보낸다.
— 심리학자 D. B. 브롬리

일: 26년		식사: 6년	인터넷: 15년	주방: 2년	걱정: 10년
잠: 26년	미소: 115일	통화: 4년	줄 서기: 180일	기다림: 2년	화장: 136일
TV 시청: 10년	쇼핑: 8년	화장실: 3년	리모컨 찾기: 15일	화냄: 5년	SNS: 6년 ↑

출처: 인생 소비 시간 분석 (영국 신문 〈The Sun〉, 2012)

사범대 생활 2년 동안에 남보다 이른 아침을 맞는 습관이 생겼다. 이는 교직에 들어와서도 계속되어, 지금도 새벽 4시 30분에 하루를 시작한다. 2시간 먼저 일어나 그 시간을 활용했을 때, 한 달이면 60시간, 1년이면 720시간이다. 최소한 20년을 그렇게 살아온 나는 1만4,400시간을 여유롭게 살아왔고, 20년간 이 습관을 유지한다면 앞으로도 1만4,400시간, 즉 583일을 더 확보할 수 있다. 약간의 부지런함으로 다른 사람보다 길고 풍족한 일생을 보낼 수 있는 것이다. 2시간이 너무 부담된다면 1시간, 아니 30분만이라도 먼저 일어나는 습관을 들이길 바란다. 그러면 행복과 여유로움이 여러분의 것이 될 테니.

● 스포츠로 시작하는 새로운 시작

나에게는 새벽 시간을 활용할 만한 새로운 배움이 필요했다. 당시에 고민했던 건 골프와 배드민턴이었다. 사회 초년생에게 골프는 경제적으로 부담스러웠던 반면, 배드민턴은 만만하게 다가왔기에 새벽 6시부터 20분간 배드민턴 레슨을 받기로 했다. 체육 교사라는 이유로 코치님은 '속성'으로 많은 것을 집중 지도해 주셨다. 배드민턴 실력이 뛰어난 동료 체육 교사도 개인 레슨을 별도로 해주면서 함께 운동하고 대회에도 출전해 주어 내 실력은 일취월장할 수 있었다.

새벽 레슨은 고작 20분이었지만, 4시 30분에 맞춰진 알람 소리에 맞춰 일어나 준비를 하고, 차로 40분 거리의 체육관으로 이동해 20분 레슨을 받고, 1시간 정도 게임하고, 샤워하고 출근해도 1등으로 출근이 가능해 남들보다 여유로운 일과를 시작할 수 있었다. 빠른 일과 시작으로 9시에서 10시

사이에 극심한 허기가 찾아왔지만, 아침밥을 포기한 대가로 얻은 것이 훨씬 많았다.

학교 수업에서도 배드민턴은 인기 종목이다. 다른 종목에 비해 성별, 체격, 체력에 큰 영향을 받지 않기 때문에 모두 좋아 한다. 이러한 배드민턴은 체육 수업에서뿐만 아니라 좀 더 전문적으로 배우고 싶어 하는 '평생 체육 최고의 대세 종목'으로 자리 잡았다. 학교에서는 체육 시간과 방과후 교실로 배드민턴을 지도하고, 동료들에게도 재능 기부로 신체 활동의 즐거움을 공유하고 있다. 그래서 배드민턴은 나의 평생 체육 종목이기도 하고 나 자신의 부가가치를 높여주는 스포츠이기도 하다.

● 교직 생활의 꽃

"선생님들은 시험 기간에 뭐 하세요? 방학 때는 뭐 하세요?"

학생들의 흔한 질문 중 하나이다. 선생님들은 시험을 치르기 위해 약 한 달 전부터 문항을 출제하고 검토하며 오류를 수정해 나간다. 문제에 문제가 없도록 하기 위해 오랫동안 검토하고 점검하며 신중에 신중을 기한다. 마침표 하나, 숫자 하나 까지도 검토하고 또 검토하며 모든 에너지를 쏟아 붇는다. 정작 시험기간은 문항 출제로 인한 스트레스와 긴장에서 벗어날 수 있는 휴식 시간이다. 시험 기간 동안은 병원 진료나 은행 업무 등 학교 업무로 인해 미루어 왔던 개인 일정을 소화할 수 있는 힐링 타임이다. 방학 기간은 연수(원격 또는 오프라인 형태의 교사 교육)를 받으며 전문성을 키워 나간다. 교과 지도, 담임으로서의 생활 지도, 상담 활동 등, 각자 맡은 역할에 따라 업무 관련 연수를 하면서 자기 계발에 힘쓰는 것이다.

마냥 놀기만 하는 정도는 아니지만, 심리적으로나 육체적으로 또는 다른 직장인들보다 편한 기간이 방학이다(절대 비밀!). 직업으로서 '교사'는 자기 계발 기회가 많을 뿐만 아니라 명분도 좋다. 다른 직장인이나 사업자에 비해 여유를 만끽할 수도 있다(이것도 비밀!). 사회생활을 지속해 온 성인들의 경우, 시간적인 이유로 취미나 여가 생활을 포기하는 경우가 적지 않다. 하지만 교사는 평소에 못했던 취미 생활을 할 수 있고, 새로운 운동 종목에 도전할 수도 있다. 무엇보다 일반인들에 비해 연습 여건(체육관, 장비, 시간 등)도 훌륭하다.

대한민국에서 교사라는 직업은 1년 중 190일 내외의 수업 일수를 제외하면 비교적 교과 수업과 무관하다. 업무에 따라 비중이 다르지만, 법적으로

21일 정도의 연가를 보장받고, 여름, 겨울에 방학이 있으며 징검다리 연휴의 경우 '교장 재량 휴업일'로 정하여 단기 방학을 학기당 1회(연 2회) 실시하기도 한다. 개인차가 있기는 하지만, 이러한 시기에 전문성 함양을 위해 온·오프라인의 직무 관련 각종 연수를 받아야 하는 경우도 많이 있다. 하지만 그렇다고 하더라도 "방학"은 교직 생활의 하이라이트라 할 수 있는 부분이다. 심리적으로나 육체적으로 반성과 성찰의 시간을 주기도 하고 새로운 학기를 준비하기 위한 충전의 시간이기도 하다.

여러분도 교직에 입문한다면 개인의 자기 계발과 가족의 힐링을 위해 많은 시간을 투자할 수 있다. 국내외 여행, 맛집 투어, 자연에 동화되는 캠핑, 다양한 체험 활동 등, 방학 동안 개인적으로 또는 가족과 함께하는 시간을 충분히 가질 수 있었다. 소중한 가족을 위해 텐트를 치고, 좋아하는 음식을 만들어 함께 먹고, 바닷가에서 낚시나 갯벌 체험, 수영을 즐기기도 한다.

체육, 운동, 스포츠 분야에는 여가 또는 평생 체육 활동으로 무궁무진한 영역들이 있다. 어떠한 취미, 어떠한 여가 생활을 하더라도 체육 교과서 범위 안에 있는 활동들이다. 따라서 여러분 각자가 흥미를 느끼는 분야에 입문하여 여가를 즐기는 모든 활동이 교수 학습(학생 지도)활동과 밀접한 연관이 있다. 나의 취미나 여가활동이 곧 학생들을 지도하는 밑거름이 되는 것이다. 이런 취미와 여가 활동이 내가 하는 일과 밀접하게 관련이 되어 있거나 될 수 있는 체육 교사라는 이 직업을 나는 사랑하고, 다시 태어난다 해도 다시 선택하고 싶다.

행동 발달 및 특기 사항

　　세상을 바라보는 관점이 매우 긍정적이라서, 주어진 환경에서 보다 나은 방향으로 변화하기 위해 항상 도전하고 성장하는 모습을 보임. 시작은 자발적이 아니었지만 오랜 시간 태권도와 함께함으로써 태권도의 진정한 가치를 내면화하였음. 이를 긍정적인 방향으로 승화시키고 체육 교사로서 의미와 보람을 찾기 위해 지금도 계속해서 노력하고 있음.

시크한
이길한

별명

로드원 길한

이름의 '길'은 영어로 로드이고, '한'은 하나를 뜻한다. 좋은 길이 있다면 가고 보는 성격으로 인해 붙은 별명이다.

나는 이래서 체육 교사가 되었다

1 걷다 보니 문득 그 길 위에 있었던 나

⚫ 어린이 태권왕, 군인을 꿈꾸다

소심하고 나약했던 아이는 부모님의 권유로 태권도를 배우게 되었다. 그리고 도장 분위기에 적응하지 못해서 집으로 도망쳐 왔다가, 부모님 손에 이끌려 다시 도장으로 간 적도 있었다. 그렇게 시작한 태권도는 내 삶의 일부가 되었다. 정해진 시각에 맞추어 태권도장으로 향하고, 운동 후 귀가하는 것이 일상으로 자리 잡았다.

태권도에서 성실, 인내, 끈기를 배운 소년은 자연스럽게 선수 생활을 시작하며 태권왕을 꿈꾸었다. 운동부 특기생으로 중학교에 입학한 이후, 각종 대회에 출전하여 메달을 목에 걸기도 하고 패배를 맛보기도 했다.

전국소년체육대회 대표 선발을 목전에 둔 최종 선발전 결승 경기는 나에게 새로운 전환점이 되었다. 승리를 확신했건만 심판은 내 손을 들어 주지 않았고, 그 대회를 끝으로 태권도 선수의 꿈을 접었다.

아버지의 오토바이를 타고 집으로 돌아오는 길에 아버지 허리를 꼭 끌어

안고 '운동을 그만두겠다'고
이야기하던 그날의 기억이
아직까지도 생생하다. 난생
처음 이 사회에 배신감을 느
낀 날이었기 때문이리라.

●● 최선의 선택, 최고의 노력

그날 이후 군인이 되고 싶다는 꿈을 갖게 되
면서 사관학교를 목표로 학업에 매진했다. 그러
다가 고3 담임선생님과의 진학 상담에서 새로운 정보를 얻었다. 장교가 될
수 있는 길은 다양하고, 일반 대학에 진학해서 선택지를 넓힐 수도 있다고
하셨다.

담임선생님은 진학상담 과정에서 중학교 시절 태권도 선수 생활을 했던
것을 아시고 나에게 체육 관련 학과 진학을 추천해 주셨고, 그것을 계기로
체육교육과에 입학하게 되었다.

대학 생활은 나의 적성에 잘 맞았던 것 같다. 대학 생활은 즐거웠으며,
장교로 군 생활도 경험했다. 그렇게 사회에 나오게 된 나는 남들이 부러워
하는 대기업에 입사하여 ○○맨으로 생활하기도 했다. 하지만 회사 생활은
나에게 직업과 꿈에 대한 고민을 계속해서 갈등하게 했고, 입사 10개월 만
에 과감하게 사직서를 제출하고 무직자가 되었다. 남들은 나의 선택이 무모
했다고 할지 몰라도 그때의 선택은 지금 되돌아보면 나름대로 현명한 선택
이었다고 생각된다.

회사를 그만둔 것은 내 스스로를 벼랑 끝에 몰아넣고 배수의 진을 친 상태에서 고민하게 스스로 선택한 것인지도 모르겠다. 새로운 것에 계속 도전하고 성취하고 발전하는 모습을 상상했고, 나의 전공, 적성에도 가장 부합하는 진로를 찾기 위해 깊이 고민했다.

유학과 체육 교사라는 두 가지 선택지 중에서 유학을 선택하고 싶었다. 하지만 주변 여건상 유학을 포기하고 체육 교사의 길을 걷게 되었다.

결론적으로 나는 체육 교사에 대한 뚜렷한 목표를 갖고 체육 교사가 된 것은 아니다. 다만, 어떤 것이든 최선을 다하고자 했던 나의 노력에 그 결과가 있지 않았을까 생각한다.

그래도 유년 시절, 학창 시절을 돌아보면 내가 체육 교사가 될 수 있었던 것은 자라오는 환경 속에 체육이라는 것이 항상 내 주변에 있었고, 의도하지 않았지만 나의 내면에 항상 자리 잡고 있었던 덕분인 것 같다. 그리고 나의 꿈(사실은 아직도 잘 모르겠지만)을 펼치는 데 그래도 가장 최고의 직업이었기 때문이라 생각한다.

우리는 모두가 좋아하고 하고 싶은 일을 할 수 있을 것이라 생각하지만, 그렇지 못할 수도 있다. 다만, 그 일을 하지 못한다고 해서 꿈이 사라지는 것은 아니다. 주어진 상황에서 최선의 선택을 하고 그 안에서 최고의 노력을 해야 하는 것은 아닐까.

02 시크한 체육 교사

1 꿈을 향해 노력을 거듭하다

● 신규 발령 첫날의 기억

개교한 지 얼마 되지 않은 중학교에서 신입 교사 생활을 시작하게 되었다. 새로운 곳에서 적응하기란 언제나 어려운 일이지만, 남을 제대로 가르쳐 본 적 없이 배움에만 익숙했던 내가 이제는 반대 입장이 된 것이다. 대학에서 교육학, 교수 학습 방법 등을 배우고 교생 실습도 했지만, 그야말로 미숙하고 어리숙하기 짝이 없는 좌충우돌 적응기가 시작되었다.

학교에 부임한 첫날은 지금 생각해도 황당하고 기억하기 싫은 하루였다. 발령 받은 후 사전에 학교에서 담임 업무 없이 부서에서 근무할 것이라는 통보를 받고 개학일에 들뜬 마음으로 출근했다. 종이 울리자 선생님들은 각자의 학급으로 이동했다.

어색함에 두리번거리던 나는 1학년 담임에 배정되어 있다는 것조차 모르고 있었다. 아무도 알려주지 않았던 터라 자료를 챙겨서 부랴부랴 교실로 향했다. 교실에 도착한 나를 더 당황하게 만든 것은 그날이 입학식인지라

신입생 학부모님들이 교실에 많이 오셨다는 거다. 그때만 떠올리면 헛웃음이 나온다. 그 이후의 상황은 상상에 맡기겠다.

● 학생 농구 동아리 '루키'

지금은 학교 스포츠클럽이 법제화되어 모든 학생들이 수업 이외에도 교내 스포츠클럽 활동을 하고 있다. 하지만 내가 처음 교사 발령을 받은 시절에는 학생 스포츠 동아리를 찾아보기 힘들었다. 삼삼오오 모여 방과후에 운동장에서 축구, 농구를 즐기는 학생들은 있었어도 조직적으로 활동하는 경우는 드물었다.

학생들이 운동하는 모습을 바라보는 것은 언제부터인가 나의 교직 생활에서 비타민이 되어 주었다. 과거의 내 모습과 교차되기도 하고, 넘치는 에너지를 운동으로 발산하는 모습이 기특해 보였다.

그러던 어느 날, 운동장 한켠 농구대에서 매일 농구를 즐기던 세 학생이 있었다. 그들은 내 수업을 듣는 학생들이 아닌데도, 나에게 농구를 가르쳐 달라고 했다. 나는 한 치의 망설임도 없이 그러자고 했고, 방과 후에 아이들과 농구를 시작했다. 이야기를 나눠 보니, 자기들끼리 주말에 길거리 농구 대회에 참가하기도 하는 등, 나름대로 '농구 덕후'였다. 이런 학생들이 기특해서 학생들에게 동아리 결성을 제안했다.

"동아리를 조직하고 홍보해서 회원 모집도 하고 운영 계획도 세워야지. 선생님이 도와줄 테니 한번 해 보자."

이렇게 탄생한 농구 동아리 이름은 '루키'였다. 방과 후에 연습을 거듭했고, 그렇게 작은 대회부터 차근차근 출전하며 경험을 쌓아간 결과, 시 대회에서 우승을 하고 도 대회에 출전할 기회를 얻었다. 도 대회에서도 우승을 거머쥐며 승리의 기쁨을 함께하는 등, 루키는 2년여 동안 지역에서 유명한 팀으로 발돋움했다. 학생들과 함께 땀 흘리며 자신이 좋아하는 것에 최선을 다하고, 그 안에서 성취감을 느끼게 해준 값진 경험이었다.

'루키'처럼 전국의 모든 학교에 다양한 스포츠 종목의 클럽이 활성화되면 얼마나 좋을까. 여러분도 좋아하는 운동이 있다면 체육 선생님을 찾아가서 동아리 지도 교사를 부탁해 보기를 바란다. 이런 경험은 학생들에게서만 끝난 것은 아니다. 그때의 농구에 대한 관심과 열정 덕분에 교사 농구 동아리를 조직하고 활동하며, 농구에 대한 열정을 이어갈 수 있었다.

● 교사 농구 동아리 'ATP'

시간이 흘러 1급 정교사 자격 연수를 받게 되었다. 마음이 잘 통하는 동료 교사를 만나 대화하던 중, 교사 농구 동아리를 조직해보자는 제안이 나왔다. 1990년대 초반에 학창 시절을 보내면서 농구를 소재로 한 드라마와 만화, 그리고 농구 프로 리그에 노출되었던 세대였기에 동아리 조직은 어려움 없이 추진되었다. 그렇게 일주일에 한 번씩 모여 연습도 하고 소규모 대회에도 가끔씩 출전했다.

동아리 이름 'ATP'는 Air, Teachers, Peak의 머리글자를 딴 약칭으로, 교사로서의 정점을 함께 추구하자는 의미를 담고 있다. 그리고 아데노신 삼인산인 ATP를 가리키는 말로, 에너지 대사에 필수 요소인 ATP처럼 폭발적이고 지속적인 에너지를 발산하자는 의미도 있다.

차츰 동아리 활동이 뜸해졌던 어느 날, 동아리 창단 멤버 선생님으로부터 반가운 소식을 들었다. 팀 명칭도 그대로이고, 그때 멤버들 중 아직까지 함께하는 분들도 있다고 했다. 교사 농구 동아리는 전보다 멤버도 늘고 기량도 향상되어 생활 체육 리그에서도 나름 유명한 팀이 되어 있었다. 자주 참여하지는 못하지만, 가끔씩이라도 과거의 소중한 기억을 공유하는 사람들과 함께할 수 있어서 좋다.

사람이 살면서 항상 좋은 기억만 간직할 수는 없을 것이다. 하지만 그래도 현재에 최선을 다한다면 시간이 흘러 미래에 좋은 추억을 되새길 수 있을 거라 믿으면서 오늘도 최선을 다해 본다.

● 체대 입시 프로그램과 체육 그 이상의 가치

중학교에서 근무하고 다시 고등학교로 근무지를 옮긴 나는 한 가지 꼭 해보고 싶은 것이 있었다. '의미 있는 제자 만들기'. 지금은 그렇지 않지만, 한때는 체육 교과에 대한 편견이 있었다. 고등학교로 처음 전근을 가서 부딪친 학교 안에서의 체육에 대한 인식은 참으로 안타까움 그 자체였던 것으로 기억한다.

당시의 고등학교는 대학 입시를 위해 가동되는 공장 같은 느낌이었다. 소위 주요 교과라는 수능 위주의 교과로 보충 과정이 개설되었고, 예체능 과목은 감히 명함을 내밀기도 어려웠다. 체육 관련 학과 지원자들을 위한 프로그램을 개설하고 싶었지만, 학교에서의 반응은 냉랭했다. 그렇다고 포기할 수 없었다. 계속해서 설득하고 이해시키는 과정을 거쳐, 체육 관련 학과 진학 지도 프로그램을 개설할 수 있었다.

체대 입시반에 대한 학생들의 반응은 해가 갈수록 뜨거웠다. 프로그램에 대한 신뢰와 높은 참여도, 입시에서의 좋은 성과는 학교의 전폭적인 지원을 이끌어내기에 충분했다.

이렇게 쌓은 노하우를 인근 학교 교사들과 공유하고자 노력했다. 진학 지도 관련 자료는 나 자신의 '특급 영업 비밀'이었지만, 좋은 프로그램을 확산시켜 희망하는 교사들이 함께할 수 있는 데서 큰 보람을 얻었다.

내가 가르친 체대 입시반 출신의 체육 교사들은 모교에 발령을 받아 그때처럼 프로그램을 운영하고 싶다고 입을 모아 말하곤 한다. 그들은 나로 인해 좋은 추억을 만들었고, 나 또한 그들과 같은 영역에서 동행하고 있고, 그 길에서 서로가 선한 영향력을 주고받으며 함께하고 있다. 나에게 체대 입시반 운영은 지금까지의 교직생활 중에서 가장 의미 있는 과정이었다고 생각한다.

나는 요즘 스스로가 인생이라는 긴 드라마를 집필하는 작가라 생각하며 살고 있다. 나는 이미 모든 결말을 정해 놓았다. 내 드라마의 결말은 늘 해피엔딩이다.

2 해야 할 일이라면 지금 하자

● 융합적 사고에서 탄생한 '템포 태권도'

발령받은 학교마다 내 나름의 목표를 세우고 성취하는 경험이 거듭되면서 나는 만족감에 도취되어 있었다. 그때 지인의 추천으로 우연히 체육 교과서를 집필할 수 있는 기회를 얻었다. 교과서 집필 회의를 위한 첫 모임에서 만난 선생님들은 스펙도 훌륭했지만, 남다른 열정과 아이디어가 돋보이는 분들이었다.

지금까지의 나는 우물 안 개구리에 불과했다. '체육 교과의 달인'들과의 만남은 많은 부분에서 나를 변화시키는 계기가 되었다. 다른 눈으로 볼 수 있었고, 다른 방법으로 생각할 수 있었고, 다른 방향으로 다가설 수 있었던 기회를 얻었기 때문이다.

각자의 영역에서 각자의 방식으로 최고의 자리를 경험했던 사람들과의 공동 작업은 나를 업그레이드하고 새로운 도약을 하는 데 긍정적인 영향을 미쳤다. 성장은 혼자서도 충분히 할 수 있지만, 함께하면 성장과 동시에 성숙해질 수 있다는 것을 깨달았다. 그들과 함께하면서 나는 '태권도'를 기존의 틀에서 벗어나 다르게 바라보고 새롭게 구성하는 기회를 얻을 수 있었다.

시작은 내 수업에 대한 반성이었다. 수업의 내용과 방법이 타성에 젖어 관성적으로 하고 있지 않은지에 대한 되돌아보는 과정을 통해 나를 객관적으로 바라보려 노력했다. 이러한 과정을 통해 개선해야 할 사항을 도출할 수 있었다.

융합이 대세였던 그 시절, 태권도 수업 개선을 위해 접목 가능한 요소는 음악, 시간, 도미노, 눈가리개, 표적 등이었다. 나는 이들 요소와 태권도를 접목함으로써 수업을 계열화하여 단계별로 심화되도록 하였다.

그렇게 탄생한 것이 바로 '템포 태권도'이다. 태권도의 기본 동작, 품새 등을 할 때 음원의 템포에 따라 동작을 하나씩 전개하도록 구성한 것으로, 음원의 속도를 달리하여 난이도를 조절할 수 있다.

이렇게 개발한 태권도 수업을 수업 현장에 적용해 보았다. 수업은 성공적이었다. 학생들이 흥미를 보였고, 참여도 또한 예전과 다르게 향상되었다. 게다가 수업 차시별로 심화되고 다른 수업 주제가 제시되면서 지루하지 않게 과제를 계열화한 것이 적중했다. 태권도가 학교 체육 수업 현장에 많이 실행되고 있지 않아서 아쉽지만, 그래도 태권도가 체육 수업으로 적용될 수 있도록 노력한 스스로를 칭찬하고 싶다.

우리 전통 무예인 태권도가 기존의 겨루기 중심에서 다양한 방향으로 변화하고 있는 것을 보면서, 수업도 그에 맞게 다양한 방향으로 진화하고 발전해 가야 한다는 생각이 든다.

● 특별한 상상, 놀라운 변화: 플레이트 야구 & 이지 캐치볼

교사들은 학생들에게 의미 있는 수업을 제공하기 위해 늘 수업에 대한 고민으로 하루하루를 보낸다. 어떻게 하면 더 재미있게, 더 의미 있게 가르칠 수 있을까.

어느 날 우연히 동료 교사의 수업을 보던 중, 수업에 집중하지 않고 한쪽 구석에서 야구공을 던지고 배트로 타격하고 있는 학생들을 발견했다. 티볼 수업이었는데, 학생들은 별 관심이 없는 듯했다. 학생들을 타이르면서 왜 여기서 장난을 치고 있느냐고 물어보았다.

"티볼은 재미가 없어요!"

"초등학교 때도 했고, 중학교 때도 했는데. 이제는 투수가 던지는 공을 치고 싶어요."

학생들의 불만도 이해가 갔다. 수업이 끝나고 동료 교사와 오늘 있었던 일과 관련하여 이야기한 결과, 다음 주에는 티볼이 아닌 안전 장비를 갖추고 정식 야구 룰에 맞춰 수업을 진행하기로 했다.

그렇게 한 주가 흘렀다. 그 선생님은 투수가 피칭을 하며 수업을 진행하였더니, 투수의 제구력이 부족하여 포볼로 진루하는 경우가 많았으며, 학생들이 흥미가 더 떨어지는 것을 경험했다고 했다.

그러면 학생들의 흥미를 높이기 위한 개선 방법은 없을까? 상상의 나래를 펼치면서 그림으로 표현해보고, 그것을 실물로 제작하여 실험해보면서 매일 실패를 거듭했다. 수학, 과학 교사들의 도움을 받아 융합적인 사고로 물리학적·수학적 접근을 통해 해결책을 모색하기도 했다. 이론적 가능성은 확인할 수 있었지만, 중요한 것은 이론과 실제는 다르다는 것이었다.

반복되는 실험을 통해 적절한 각도를 발견하고, 영상 촬영을 통해 문제점을 찾아 개선하는 등, 오랜 시간에 거쳐 학생들이 문제점으로 지적한 것들을 해결해 나갔다.

'투수도 있고, 공은 안정적으로 타격 가능 범위로 날아오며, 타자는 날아오는 공을 타격한다.'

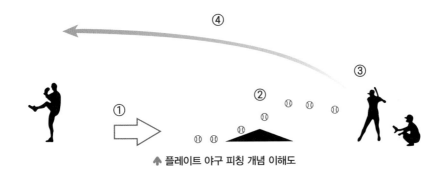

↟ 플레이트 야구 피칭 개념 이해도

이렇게 탄생한 것이 '플레이트 야구'라는 종목이다. 기존의 투수 중심의 야구를 타자 중심으로 생각했고, 투수는 공을 던지는 대신 플레이트를 향해 공을 굴리면 안정적으로 공이 타격을 할 수 있도록 공이 날아오르게 디자인한 것이다.

플레이트 야구를 수업에 적용하고 교내 스포츠클럽으로 운영하면서 학생들의 큰 호응을 얻었다. 그런데 그 과정에서 다른 문제점이 보이기 시작했다. 여학생들에게는 볼캐치가 어려웠던 것이다. 이를 개선하기 위해 탄생한 것이 '이지캐치볼 세트'이다.

사진에서 보는 것처럼 일명 찍찍이를 활용해 학생들 수준에 맞춰 탈부착이 가능하게 제작하여 수업에 적용했더니, 결과는 성공적이었다.

이지캐치볼 세트 제작을 위해 재봉틀도 마련해서 시제품을 직접 만들었던 열정, 끝까지 포기하지 않았던 끈기가 좋은 결실을 맺어 준 것이다. 수업에 대한 고민에서 출발하여 꾸준한 노력으로 성장하는 나를 발견할 수 있었던 좋은 사례이다.

● 교직, 쉽지 않기에 더욱 의미 있는 길

누구나 살면서 후회하는 일이 있을 것이다. 내게는 담임을 했던 두 학생의 자퇴가 가슴 아픈 기억으로 남아 있다.

두 학생은 모두 어려운 가정형편이 가장 큰 원인이었다. 당시 그 상황을 해결해 줄 방법을 찾지 못했고, 학생과 부모님을 더 강하게 설득하지 못한 것이 후회로 남아 있다.

지식 전달이 교사가 맡은 역할의 전부는 아니다. 교사는 학생들과 교감하면서 다양한 영역에서 영향력을 미치는 존재인 것이다. 그렇기에 많은 영역에서 다양한 사람들과 연대하며 힘을 키워야 한다. 혼자서 해결할 수 있는 것보다 함께할 때 훨씬 많은 것을 해결할 수 있다. 또 계속해서 배워야 한다. 교과 지식뿐만 아니라 삶에 대한 지식을 폭넓게 배우고 습득해야 학생들에게 긍정적인 영향력을 미칠 수 있다.

모든 것은 그 순간 우리가 바라본 방향으로 결정되는 것이다. 어디를 바라보느냐 하는 것은 우리의 선택이지만, 가능하면 긍정적인 에너지를 얻을 수 있는 방향을 바라보는 것이 좋지 않을까.

학생들의 경우도 마찬가지다. 수업에서 과제를 수행하는 태도를 보면, 어떤 학생은 가능한 것을 찾아가며 답을 얻으려는 반면, 어떤 학생들은 핑계만 찾는다. 교사는 이들 중 누구에게 더 의미 있는 성장의 메시지를 줄 수 있을까.

누구에게나 명암은 있기 마련이므로, 어떤 부분을 더 강조하느냐에 따라 삶의 색깔이 바뀔 수 있다. 현실의 우리는 그렇게 하지 못하는 부분이 많기에 더 노력해야 한다. 더 밝은 생각, 더 긍정적인 사고, 더 행복한 상상을 할 수 있도록.

삶은 내가 디자인하는 것이다. 비록 그 삶이 자신이 원하는 만큼 밝지는 않더라도 밝을 수 있다는 그 자체로 충분히 의미 있는 것 아닐까! 내 경우에는 교사로서의 삶 속에서 개인으로서의 성장을 위한 노력, 학교라는 공동체 속에서 모두의 성장을 위한 희생 등 다양한 가치 속에서 선택을 하며 생활하고 있다.

요즘 우리는 사회 관계망 서비스를 통해 동시대 사람들과 수평적으로 연결되어 살아간다. 이제 방향을 바꾸어 나의 생애 주기 속에서의 연결을 생각해 보는 것도 의미가 있다. '과거, 현재, 미래의 나'와의 연결을 통해 어떻게 균형을 찾고 발전적인 방향으로 변화할 것인가를 고민해야 할 때다. 이 경우에 필요한 것이 '공동선'을 고려하여 멀리 내다보며 균형을 찾는 자세일 것이다.

나 하나만 보면 발전하는 삶이라 하더라도 혼자가 아니라 함께 사는 세상이기에 더 심사숙고해서 현재를 긍정적이고 멋지게 살아야 하지 않을까. 그래서 지금도 매일 작은 일에 도전하고 집중하고자 노력하고 있다. 비록 그 과정이 힘들더라도 힘든 것을 해냈을 때 비로소 느낄 수 있는 감정이란 게 존재한다.

비록 과거가 나의 현재를 부정하더라도 현재를 열심히 살아가다 보면 미래도 긍정적으로 바뀔 수 있다. 그래서 희망이 있다. 그것이야말로 '오늘의 나'를 열심히 긍정적으로 살아가게 만드는 원동력이다.

⬤ 아무거나 챌린지

현재의 내가 살아가는 작은 실천적 삶의 방법을 소개하고자 한다. 사회 관계망 서비스에서 누군가의 지목을 받아 챌린지에 도전한 적이 있다. 다소 귀찮기도 했지만, 좋은 의미를 되새기면서 이런저런 도전을 꾸준히 실천할 수 있는 방법을 찾아보기로 했다. 나뿐만이 아니라 주위 사람들도 함께하면서 서로에게 힘이 되는 방향을 모색하고 싶었다.

나는 자신에게 도움이 되는 작은 목표를 설정한 다음, 그것을 매일 실천

하도록 과제를 제시하고 진행해오고 있다. 제일 먼저 실천한 것은 '100일간 팔굽혀펴기 1만 개 실천하기'이다. 그 이유는 건강하게 살고 싶었고, 하루에 100개 정도는 충분히 실천할 수 있다고 판단했기 때문이다. 이렇게 구체적인 목표를 설정해 놓으면 스스로도 실천을 위해 노력하기 마련이다.

두 번째는 실천 과제는 '100일간 1,000km 자전거 타기'이다. 보관소에 대기하는 시간이 더 많은 자전거를 보면서, 더욱 잘 활용했으면 하는 바람이 담겨 있다.

다른 것도 더 있지만, 자신과 주위 사람 모두에게 도움이 되는 유익한 목표를 설정해서 도전해 보자.

"나의 도전은 지금도 진행 중!^^"

행동 발달 및 특기 사항

　사물을 디테일하게 분석하는 통찰력이 있으며, 사소한 것도 기억하는 명석한 두뇌, 남들이 기피하는 일도 자신만의 철학으로 추진하는 독특한 성향을 지니고 있음. 특히 부정적인 마음은 애초에 버리고 태어났으며, 무조건 긍정과 수용을 앞세우는 한편, 좋은 것은 일단 실천해야 직성이 풀리는 게 특징임.

08

퍼펙트한

이동규

별명

파동쌤 동규

체육계의 인플루언서로서 무한 긍정의 에너지가 파동을 친다
고 하여 붙은 별명이다.

1
인생에서 만난 나의 스승님은 퍼펙트

● **이런 교장 선생님 또 없습니다**

"동규야, 그만 먹고 놀다 와서 간식 먹자."

어머니의 말씀은 다정했지만, 나는 더 이상 참지 못하고 눈물을 뚝뚝 흘렸다.

'조금만 더 먹고 싶은데. 왜 맨날 나만 먹지 말라고 해?'

먹는 것을 좋아했던 나는 초등학교 2학년 때 소아비만 판정을 받았다. 키는 작지 않았지만 몸무게가 또래들보다 거의 두 배나 많이 나가서 뚱뚱하다는 놀림도 참 많이 받았다.

학교에 다녀오면 세 살 터울 동생과 단둘이 집에 있는 시간이 많았다. 그런 우리가 안쓰러웠던 어머니는 식탁 위에 간식을 넉넉히 준비해 주셨다. 문제는 식탐이 있었던 내가 동생 몫까지 먹어치우곤 했다는 것이다.

잘못된 생활 습관으로 악순환이 반복될 수도 있었던 어린 시절, 내 삶을 바꿔준 은인이 나타나셨다. 한 학년이 고작 17명인 시골 마을의 작은 학교,

새로 부임하신 교장 선생님은 전교생의 건강에 큰 관심을 가지고 계셨다. 교장 선생님은 전교생에게 봄, 여름, 가을에는 운동화, 겨울에는 스피드 스케이트를 사주시면서 모든 아이들이 운동에 입문하도록 도움을 주셨다. 교장 선생님은 곧 우리 마을의 유명 인사가 되셨고 많은 사람들은 교장 선생님을 존경했다.

아침 등교 길, 학교 운동장 조회대 앞에는 흙 때가 묻은 나무젓가락이 한 무더기 준비되어 있다. 전교생은 등교하면 너 나 할 것 없이 학교 운동장 10바퀴를 걸어야 했고, 한 바퀴 걸을 때마다 나무젓가락을 하나씩 주워 10개를 만들어 선생님께 확인을 받아야 교실로 들어갈 수 있다. 그 현장에는 일 년 365일 교장 선생님이 함께하셨고, 따뜻한 말씀과 온화한 미소로 우리를 맞아 주셨다.

추운 겨울, 겨울방학이 되면 학교 옆 논을 빌려 물을 대고 물이 얼면 그곳에서 교장 선생님은 직접 스케이트화를 신고 학생들에게 스케이팅을 가르쳐주셨다. 방학 중임에도 운동을 나가지 않으면 어김없이 교장 선생님께서 직접 집으로 전화를 하셨다.

그런 열정적인 교장 선생님 덕분에 나는 초등학생 시절부터 스케이트를 배울 수 있었다. 그리고 지금도 스케이트장에 가면 비교적 자유롭게 스케이트를 탈 수 있다.

삶을 살아가다 보면 이렇게 유별난 사람을 만나게 된다. 그리고 그런 유별난 열정을 가진 귀인을 만나면 누군가의 인생은 획기적으로 변한다.

"어머니, 동규는 머리도 좋고 힘도 좋은데, 비만인 상태로 방치하면 안 됩니다. 공부도 중요하지만, 육상부 활동을 통해 체중 관리를 시켜보세요.

육상 선수를 하라는 게 아니라 수업 다 받고 방과후에 한두 시간 운동하는 것이니, 건강 관리에 도움이 될 거에요."

나는 교장 선생님의 권유로 육상부를 시작하였다. 초등학교 3학년 때부터 시작한 육상부 활동은 중학교 3학년까지 이어졌고, 충청북도 투포환 대표로 선발되기도 했다.

그로 인해 나도 하면 할 수 있다는 자신감이 생겼다. 그리고 키도 훌쩍 자라 건장한 체격으로 바뀌어 갔다.

교장 선생님을 만나지 못했다면 내 인생은 어떻게 달라져 있을까?

누구에게나 중요한 순간이 있기 마련이지만, 그 당시에는 이 사실을 모른다. 시간이 지나서 돌이켜보면 '아, 그때가 중요한 순간이었구나.' 깨달을 뿐. 이런 일들은 운명이라고 표현할 수 있을까.

◉ 이런 체육 선생님 또 없습니다

따뜻한 봄날, 소년은 마을 뒷산의 묘지에서 눈물을 훔치고 있었다.

"아빠, 왜 우리만 남겨두고 먼저 돌아가신 거에요."

영어 교사였던 아버지는 내가 7세 되던 해에 병으로 세상을 떠나셨다. 그래서 학창 시절 내내 그저 친구들이 아버지와 함께 있는 모습만 보아도 너무 부러워서 울보가 되기 일쑤였다.

하지만 어머니는 내가 지켜야 한다는 생각에 무언가 시작하면 끝까지 해내고 말겠다는 의지가 남달랐다. 지기 싫어하는 마음, 그리고 그 마음을 다른 사람에게 들키지 않고 최선을 다해서 우리 가족의 형편에 조금이나마 도움이 되고 싶다는 마음이 가득했다.

초등학교 시절부터 이런 내 성향 때문인지 여러 선생님들께 많은 응원을 받았다. 그 응원들 중에서도 가장 가슴 깊이 새겨진 감사한 한마디,

"동규야, 너는 내 아들이다."

중1 첫 체육 선생님. 초등학교 시절부터 육상부로 활동했고 중학교에 올라와서 체육 선생님을 곧잘 따르며 학교 대표로 육상 대회에 출전하기도 하였다. 선생님은 육상 대회에서 만난 동료 선생님께 나를 소개하시면서 이렇게 말씀하셨다.

"동규, 이놈 내 아들이야. 학교에서도 얼마나 잘하는지 몰라."

아버지가 안 계시다는 것이 늘 상처이고 불만이었는데, 누군가 나를 아들처럼 여겨 칭찬해주시니 그때만큼은 정말 선생님 아들이면 좋겠다고 생각했다.

그날 이후 체육 선생님은 내게 롤 모델이자 아버지처럼 잘 모시고 싶은 그런 사람이셨다. 선생님께서 공부를 좀 더 열심히 하라고 하시면 새벽까지도 펜을 놓지 않았고, 그렇게 공부와 운동을 병행하면서 중학교 시절을 보냈다.

"동규야, 선생님이 내년에는 충주고로 전근을 갈 것 같다. 너 충주고에 지원해보지 않을래? 그곳에는 기숙사도 있어서 공부에 전념할 수 있을 거야. 선생님 모교이기도 하고. 넌 충주로 와도 잘 해낼 수 있지 싶다."

충주고는 당시에 비평준화 학교였기에, 그곳에 가서도 살아남으려면 부족한 공부를 보충해야만 했다. 선생님과 같은 학교를 좀 더 다닐 수 있다는 기대감과 설렘은 덤이었다. 한 학년이 80명인 우리 중학교에서 6명만이 이 고등학교로 진학했는데, 나도 거기에 당당하게 합류했다.

▶ 퍼펙트한 진로 변경

● 2002 월드컵이 가져다준 선물

오, 필승 코리아! 오, 필승 코리아! 2002 한일 월드컵 공동 개최, 그리고 대한민국 월드컵 4강 진출! 2002년은 대한민국이 월드컵의 열기로 가득 찼던 시기. 무슨 운명의 장난인지 나는 그때 고3이었다. 대학입시라는 부담감 속에서 어쩔 수 없이 월드컵을 마음 편히 즐기지는 못했다.

"남들 다 월드컵에 빠져 있어도 나는 공부해야 돼."

수 차례 다짐했지만 정신 차리고 보면 친구들과 함께 "대~한민국!"을 외치는 나를 발견하곤 했다.

즐거우면서도 불안했던 고등학교 3학년 시기는 그렇게 흘러갔다. 주변 친구들과 비슷하게 진로에 대한 고민은 충분히 하지 못했다. 이것도 하고 싶고 저것도 하고 싶고, 최선을 다한 다음 성적에 맞춰 대학에 가자라는 생각만 막연히 했었다.

학교를 열심히 다니다 보면 누구나 이것저것 조금씩 재능이 있다는 것을 발견하게 되는데 나도 그랬다. 특별히 잘하는 것이 무엇인지 몰랐다.

고등학교 3학년 첫 번째 담임 선생님과의 상담 시간.

"동규야, 네 성적이면 수도권 교대나 경영학과 정도가 어떨까."

"교대보다는 경영학과로 할게요."

고교 첫 상담 결과 나는 경영학과를 목표로 정했다.

'나도 나중에 커서 대기업에 입사해서 해외를 누비고 능력을 발휘하는 멋진 샐러리맨으로 살아봐야겠다.'

2002년 6월 25일, 한일 월드컵 4강전! 8강에서 4강까지의 신화로 대한 민국 전체는 들썩였고, 학교에 있던 친구들은 저녁시간이 되자 응원 갈 준비를 서두르고 있었다.

그날 나는 정말 어려운 결정을 내렸다. 월드컵 응원을 가지 않기로 결심한 것이다.

'대한민국 축구팀의 기적을 바라보지 말고, 나 스스로 기적을 이루는 사람이 되자. 8강까지는 봤지만 더 이상은 안 돼!'

나는 조용히 독서실로 향했다. 펜을 잡고 독서실 책상에 앉아서 수학 공식을 정리해나가고 있을 때 즈음, 운명적 생각이 머리를 스치듯 지나간다.

얼마 전 본 신문기사에 따르면 월드컵 선수들이 앞으로 해외 시장에 진출할 텐데, 그러면 '스포츠 에이전트'라는 직업이 대세로 떠오르지 않을까? 너무나 보고 싶었던 월드컵 4강전을 뒤로한 채, 스포츠 에이전트라는 직업을 생각하니 심장이 갑자기 두근두근 거세게 뛰기 시작했다. 그리고 나의 간절하고도 소중했던 월드컵도 막을 내렸다.

● 에이전트가 꿈이면 어느 학과를 가야 할까

"선생님, 스포츠 에이전트가 되고 싶습니다. 경영학과와 체육학과 중, 어느 과를 택해야 할까요?"

"당연히 체육학과 아닐까? 서울 소재 대학에는 유명 선수들이 다니고 있고, 스포츠 에이전트가 경영학과 연관성이 있다 해도 명문대 체육교육과에 진학한다면 충분히 가능성 있는 도전이야. 네 성적이라면 S대도 충분히 가능할 거야."

고3 6월, 진로를 체육 계열로 가기에는 실기가 너무 늦은 게 아닌가 걱정되었다. 과연 합격할 수 있을까? 나의 아버지, 체육 선생님을 찾아갔다. 중학교 1학년 때 만난 운명적 체육 선생님은 고3 시절에도 직접 나를 가르치시지는 않았지만, 같은 학교에서 근무하고 계셨다. 특히 기숙사 사감도 맡고 계셔서 나와 늘 돈독한 관계를 유지하고 있던 터였다.

　"선생님, 저 체육교육과로 진로를 변경해보고 싶어요. 월드컵을 보고 나니 체육 분야가 확실히 많이 성장할 것 같아요. 가서 스포츠 에이전트를 해보려고요."

　"동규야, 왜 갑자기 체육교육과니? 그냥 하던 대로 열심히 해서 성적이 잘 나오면 의대, 법대 그런 곳으로 갔으면 한다. 스포츠 에이전트는 국내에서는 이제 시작 단계라서 선생님은 선뜻 선택하라는 말이 안 나오는구나."

　"체육교육과에 가서 에이전트에 한번 도전해보고, 아니다 싶으면 선생님처럼 멋진 체육 선생님이 되고 싶습니다!"

　교무실을 나오는 내내 선생님의 걱정 어린 눈빛과 말씀이 마음에 걸렸다. 주말에 어머니께 스포츠 에이전트를 하고 싶다고 말씀드렸더니, 충격을 받으셔서 며칠을 앓아 누워 계시기도 했다. 열혈 청춘이었던 고3 시절, 주변의 반대는 오히려 더 큰 도전 정신으로 승화되었고, 이미 체대 입시를 준비하던 친구들과 함께 그날부로 학교에서 운동과 공부를 병행하기로 했다. 나의 정신적 아버지, 체육 선생님께서는 우리가 충분히 운동할 수 있는 시설과 여건을 지원해주셨다.

　그리고 이후 정말 열심히 하는 모습을 보여드리며 어머니를 충분히 설득하였고 결국 허락도 받아냈다. 그리고 원하던 대학에 단숨에 합격하였다.

● 여긴 어디? 나는 누구?

겨울에 딸기를 맛볼 수 있는 이유는 비닐하우스, 즉 온실에서 딸기를 재배하기 때문이다. 고등학교 생활은 마치 온실 속의 생활이었다고 한다면 대학 생활부터는 그 온실이 갑자기 사라진 상태인 것처럼 느껴졌다.

공부를 열심히 하면 뭐든지 될 수 있다고 생각했던 고교 시절과는 달리, 집을 떠나 서울에서 생활하는 것은 기본적인 의식주와의 전쟁이었다. 공부를 해서 성적을 받는 것이 중요한 일인지, 학과의 여러 일들에 열심히 참여하면서 인간관계를 쌓아가는 일이 중요한 일인지조차 판단이 서지 않았다.

따스한 햇볕이 캠퍼스에 내리쬐는 4월의 강의실, 스포츠 경영학 시간에 교수님은 스포츠 마케팅 시장의 변화에 대해 강의하고 계셨다. 나는 기다렸다는 듯이 질문을 했고, 일생일대의 충격을 받았다.

"교수님, 저는 스포츠 에이전트가 되고자 체육교육과를 선택했습니다. 지금부터 어떤 준비를 해야 할까요?"

"학생, 스포츠 에이전트가 꿈이라면 경영학과를 가는 게 맞지 않았을까요? 여기는 체육 교사를 양성하는 곳이라서 전문 경영이나 마케팅을 배우기는 어렵습니다. 지금이라도 늦지 않았으니 경영학을 복수 전공하는 것도 좋은 방법입니다."

마치 모든 세상이 멈춰서 암흑 세상이 된 것처럼 아무런 소리도 들리지 않았고 아무런 말도 하지 못했다. 고3 담임 선생님께서는 체육교육과를 가는 것이 유리할 거라 말씀해 주셨지만 그것도 미래에 대한 이야기였다. 현재 상황으로는 체육교육과에서 스포츠 에이전트의 길을 가는 것이 쉽지 않겠다고 생각을 정리했다.

충격으로 한동안 학교를 다니기가 싫었다. 게다가 고등학교 담임 선생님처럼 누군가 나를 위해 온전히 관리해주는 사람이 없는 자유의 상태에서 생활은 점점 엉망이 되었다. 모든 것이 부정적으로 보이기 시작했고, 신입생 2학기부터 휴학 처리를 하고 학교를 나가지 않았다.

◉ 의외의 적성? 가르치는 일!

"저는 체육교육과 학생이지만, 자녀분을 맡겨 주시면 열심히 지도해보겠습니다."

"우리 아이는 영어, 수학이 필요한데 잘 가르쳐주실 수 있겠어요?"

"제 수능 성적표입니다. 잘 가르쳐 볼게요."

학교를 휴학한 가장 큰 이유는 비싼 등록금 때문이었다. 집에 손을 벌리지 않으려고 나는 과외 아르바이트를 시작했다. 영업 사원이라도 된 것처럼 과외 전단지를 만들어 아파트 단지에 붙이고 다닌 결과, 첫 제자가 생겼다.

주 2회 수업이었지만 수시로 학습 피드백을 주었고, 시간이 맞으면 보충 수업도 해주었다. 6개월이 지나자 제자는 9명으로 늘었고, 나는 그 아파트 단지에서 꽤나 유명한 선생님이 되어 있었다. 그리하여 몇 개월 만에 등록금으로 쓰고도 남을 돈을 모을 수 있었다.

과외는 달콤한 유혹이었다. 이듬해에도 난 복학을 하지 않았다. 대학 생활 초반에 느꼈던 자격지심도 모두 해소된 것 같은 느낌이었다. 나는 스케줄표를 들고 다니며 24시간 학생들과 소통하고 성적 향상이라는 공동의 목표를 위해 경주마처럼 달려 나갔다. 일 년 동안 과외를 하면서 깨달은 점이 한 가지 있다면 '나는 가르치는 것을 정말 좋아하는구나. 가르치는 것이 행복하다!'라는 것이었다. 복학한 이후에도 절반 이상의 제자들을 계속 가르쳤고, 그 후에도 과외는 계속 연결되었다.

학업과 과외를 병행하는 것은 힘든 일이었다. 이로 인해 놓친 대학 생활의 낭만, 선후배 및 동기들과의 추억이 늘 아쉽지만, 선택에는 책임이 따르는 법이니 받아들일 수밖에 없었다.

● 꿈같이 아름다운 날, 그리고 퍼펙트한 결정

사범대학에 다니면 '교생 실습' 과정이 있다. 대학 생활이 무르익어 끝을 바라볼 수 즈음, 나는 '체육 교사의 길을 갈 것인가, 일반적인 취업의 길로 갈 것인가, 다른 교과를 복수 전공하여 임용을 거친 다음 교사로 살 것인가?'라는 고민을 끝까지 했다.

대학 선후배들을 돌아보면 로스쿨이나 의학 전문 대학원으로 진로를 변경하는 경우, 군 장학생을 신청하여 군인이나 공군 파일럿으로 복무하는 경우, 영어교육이나 역사교육 등을 복수전공하여 다른 과목 교사로 살아가는 경우, 경찰 공무원이나 소방 공무원 시험으로 전환하여 합격한 경우, 스포츠 매니지먼트 회사에서 에이전트로 활동하는 경우, 스포츠 기자나 아나운서로 활동하는 경우, 일반 회사를 다니는 경우 등, 직업들이 다양하다.

나 또한 대학을 다니면서 이중 전공 또는 복수 전공을 선택할 수 있었기에 고민이 많았다. '아버지의 뒤를 이어 영어 교사를 할까, 경영학을 전공하여 스포츠 경영 분야의 전문가로서 활동할까'도 고민을 하였지만, 최종 선택은 체육 교사였다. 4년이라는 시간 동안 체육교육학을 배우고 나니 나도 어느덧 체육인이 다 되어 있었다.

4학년이 되면서 체육교육과 교직 이수가 시작되었다. 우리 대학과 자매 결연을 한 중학교로 26명, 여러 교과의 교생들과 함께 실습을 나갔다. 당시 교생 담당 체육 교사는 서울 지역에서 자신의 수업 철학을 지키면서 학생들에게 최선을 다하시기로 유명한 분이셨다. 담당 선생님으로 그런 분을 만난 것도 운명 같은 행운이었다. 교생을 나갈 때만 해도 직업 선택에 대한 고민을 계속하고 있었고 영어 교사, 일반 회사원에 대한 로망도 가지고 있었기에 더더욱 그러했다.

당시 티볼 수업을 실천하시는 수업 노하우도 멋지다고 생각했지만, 교사의 매력에 푹 빠지게 된 것은 담임 교사로서 보여주신 모습 때문이었다. 선생님께서는 쉬는 시간이건 종례 후이건 한 명 한 명을 붙잡고 잘못이 있으면 타일러 주시고, 잘한 점이 있으면 칭찬해주시면서 학교에서 일어난 많은 일들을 교무 수첩에 꼼꼼하게 메모하셨다. 학생들은 학교 일과가 끝난 뒤에도 교실에서 담임 선생님과 시간을 보내면서 스포츠 활동도 하고, 학급 단합을 위한 레크리에이션 활동도 이어 나가는 모습이 정말 행복해 보였고, 어느 순간 자연스럽게 나도 퇴근하지 않고 학생들과 시간을 보내는 날이 많았다.

지금도 당시를 생각하면 동화 속 한 장면과 같이 아름답게 느껴진다. 교생 때 가르쳤던 제자들 한 명 한 명과 손으로 쓴 메모지를 주고받으며 고민을 나누기도 하고, 빨리 선생님이 되어서 우리 학교로 와 달라는 응원의 메시지도 받았다. 그래서 교생 실습을 끝내면서 결심했다.

'그래, 체육 교사가 되자! 어차피 군대도 다녀오지 않았고, 졸업하면서 체육 임용 시험에 합격하는 기적을 만들어보자! 떨어지면 군대 직행이다!'

02

300점,
내 생애 **첫 퍼펙트**

☺ 인생 스포츠 볼링을 만나다

우리는 일상 생활 속에서 완벽한 사람이길 꿈꿉니다. 외모도 멋지고, 공부도 운동도 잘하고, 집도 부유하고, 모두에게 사랑을 받고, 늘 맛있는 음식을 먹고, 넓고 쾌적한 집에서, 좋은 차를 타고, 나와 가족 모두 건강하고, 다른 사람에게 선행을 베풀면서 마음이 여유롭고, 좋은 학교와 직장에 다니면서 다른 사람들로부터 존경받는 그런 사람.

하지만 오늘도 내 힘만으로 될 수 있는 것은 아니라는 것을 깨닫는 하루입니다.

볼링에 퍼펙트 게임이라는 것이 있습니다. 볼링 10프레임의 모든 투구에서 12번의 연속 스트라이크를 성공한 게임을 말합니다. 하지만 제아무리 국가대표라 할지라도 대회에서 퍼펙트 게임을 기록하는 일은 거의 없습니다.

그래도 포기하지 않고 꿈을 향해 도전하다 보면, 어느 날 갑자기 그 퍼펙트 게임이 찾아오지 않을까요? 실패 속에서도 포기하지 않고 끝까지 노력하다면 분명 퍼펙트 게임처럼 어느순간 자신이 생각했던 멋진 삶을 사는 사람이 될 것입니다.

나는 초등학교 3학년 때 볼링을 처음 접했다. 학습지 선생님이 열심히 공부한 보상으로 처음 내 손을 잡고 볼링장으로 인도해주셨다. 신체 특성상 팔이 길고 하체가 튼튼했던 나에게 볼링은 안성맞춤인 종목이었다. 첫날부터 볼링장 사장님이 재능 있는 아이라며 폭풍 칭찬을 해주셨다. 아마도 누구에게나 그러셨을지도 모르지만…….

그렇게 재미에 빠져 틈만 나면 볼링장을 찾곤 했다. 볼링장에 비치되어 있는 하드볼로도 200점을 넘는 점수를 심심치 않게 기록하기도 했다. 그러던 어느 날, 볼링장에 상주하던 코치님이 볼링을 제대로 배울 생각이 없느냐며 다가오셨다. 그리고 그날 볼링의 최고 점수가 300점이라는 것을 알게 되었다.

퍼펙트 게임, 볼링인을 구분할 수 있는 단 한 가지 질문이 있다면 그것으로 바로 이것이다.

'당신은 퍼펙트 게임을 해본 적이 있나요?'

나는 그날부터 퍼펙트 게임을 해보겠다며 볼링장을 드나들었다. 나도 모르게 자연스럽게 생긴 목표였다. 볼링을 곧잘 치게 되면서 선수 준비 권유도 있었지만, 다른 꿈들이 있었기에 시도하지 않았다.

그럼에도 불구하고 취미로서의 볼링을 즐겼다. 중학교 시절까지 친구들과 틈틈이 볼링장을 찾으며 즐거운 취미로 볼링을 즐겼지만 퍼펙트 게임의 꿈은 결국 이루지 못했다. 그리고 고등학교 생활에 접어들며 바쁜 일과로 볼링은 자주 칠 수 없었고, 그렇게 내 나이 서른이 넘도록 볼링은 내 기억 속 한 켠에 자리 잡은 내 인생 스포츠로 남아있었다.

● 퍼펙트를 위한 필수 요건 : 일관성

자신의 꿈을 이루고 싶다면 일관성이 있는 사람이 되어야 합니다. 끈기를 가지고 도전하고 실패나 성공에 일희일비(一喜一悲)하지 않고 자신이 정한 길을 묵묵히 걸어나가는 사람이어야 합니다. 그것이 참 어렵지만 그 어려움을 이겨내고 실천하는 사람은 반드시 성공하게 됩니다. 그 성공이란 남이 나를 알아주지 않아도 내가 얼마나 끈기 있고 노력하는 사람인지 알고 있는 자존감 높은 사람이 되는 것을 의미합니다.

볼링에서도 가장 중요한 것은 일관성입니다. 무거운 볼링공을 들고 일정한 스텝 속에서 리듬감을 살려서 팔의 스윙 속도를 조절하고 무거운 볼링공이 손에서 빠져나가는 타이밍을 일정하게 해야합니다. 그 일관성을 위해 강조되는 세 가지는 리듬, 밸런스, 타이밍.

일관성 있게 행동하는 사람이 성공할 확률이 높은 것처럼 일관성 있게 볼링공을 굴릴 줄 아는 사람이 퍼펙트 게임을 칠 확률이 높습니다.

이성 친구와 운동을 함께하는 것만큼 좋은 데이트도 없을 것이다. 하지만 막상 운동을 같이 하려고 하면 능력 차이 때문에 누군가는 재미가 없을 수도 있고, 특히 팀 경기를 하려면 함께 하기가 쉽지 않다. 배드민턴, 테니스, 축구, 농구 등 대부분의 스포츠가 그렇다.

그렇다면 볼링은 어떨까? 볼링은 개인 기록 경기이고 행운의 요소도 작용하는 흥미로운 스포츠 종목이다. 그래서 실력 차이가 나더라도 함께 할 수 있고, 그 실력차를 정확한 에버리지(평균 점수)라는 기준으로 나누어

에버리지 점수 차이를 고려하여 핸디캡(가산점)을 부여하면서 하는 게임 방식이 있다.

예를 들어 3:3 팀 게임을 한다고 했을 때 양 팀의 에버리지는 모두 더한 후 상대 팀에게 핸디캡 점수를 주고 경기를 하는 방식을 적용하면 남녀노소 누구나 즐겁게 경기를 함께 할 수 있다.

볼링을 즐기는 사람의 기준은 무엇일까? 그저 볼링장에 규칙적으로 가서 볼링을 치는 것이다. 그리고 가급적 함께하면 즐겁고 행복한 사람들과 함께하는 것이 좋으며, 볼링장 내에서 하는 작은 이벤트 경기들에 한번 출전해 보는 것도 좋다.

그렇게 볼링을 즐기다보면 볼링을 좀 더 잘 치고 싶다는 생각이 들기 마련인데, 이때 가장 중요한 것은 일관성이다. 강하게 볼을 굴린다 하더라도 포켓존(볼링의 1번 핀과 3번 핀 사이)에 입성하지 못하면 스트라이크는 나오지 않는다.

볼링을 즐기다보면 정말 이것이 인생이라는 생각이 들 때가 많다. 예상하지 못한 순간에 우연히 스트라이크가 되는 경우도 있는 반면, 완벽하게 포켓존에 들어갔다고 생각한 순간 스플릿(핀과 핀이 두 핀 이상의 거리로 남아 있는 스페어)이 나오기도 한다. 일관성 있는 노력이 있다 하더라도 때로는 예상치 못한 결과가 나오기 때문에 끝까지 방심해선 안 된다는 교훈을 주는 운동이다. 그런 의미에서 볼링은 오늘도 나에게 일관성 있는 삶을 살도록 하는 아주 좋은 친구이다.

● 볼링의 점수 계산법

총 10개의 핀이 삼각형 모양으로 서 있다. 볼링 공을 굴려서 쓰러진 핀의 개수가 곧 점수가 된다. 게임의 점수는 1프레임으로 시작하여 총 10프레임까지의 합산 점수로 계산한다.

한 프레임은 기본적으로 2번의 기회가 주어진다. 한 프레임 첫 번째 투구에서 모든 핀을 다 넘어뜨리는 스트라이크를 기록하면 바로 다음 프레임으로 넘어가지만, 만약 핀이 남아 있게 된다면 다시 한번 남은 핀을 처리할 수 있는 기회가 부여된다. 두 번째 투구에서 남은 핀을 모두 넘어뜨리면 '스페어 처리', 모두 넘어뜨리지 못하면 '오픈 프레임'이라고 표현하게 된다.

셈법이 다소 복잡한 편이기는 하지만, 볼링장에 가면 화면에 자동으로 점수가 표시되기 때문에 걱정할 필요는 없다. 그래도 간단한 점수 계산의 원리를 알아두면 경기를 하는 데 도움이 된다.

첫 번째 경우, 1프레임 첫 번째 투구에서 핀 5개가 쓰러지고, 두 번째 투구에서 핀 4개가 쓰러졌다면, 1프레임의 점수는 9점이 된다.

두 번째 경우, 1프레임 첫 번째 투구에서 핀 8개가 쓰러지고, 두 번째 투구에서 핀 2개를 모두 쓰러뜨렸다면, 1프레임 점수는 기본 점수 10점을 획득한 후, 2프레임 첫 번째 투구에서 쓰러뜨린 핀의 개수를 더해 확정하게 된다. 2프레임의 첫 번째 투구에서 5핀이 쓰러지면, 1프레임 점수가 그제서야 10점+5점(보너스)으로 15점으로 확정된다.

세 번째 경우, 1프레임 첫 번째 투구에서 스트라이크가 나오면 기본 점수 10점에 2프레임이 전체 종료되었을 때 넘어진 핀의 개수를 더해 준다. 만약 2프레임 첫 번째 투구에서 5핀이 쓰러지고, 두 번째 투구에서 남은 모든 핀이 쓰러지면 1프레임 점수는 20점으로 확정된다.

마지막 네 번째 경우, 1프레임의 첫 번째 투구에서 스트라이크가 나오고 2프레임도 스트라이크가 나왔다면 1프레임 점수는 3프레임 결과까지 확인해야 점수가 확정된다. 3프레임의 첫 번째 투구에서 7핀이 쓰러졌다면 1프레임의 점수는 기본점수 10점＋보너스 점수 10점＋3프레임 첫 투구 점수 7점을 더해 27점으로 확정된다.

볼링의 한 프레임에서 얻을 수 있는 최대 점수는 30점으로, 연속 3회의 스트라이크가 나올 때 가능하다. 이와 같이 마지막 10프레임에서는 최종 점수 확정을 위해 최대 3번까지 투구해야 한다. 그래서 총 12번의 연속 스트라이크가 나오면 300점 만점이 되며 이 기록을 '퍼펙트 게임'이라고 부른다.

● 내 생애 첫 퍼펙트 게임

어떤 일이든 일단 도전하면 끝까지 포기하지 않는 자세가 가장 중요합니다. 그저 결과에 연연하지 않고, 최선을 다한 자신을 칭찬해줄 수 있어야 행복합니다.

'1만 시간의 법칙'이라는 것이 있습니다. 어떤 분야에 전문가가 되거나 권위자가 되려면 최소 1만 시간을 투자해야 한다는 의미입니다. 간절히 바라는 일이 이루어지는 데에는 오랜 시간이 걸리기 마련이므로, 꿈을 이루기 전까지 경험한 모든 실패를 실패가 아니라 하나의 과정이라 생각할 수 있다면 좋겠습니다.

일주일에 2회 이상 볼링을 꾸준히 즐기면서 여러 지역 대회에도 출전했다. 하지만 충주시 월례 대회에서 몇 차례 우승했을 뿐, 퍼펙트 게임은 볼링을 시작한지 26년째 아직 만나지 못하고 있었다.

지역 내 클럽 대항전의 3인조 단체전 경기날, 앞선 두 경기를 에버리지 230점으로 좋은 컨디션을 유지하면서 세 번째 게임으로 접어들었다. 연속 스트라이크가 이어졌다.

볼링장에서 누군가 스트라이크를 7~8개 연속으로 치기 시작하면 해당 볼러가 투구를 위해 어프로치에 진입하면 아무도 볼링공을 잡지 않는다. 그리고 해당 볼러가 집중할 수 있도록 침묵을 지킨다.

그렇게 어느덧 11번째 스트라이크를 성공하니 주변에서 힘찬 박수 소리와 응원의 함성이 들려온다.

"퍼펙트! 퍼펙트!"

뒷목이 쭈뼛쭈뼛 긴장되고, 손에서 갑자기 땀이 난다. 이번에만 성공하면

퍼펙트 게임이다. 과연 내가 할 수 있을까? 신중하게 스텝을 옮기고 볼을 힘차게 굴렸다.

'아차! 실수다…….'

볼링공이 빠져나가는 타이밍에 공을 미세하게 놓쳤다. 볼링공은 회전 없이 직선 형태로 빠르게 굴러갔다.

하지만 이게 웬일인가! 마지막 투구는 완벽한 스트라이크였다. 12번째 스트라이크! 26년 만의 생애 첫 퍼펙트 게임! 나 스스로도 너무 놀라웠던 퍼펙트 게임.

행운의 퍼펙트 게임, 내 36번째 생일날의 일이었다.

아, 인생은 역시 계획대로 되는 것이 아니고, 실수한다고 결과까지 나쁜 것도 아니라는 것을 깨닫게 해준 일생일대의 사건이었다.

03 선생님으로서도 퍼펙트하게

☺ 체육 교사의 자격과 역할

자신이 좋아하는 일, 하고 싶은 일, 호기심이 생기는 일이 생겼을 때 묵묵히 자신의 길을 걸어가는 것, 우리는 그러한 삶이 '가치 있고 아름답다'는 감정을 함께 공유할 수 있었으면 좋겠습니다. 화려한 것, 보기 좋은 것, 뽐내고 싶은 일들은 순간적으로 기분이 좋을 따름입니다. 하지만 화려함의 이면에는 허탈함도 공존한다는 사실을 꼭 기억했으면 합니다.

세상을 위해 할 수 있는 일을 스스로 찾고, 그것이 금전적 보상이나 개인의 성공과 거리가 멀어 보일지라도 자신이 옳다고 믿는다면 묵묵히 최선을 다하는 것! 그런 태도를 길러가는 학생이 있다면, 나는 그 학생을 '이 시대의 인재'라고 부를 것입니다.

"선생님은 어떤 운동선수셨어요?"

"체육 교사는 운동선수 출신이어야 하지 않나요?"

운동선수뿐만 아니라 체육 교육이라는 학문을 전공한 대학 졸업생, 대학원 졸업생이 체육 교사가 된다는 것이 정확한 표현이다. 체육 교사는 체육학과 교육학에 관한 시험을 치르고, 다양한 운동 종목을 가르칠 수 있는 기본적인 능력에 관한 실기 시험을 치르는 방식으로 선발한다. 이론과 실기를 동시에 평가하기 때문에 운동선수 출신이라고 해서 꼭 체육 교사로 선발되는 데 유리하다고 볼 수만은 없다. 마찬가지 이유로 체육 교사가 최고의 운동 능력을 가진 사람이라 볼 수만도 없다.

체육 교사의 역할은 체육 멘토로서 학생들의 건강과 체력 향상을 위해 관련 지식을 탐구하도록 안내하고, 개인 및 단체 스포츠 경험을 제공하여 바른 인성을 기르는 데 도움을 주는 것이다. 스포츠를 통해 학생들을 만나고 소통하는 데 보람을 느끼는 사람이라면, 체육 교사라는 직업이 행복지수가 높다고 여길 것이다.

● 퍼펙트한 결실! 국내 최초 EBS 체육 강좌 강사

선생님은 포기만 하지 않는다면 꿈은 반드시 이뤄진다고 생각하는 편입니다. 자기 자신이 삶의 태도에 관한 결정을 내릴 수 있고 스스로 실천하면 되기 때문입니다. 그러므로 매일 자기 자신을 돌아보고 목표한 생활을 해내고자 노력하는 것이 중요합니다.

선생님이 좋아하는 삶의 태도, 인생 좌우명은 다음과 같습니다.

1. 노력은 하되, 결과에 연연하지는 말자. 다만 다른 사람보다 좀 더 많은 시간 동안, 좀 더 특별한 방법으로 노력하자.

2. 나의 노력이 자신에게 도움이 되는 것은 중요하다. 하지만 나의 노력으로 다른 사람이 행복해질 수 있다면 그 일은 더욱더 중요하다.

3. 아무리 어려운 일이라도 포기나 좌절은 하지 말자. 힘든 일들은 이겨내는 것이 아니라 힘든 상황을 그저 견디는 것이다. 견디는 것이 포기하지 않는 것이고 좌절하지 않는 것이다.

선생님의 인생 좌우명을 보면서 어떤 생각이 들었나요? 멋진 좌우명은 생각하는 것보다 작은 실천이라도 이어가는 것이 중요한 것 아시죠?

삶의 과정에서 어려움을 겪으면서도 나의 가치관, 삶의 목표를 생각하면서 살아가던 어느 날, '국내 최초의 EBS 체육 강사'라는 꿈같은 일이 현실로 다가왔습니다.

지금 이 순간에도 '일희일비 하지 말자.', '묵묵히 그냥 내 길을 가자.', '다른 사람의 시선을 의식하지 말고, 내가 생각한 나의 선한 좌우명을 바탕으로 그저 초심을 잃지 않기 위해 늘 최선을 다하자.'라고 다짐해봅니다. 이또한 새로운 출발점일지도 모른다는 호기심으로.

어느 날, 갑자기 걸려온 한 통의 전화에 어안이 벙벙해졌다. EBS에서 체육 선택 과목 특강을 제작한다니, 그것도 30강 이상 최대 50강을 내게 맡긴다니! 초임 교사 시절, 수업 자료를 찾기 위해 EBS 사이트에 들어가서 '체육'이라는 단어를 검색했다가 어떤 자료도 찾을 수 없어서 서운함이 느껴졌던 곳. 코로나19 상황 속에서 온라인 수업 자료를 찾고자 연계 강의를 검색했지만 아무것도 나오지 않아서 'EBS에는 왜 체육 강좌만 없을까?' 혼자 아쉬움을 삼켰던 순간들이 머릿속에 스쳐갔다.

누군가 해야 하는 일이고, 누구에게나 처음인 일이라면 기회가 왔을 때 한번 해보자고 결심했고, 담당 PD와 출연 계약에 관한 사항을 확정 지었다. 강의 준비를 위해 하루하루 애쓰다 보니 어느덧 6개월이 흘렀고, 기초 자료 조사부터 차시별 강의 계획안까지 완료할 수 있었다.

처음 시작 과제는 교과서 읽기였다. 관련 교과서를 하루 목표를 정해 읽어나갔고, 스스로 의문이 생기는 지점을 체크하며 질문 목록을 만들어 보았다. 질문 목록에 대한 예상 답변 작성해보기, 예상 답변을 암기하여 카메라

로 녹화해보기, 개념 설명을 카메라로 녹화해보기, 개념 설명에 이어 질문하고 스스로 답변하는 과정을 촬영하기와 같은 단계를 거치면서 준비를 이어갔다.

가장 고민했던 점은 '내 강의를 본 다른 사람들이 나를 어떻게 생각할까?'라는 두려움이다. 누군가에게 나의 부족함이 드러나는 것은 부끄럽고 두려운 일이기 때문이다. 강의를 촬영한다는 것은 세상의 수많은 전문가 앞에서 내 실력을 보이는 것이므로 부족한 점이 많이 드러날 수밖에 없다는 두려움이 컸다. 나는 두려움을 극복하기까지 많은 공부와 준비를 해야 했고, 운동도 더 열심히 하면서 하루하루를 보냈다. 그렇게 준비를 반복하다보니 어느새 두려움은 기대감으로 바뀌어 갔다.

드디어 첫 강의 리허설 녹화의 날이 밝았다. 내가 사는 곳에서 EBS 본사까지는 차로 꼬박 2시간을 운전해야 갈 수 있는 거리였다.

'사람은 나면 서울로 보내라.'라는 옛말이 있다. 하지만 온택트 시대, 일일 생활권으로 전국의 교통망이 펼쳐진 시대를 사는 지금은 오히려 '뜻이 있는 곳에 길이 있다.'라는 말이 더 와 닿는다. 지방에 살아도 자신의 능력을 발휘하는 데 아무 지장이 없는 시대라는 뜻이다.

EBS 건물 안에서 가장 먼저 눈에 들어온 것은 특급 스타 '펭수' 조형물이었다. EBS 출입을 위해 신청 서류를 작성했고, 담당 PD님과 함께 녹화장으로 이동했다. 전자 칠판과 마이크 사용법, 카메라 보는 법에 대한 간단한 교육을 받고, '스포츠 생활' 제1강 촬영을 시작했다. 방송국 카메라, 보조 모니터, 전자 칠판 등 낯선 환경이었지만 그간 준비했던 내용을 떠올리며, 학생들에게 도움이 되자는 마음으로 강의에 들어갔다.

"안녕하세요. 알고 보면 더 재미있는 체육 시간, '스포츠 생활' 이동규입니다. 이제 EBS에서도 체육 수업 강좌를 만나보실 수 있게 되었습니다. 그 시간을 저와 함께 만들어 가시죠."

이후 32강의 이론 수업 및 실기형 학습 활동을 촬영했고, 내 마음속에는 큰 산 꼭대기에 올라가보았다는 자부심이 남았다. 그때를 떠올려 보면, '앞으로 내일의 내 삶에는 어떤 기회와 도전이 기다리고 있을까?' 하는 생각이 든다. 이러한 기적 같은 일이 생긴 것이 그저 우연이 아니라면, 나의 제자들에게도 더 멋진 기적 같은 일이 생길 수 있다면, 내 인생 경험에서 어떤 점들을 참고하라고 이야기해줄 수 있을까.

04

어떤 선생님으로 살 것인가

💬 열등감이 주는 선물

'자존감도 훈련이 필요하다.'

선생님은 성공한 사람들의 여러 이야기를 살펴본 뒤, 그들의 공통점이 '열등감'이라고 생각했습니다. 그들은 모두 열등감을 갖고 있었고, 이를 극복하기 위해 열심히 노력하다 보니 다른 사람들로부터 '성공한 삶'이라 불리게 되었던 것이지요.

성공은 의도하는 것이 아니라 꾸준한 삶의 결과입니다. 열등감을 극복하기 위한 노력이 곧 자존감 훈련이라고 할 수 있습니다.

누구에게나 열등감은 있기 마련인데, 그 열등감은 열정과 노력으로 얼마든지 극복할 수 있다. 초임 교사 시절, 좋은 기억이 많지만 속상한 일도 그만큼 많았다.

"체육 선생님이 담임을 맡으면 그 반은 성적이 안 나오잖아?"

"체육 선생님이 대학 입시에 대해 뭘 알겠어?"

"체육 선생님은 좀 무섭고 무게감이 있어야 하는 것 아니야?"

"말 안 듣는 학생들 있으면 체육 선생님한테 보내세요."

초임 교사 시절에 상처를 받았던 말들이다. 교직을 선택했을 때에는 누군가의 인생에 빛과 소금 같은 존재가 되리라 다짐하고 기대했었다. 하지만 학생들은 내 수업에 관심이 없거나 그저 놀이 시간만 원했고, 엎친 데 덮친 격으로 내가 담임을 맡은 학급의 평균 점수는 낮은 편이었다.

학교에 늦게까지 남아서 학생들과 상담도 해보고, 학급 학생들과 스터디 그룹을 만들어 게임식으로 공부하거나 입시 공부도 함께했다. 그리고 부드러운 말투로 누구나 이해하고 설득할 수 있는 대화 방식으로 학생들을 대하는 등, 그 선입견들에 대한 대책을 스스로 세워 실천해보았다. 이 과정에서 나의 열등감은 나의 잠재력을 자극하는 좋은 기회로 바뀌어 갔다. 여러분도 충분히 해낼 수 있을 거라 믿는다.

● 좋은 수업은 무엇이고, 어떻게 실천하는가

"선생님, 체육 수업 덥고 땀나고 짜증나요."

"어차피 저는 열심히 해봐도 점수 받기는 틀렸어요. 운동 신경이 없어요."

"내신에서 그다지 중요하지도 않은데, 이론 수업 이런 걸 왜 해야 할까요? 그냥 하고 싶은 운동을 할 수는 없을까요?"

과연 난 이 문제를 해결할 수 있을까? 무엇으로 이 난관을 헤쳐 나갈 수 있을까?

2013년 1월, 늦은 군 복무를 마치고 고등학교 남녀 분반 학급을 맡아 학교로 복귀했다. 새 학교의 동료 체육 교사들은 마치 드림팀과 같았다. 5명의 체육 교사들은 나이 차이도 10년 미만이었고, 모두 수업에 대한 열정이 높았으며, 무엇보다 수업 스타일이 각자 달랐다. 규율을 중시하는 스타일부터 실기 전문성과 평가 신뢰도를 중시하는 스타일, 학생들의 수업 참여와 관계를 중시하는 스타일, 체계적인 수업 계획과 평가 타당도를 중시하는 스타일까지 다양했다.

나는 좋은 수업을 위해 고민하면서 '교육 과정'부터 꼼꼼히 읽어보았다. 오랜만에 교육 현장에 돌아온 만큼 무엇을 원칙으로 가르쳐야 할지 생각하고 싶었기 때문이다. 한 페이지 한 페이지 읽어나가며, 체육 교사로서 체육 수업을 비롯한 모든 교과 교육의 필요성에 대해 정리할 수 있었다.

왜 체육을 가르쳐야 하는지 스스로 준비가 되니, 학생들이 어떤 불만을 이야기해도 설득할 준비가 되어 있었다. 그러자 학생들의 수업 참여도도 예전보다 훨씬 더 좋아지는 것이 눈에 보였다.

역시 모든 것은 노력과 준비로부터 나오는 법! 이 간단한 원칙을 깨닫는 데 몇 년이라는 시간이 필요했던 것을 보면, 무슨 일에서든 '기본'은 누구나 알지만 실천하기 어려운 게 아닌가 싶다.

● 학생을 위한 선생님으로

선생님으로서 할 수 있는 최선.

나의 자세를 낮추고 학생의 눈높이에서 바라보는 것.

그것을 바라본 학생이 자라나 도움이 필요한 누군가의 눈높이를 맞춰 줄 수 있는 세상.

선생님이라는 직업을 선택하여 살아가고 있는 나는 미래 세상을 디자인하는 사람.

교사를 꿈꾸는 학생들이 있다면 표면적으로 보이는 교사의 장점을 생각하기보다, 정말 어떤 선생님이 되어 어떤 세상을 만들어가고 싶은지 깊이 고민해주길 바랍니다.

'나의 제자가 명문대 출신이나 유명인이 되지 못해도 좋다. 적어도 나를 만난 학생 중에서는 단 한명의 범죄자도 나오지 않도록 애를 쓰자.'

담임으로 생활하면서 이 생각을 정말 많이 했다. 뜻을 이룬 제자들 이야기를 자랑삼아 늘어놓을 때도 있지만, 아쉬운 길로 빠져든 제자들 소식이 들리면 사제지간이었을 때 좀 더 붙들어 줄걸 그랬다고 후회하기도 한다.

아침 조회 시간에 35명 중 4~5명은 등교하지 않는 학급을 맡은 적이 있

었다. 그 아이들은 학교에 온 뒤에도 교실에 들어오지 않고 주변에서 무리 지어 배회하면서 시간을 보내곤 했다. 다른 학생들을 위해 그 학생들을 엄하게 통제하고 하루빨리 제자리로 돌려놓을 필요도 있었다. 하지만 그러한 역할을 해주시는 선생님들이 이미 계셨기에, 담임으로서 그 아이들이 어떤 이유로 규칙을 잘 지키지 않는지, 대화를 통해 알아내고자 개별 상담을 선택했다. 한 명 한 명 면담하면서 간식도 함께 먹고, 이런저런 이야기와 간단한 보드게임을 하며 그들의 이야기를 들어주었다.

'내가 준 정성과 마음이 저 아이들 중 하나라도 범죄의 길로 가지 않길. 그리고 혹 범죄의 길로 가더라도 언젠가는 후회하는 마음으로 다시 마음을 잡을 수 있길.'

학교에서 규칙을 어기는 학생들이 있으면 규칙을 그런대로 잘 지키는 학생들이 피해의식을 느낄 수 있다. 그러므로 정해진 규칙을 지키지 않는 학생들을 지적하고 행동을 개선시키려는 노력은 필수이다.

하지만 학생마다 생활환경과 자라온 경험이 다르기에, 현재 학교의 규칙을 받아들이는 데 힘들어하는 학생들도 분명히 존재한다. 아이에서 어른이 되어 간다는 것은 아마도 어떤 상황을 볼 때 이해관계에 얽혀있는 상황을 보다 복합적으로 이해하는 게 아닐까.

'최고의 제자를 기르기보다 여러 사람들을 서로 존중하고 배려하면서 함께 살 수 있는 제자들을 많이 기르자. 그리고 나부터 실천하자.'

오늘도 학교로 출근하면서 이 마음을 잃지 않기로 다짐해본다.

● 좋은 동료들과 함께

새로운 학교로 발령을 받은 첫날의 퇴근 무렵, 나이가 지긋해 보이시는 백발의 선생님께서 운동장에서 축구장 펜스를 수리하고 계셨다. 내가 알기로는 시설 주무관님도, 체육 선생님도 아니셨기에, 호기심에 대화를 시도해보았다.

그분은 과학 선생님이셨는데, 방과후에 특별한 계획이 없는 학생들을 위해 특별한 수업을 준비해오고 계신다고 했다. 함께 축구를 하든, 영화를 보든, 학교 뒷산에 등산을 가든, 그저 학생들과 시간 보내는 게 좋은 사람이라고 본인을 소개하셨다. 어떠한 보상도 원하지 않고, 정년퇴직 전까지 학생들을 마음껏 가르치는 게 당신의 꿈이라고. 특히 공부에 흥미가 없는 학생들을 공부의 길로 이끌어주는 게 보람이 있어서, 먼저 학생들이 좋아하는 축구나 운동으로 함께 활동하고 난 후 교실로 인도하여 공부를 시킨다고 하셨다. 평생을 고향에서 평교사로 재직하셨고, 정년이 4년 남은 지금까지 그런 열정을 실천하고 계셨다.

영화 속에나 나올 법한 이야기가 내 눈앞에 벌어지고 있다니, 놀라움과 동시에 반성해야겠다는 생각이 들었다. 이런 좋은 선생님을 만난 학생들은 마음이 건강해져서 멋진 어른으로 성장할 수 있지 않을까. 이런 삶이야말로 교사로서는 최고의 선행이자 인생을 아름답게 사는 것이지 않을까.

그동안 용기가 없어서, 이런저런 핑계로 미루어둔 교육 봉사의 꿈. 좋은 선배가 가까이에 계시니 용기가 나서 바로 함께하기로 약속했다. 집에서 학교까지는 자동차로 1시간 거리라서 매일 늦게 퇴근하는 것이 부담스러울 수밖에 없는 상황이었다. 하지만 어느덧 선배님의 열정에 물들어, 나 역시 학생들과 함께 운동도 하고 영어 단어 암기나 독서를 도와주게 되었다.

그리고 이러한 사제동행 프로그램을 수십 년간 이끌어 오신 분들이 더 많이 계시다는 것을 알게 되었을 때, 가슴에 뜨거운 무언가가 울컥 올라오는 기분! 나도 이 멋진 선배님들을 따라가겠노라고 다짐하게 되었다.

이 프로그램은 충북 제천 지역 '글로벌 인재반'이라는 이름으로 오래전에 시작된 마을 공동체 활동이었다. 교육 봉사가 중심이다 보니 한문학, 스페인어, 영어 소설, 세계의 위인 알기, 스포츠 속 과학 이야기 등, 다양한 주제의 수업이 이루어지고 있었다. 공부에 흥미가 없는 학생들에게 진정한 배움의 재미를 느끼도록 돕는 데 목적이 있었기에 성적을 위한 공부보다는 공부 그 자체를 중시했다.

배움에 어려움을 겪는 단 한 명의 아이가 남더라도 오매불망 학생을 기다리며 수업 준비를 실천하시는 그 선생님들을 만난 것은 정말이지 행운이었다. 그 지역을 떠나온 지금은 함께할 수 없다는 점이 아쉽지만, 그 열정만은 잊지 않고 생활하고자 노력하고 있다. 그래서 충주 지역에서 뜻 있는 체육 교사들과 체육 계열 실기 집중 과정인 'PEAK'라는 프로그램을 만들었다. 그리고 뜻있는 선생님을 함께 모아 체육학과 및 군인, 부사관, 경찰 지망생 등 체력 향상이 필요한 고교생들을 대상으로 학교 밖 교육 활동의 뜻을 이어 가고 있다.

● 다짐: 오늘도 학생들을 만날 준비를 한다

오늘도 체육 수업으로 학생들과 소통하는 나의 체육 수업 목표는 이렇다.

첫째, 학생들에게 기초 체력을 기를 수 있도록 할 것이다. 달리기와 줄 넘기, 맨몸을 이용한 운동을 습관화할 수 있도록 돕는다.

둘째, 다양한 스포츠 종목에 관한 상식의 폭을 넓히고, 실기 운동에 참여하여 졸업 전에 할 줄 아는, 즐길 줄 아는, 볼 줄 아는 스포츠 종목을 최소한 하나 이상 선물해줄 것이다.

셋째, 1년 동안 실천해야 할 학습 활동지를 체계적으로 정리하여 묶음형 소책자 형식으로 준비하여 수업을 실천할 것이다. 활동지는 선생님이 직접 관리(보관 및 안내)를 해 준다. 학생들은 마음 편히 운동장, 체육관에서 신체 활동을 하고 선생님의 설명을 들으며, 활동지를 통해 배움이 깊어질 수 있을 것이다.

세상에는 선한 사람들이 많다. 선한 영향력은 자연히 나타나는 부분도 있 겠지만, 내리사랑으로 이어지는 흐름도 존재한다. 그런 의미에서 교사는 그러한 내리사랑을 실천할 수 있는 정말이지 멋진 직업이다. 다른 사람을 행복하게 하는 것은 나 또한 행복해지는 지름길이며, 이것은 사람이 태어나서 살아가는 이유가 되기에 충분하다.

여러분도 그러한 삶을 꿈꾼다면, 어떤 분야를 희망하든 지금이 바로 도전을 시작하기 바란다. 오늘 생각하고 계획한 일은 꼭 실천하는 습관이 그 첫걸음이다.

행동 발달 및 특기 사항

'야구는 인생의 드라마' 야구를 통해 인생을 배우고 성장하고 있는 야구 덕후임. 야구 경기 중 일어나는 수많은 경우의 수에서 스스로 판단하여 결정하는 순간, 더 좋은 기회를 가져올 수 있고, 잃어버릴 수도 있다. 스스로 선택하고 그에 따르는 책임을 지는 법을 배우는 일, 이를 통해 작은 인생을 배우고 있음.

09
국가대표
이정석

 별명

체육의 정석

이름처럼 수학의 정석이 아닌, 많이 부족하지만 체육의 정석을 만들기 위해 노력하고 싶어서 지은 별명이다.

나는 이래서 체육 교사가 되었다

1 선한 영향력과의 만남

● 나를 선택해준 단 한 사람, 담임 선생님

서울에서 태어났지만, 어린 시절을 거의 부산에서 보냈다. 달리기, 축구, 육상, 정구, 수영 코치님들의 선수 제의 등, 운동과 관련된 단어 외에는 기억이 없을 정도로 초등학교 시절 즐겁게 친구들과 운동장 이곳저곳 뛰어다닌 기억으로 가득하다.

그러다가 중학교 1학년 초, 서울로 전학을 오면서 혼자가 된 기분을 처음 느껴볼 수 있었다. 전학 직후 1년간의 내 생활을 생각해보면 이런 단어들이 떠오른다.

> # 전학생 # 사투리 # 존재감 NO

이런 모습과는 다른 내 모습을 보여 주고 싶었다. 하지만 아무것도 할 수 없는 답답한 마음에 시간은 그냥 흘러가고 있었다.

모든 학생이 주목하는 체육 대회 예선 종목인 '반 대항 축구 대회' 공지가 뜨던 날, 반장은 우리 반 대표를 발표하겠다는 말에 귀를 쫑긋 세우고 내 이름이 호명되기를 기다리고 있었다.

지금까지 친구를 축구로 사귀고 인정받았던 나였기에, 축구로 나의 존재감을 보여줄 수 있다는 희망에 부풀어 있었다. 한 명씩 발표했지만 마지막까지 나의 이름은 없었다.

발표 후 기적과 같은 일이 일어났다. 체육 시간에 내 모습을 눈여겨보셨던 담임 선생님께서 나를 선택해주신 것이다. 최선을 다해 시합에 임했고, 결과도 좋았다. 이를 계기로 지역 육상 대회에 출전하는 학교 대표로 선발되었고, 많은 친구들과 함께할 수 있는 기회가 주어졌다.

담임 선생님의 관심과 배려 덕분에 나를 상징하는 단어가 '# 전학생 # 사투리 # 존재감 NO'에서 '# 축구 # 운동 # 육상대표'로 바뀔 수 있었다. 단 한 사람의 선택이 나의 자존감을 높여 주는 계기가 된 것이다.

⏺ 인생 첫 번째 Turning Point, 고등학교 체육 선생님

하고 싶은 게 없고 공부에 대한 필요성도 느끼지 못했던 나는 '남들 고등학교 가니깐 나도 가야지.' 하는 생각으로 고등학교에 입학했다. 구체적인 꿈과 목표가 없었기에 지루한 하루의 연속이었지만, 유일한 낙은 바로 체육 시간! 운동장에서 마음껏 뛸 수 있었고, 땀 흘릴 수 있는 시간이었다.

어느 날 체육 선생님은 나를 부르시더니, '좋아하는 운동을 하면서 대학에 갈 수 있다'고 하셨다. 그 말에 정신이 번쩍 들었다. 부모님은 운동부 활동에 반대해 오셨지만, 체대 진학에 대해서는 적극 찬성하셨다.

확실한 목표가 생기면서 무기력한 고등학교 생활은 180도 바뀌었다. 학교 수업에 최대한 집중했고, 부족한 부분을 채우기 위해 방과후에는 노량진 학원에서 늦게까지 보충 학습을 했다. 그러고도 학원 끝나면 바로 집 근처 도서관으로 가서 새벽까지 공부하는 등, 매일 똑같은 일과의 반복이지만 즐거웠다. 꿈과 목표가 없었던 나에게 체육 선생님의 한마디는 인생의 전환점이 되었다.

고3부터는 체육반에 들어가 방과후 입시 체육 실기 준비까지 해야 했다. 무엇보다 힘들었던 것은 중고교의 학업 분량을 1년 반 동안에 따라잡는 것이었다. 하지만 노력은 배신하지 않는 법! 내신 성적은 계속 올라갔고, 마지막 학력고사 성적 역시 최고점을 받았다. 마지막 실기시험까지 마친 나는 최종 합격의 영광을 안을 수 있었다. 존재감 없고 무기력하게 살던 나에게 꿈과 목표를 갖게 하고 인생의 즐거움을 알게 해주신 체육 선생님께 진심으로 감사를 드린다.

국가대표
체육 교사

1 태극마크를 달다

🔘 크리켓을 아시나요?

대학을 졸업하던 해에 임용고시에 도전했다가 떨어졌다. 무엇을 어떻게 할지 망설이던 시점에 교수님께서 학과 조교 자리를 제안해주셨다. 학기 초, 오스트레일리아에서 온 외국인 강사가 영국, 호주, 인도, 파키스탄 등

지에서 인기가 있는 크리켓 강좌를 국내 최초로 대학 교양 과목으로 개설했다.

그는 외국인치고는 한국말을 잘했지만, 낯선 한국 문화를 이해하고 수업 환경에 적응하기 위해서는 수업 진행을 도와줄 도우미가 필요했다. 그래서 내가 크리켓 교양 과목의 출석, 수업 준비와 진행을 보조해 주는 역할을 맡게 되었다.

이로써 크리켓과의 첫 인연이자 기나긴 인연이 시작되었다. 처음 접하는 스포츠 종목이라 정보를 얻고 싶었지만, 크리켓에 대해 아는 사람이 거의 없었다. 야구와 비슷하고 빨래방망이처럼 생긴 배트로 치고 달리는 스포츠라는 것 정도? 그나마 잘 알고 있는 사람은 오스트레일리아, 영국, 인도에서 공부한 유학생들이 전부였다.

내가 직접 수업하는 것은 아니지만, 수업을 보조하기 위해서는 경기 방법과 규칙 정도는 알아야 했기에 이것저것 찾아보았다.

크리켓

- 영국의 국기로 야구의 원조 격인 종목이다.
- 한 팀은 11명으로 구성되며, 2이닝스씩 공격하여 점수를 더 많이 내는 팀이 이기는 경기이다.
- '이닝스'는 야구의 '이닝'과 같은 의미지만, 10아웃으로 구성된다.
- 시간제한이 없는 정규 경기(경기당 평균 소요시간 5일), 하루 경기인 원 데이 크리켓으로 나뉜다.

'대한민국 최초의 스포츠 교양 강좌'라는 입소문에 40명 이상의 다양한 학과 학생들이 수강 신청을 했다. 크리켓 이론과 실기 강의를 들으며 빨래 방망이처럼 생긴 것이 크리켓 배트라는 것을 알게 되었다. 그리고 글러브를 끼고 수비하는 야구와 달리 맨손으로 수비하는 등, 새로운 규칙과 방법을 알아가는 재미에 푹 빠졌다. 학기가 끝날 무렵, 대한민국 최초로 S대학교에서 크리켓 수업을 한다는 소식이 국제크리켓협회(ICC) 홈페이지에 소개되기도 했다.

● 국제 대회 참가 제안과 선수 선발

1학기 수업이 잘 마무리되는 시점에 교수님에게 호출이 왔다. 오스트레일리아 강사가 국제 대회 출전을 제안했다는 것이다. 대회 취지는 크리켓 홍보를 위해 크리켓이 잘 알려지지 않은 동아시아 국가 대상으로 국제 친선 대회가 개최된다고 했다. 바로 옆 대학교와 친선 경기도 아닌 국제 대회 출전 제안에 다소 어이가 없었다.

상식적으로 크리켓 할 줄 아는 사람들을 모집하려면 얼마나 걸릴 것이며, 주변에서 찾는다면 내가 아는 범위에서 크리켓을 해 본 사람들은 올해 크리켓 수업 수강생들 외에는 전혀 없다. 설마 이들 중에 선수를 선발해서 출전한다는 건 아니겠지?

크리켓의 경우 대한체육회에 소속된 협회조차도 없었다. 그 외 어떠한 지원도 없는 상황에서 국제 대회 출전은 현실적으로 말이 안 되는 상황이었다. 하지만 ICC의 적극적인 지원과 담당 교수님의 전폭적인 지지로 대회 출전이 결정되었다.

대회 출전을 위해 꼭 해결해야 할 가장 큰 산이 하나 있었으니, 바로 선수 선발이었다. 크리켓을 잘 알고 할 수 있는 사람은 파키스탄, 인도, 스리랑카 등 해외에서 온 근로자 또는 그들과 함께 취미 활동을 하는 크리켓 동호인, 유학생들 정도였다. 그중에서 실력이 뛰어난 몇몇 선수와 함께 팀을 구성한다면 문제가 의외로 쉽게 해결될 수도 있다. 하지만 '한국인으로 구성된 최초의 팀'이라는 의미가 없어지기 때문에 간단히 결정할 수 있는 문제가 아니었다.

일단 국제 대회 출전 선수 모집 공고를 내면서, 크리켓 교양 강좌를 들은 학생들, 체육학과 학생들을 대상으로 테스트를 시작했다. 과연 크리켓 선수 테스트를 받을 학생들이 얼마나 올까 걱정했지만 많은 학생들이 신청했고, 이력서에 특이한 경력 한 줄 넣어보려고 신청한 학생, 이번 기회에 외국에 한번 나가보려고 신청한 학생 등등, 사연도 각양각색이었다.

운동 신경이 뛰어난 다른 과 학생들과 체육학과 학생들로 선수 구성이 완료되었다. 하지만 기쁨도 잠시, 다른 학부 학생들에게는 내년 2월 대회를 위해 2학기 매일 훈련, 2월 22일부터 3월 2일까지 진행되는 긴 대회 기간, 취업 준비 등의 부담으로 인해 하나둘 포기하는 사람이 나왔다. 두 차례의 테스트를 통해 결국 나를 포함한 체육학과 학생들로 한국 최초의 크리켓 팀이 어렵게 구성되었다.

"우리나라 대표로 크리켓 대회에 출전하는 거니까 우린 국가대표야."

서로 농담 삼아 한 말이었다. 동네에서 운동 잘한다는 소리 듣는 아이들을 불러 모아 훈련하고 동아리 대회 출전하는 분위기였기에, 훈련하면서도 '설마' 하는 마음이 가끔 들었다. 이런 상황에서도 '한국 최초의 크리켓 팀'이라는 자부심으로 본교 체육관과 운동장에서 훈련에 열심히 참여했고, 실전 경험을 기르고자 본교 도봉 선수촌에서 한국에서 근무하는 파키스탄, 스리 랑카, 인도 등 외국인들로 구성된 팀과 연습 경기를 하면서 실력을 쌓아갔 다. 훈련 강도는 점점 높아졌다.

대회를 몇 달 앞두고 농담이 현실로 바뀌는 분위기로 흘러가기 시작했다. ICC에서 파견된 코치를 통해 체력 훈련과 전술 훈련을 체계적으로 받았고, 남은 기간 사용할 수 있는 훈련 장비 및 대회에서 사용할 크리켓 장비도 지 원받았다.

이것은 시작에 불과했다. 후원사가 생겨 훈련복을 선물 받고, 대회 한 달 전에는 크리켓 대표팀 출범과 동시에 대회 출전을 알리기 시작하는 내용의 학교 신문에서부터 스포츠신문, 심지어 〈9시 스포츠뉴스〉 등 매스컴을 타 기 시작했다.

마지막으로 지금 상황이 현실이라는 사실을 느끼게 해준 건 바로 태극마 크가 선명한 유니폼을 받아 든 순간이었다. 이 유니폼을 입고 단체 사진을 찍으면서 우리 팀이 진짜 크리켓 국가대표가 되었다는 무게감을 확실하게 느낄 수 있었다.

● 국가대표 체육 교사

임용 시험과 대회를 동시에 준비하느라 정신없는 하루하루를 보내던 나 는 '임용 합격'이라는 좋은 소식을 들을 수 있었다. 그런데 그 기쁨도 잠시, 신규 교사로 발령받은 첫 출근일과 대회 기간의 마지막 날이 '3월 2일'로 서 로 겹쳤다. 대회를 스스로 포기하는 상황을 생각하니 눈앞이 깜깜했다. 대회 종료 후 다음 날 입국하기에 최대한 빠른 출근일은 3월 4일이었다. 나에게 임용 합격은 무엇과도 바꿀 수 없는 가장 큰 선물이었다. 하지만 지금까지 준비한 대회에 출전할 수 없다고 하니, 기뻐할 수도 슬퍼할 수도 없는 상황이었다.

솔직한 심정은 두 마리 토끼를 다 잡고 싶었다. 혹시나 하는 마음으로 도교육청에 문의를 했고, 그 결과 국가대표 자격으로 대회에 출전할 경우 증빙 서류 등을 제출하면 출전이 가능하다는 낭보를 들었다. 잠시 혼란스러운 마음을 잡고 다시 편안한 마음으로 남은 기간 동안 대회 준비를 할 수 있었다.

대회 마무리 후 뒤늦게 출근하면서 알게 된 사실은 발령받은 신규 교사가 제 날짜에 출근하지 않아 교사들뿐만 아니라 학생들까지 궁금해했다는 것이다. 국가대표 자격으로 국제 대회 출전 중이라 그렇다는 소문이 퍼지면서, 나에 대한 호기심이 커졌다고 한다. 늦은 첫 발령, 어리바리한 신규 교사의 학기초 학교생활은 '국제 대회에 출전한 국가대표 체육 교사' 타이틀 덕분에 약간의 덕을 보았다.

● 첫 국제 대회 출전의 감격

드디어 오스트레일리아 퍼스에서 개최하는 '2002 ICC EAST ASIA CRICKET' 대회를 위해 비행기에 몸을 실었다. 이번 대회는 우리나라, 일본, 인도네시아 등 총 8개국이 리그전으로 경기를 진행하였다.

대회 첫 경기는 긴장을 많이 해서 그런지 '어' 하는 순간 경기 종료가 될 정도로 정신없이 공만 보면서 이쪽 갔다 저쪽 갔다 우왕좌왕하는 모습부터 시작해서 타격 후 크리켓 배트를 가지고 뛰는 기본 규칙을 잊은 채 크리켓 배트를 던지고 뛰다 다시 돌아와 다시 배트를 가지고 뛰는 어처구니없는 일들이 일어나기도 했다.

크리켓 초보인 데다, 훈련 기간도 짧아서 대회 결과는 '전패'였지만 경기를 거듭할수록 크리켓에 대한 매력에 점점 빠지게 되었고, 실력이 향상되는 느낌이 왔다. 마지막 경기에서는 관계자분들이 놀랄 정도로 멋진 경기를 펼치기도 했다.

대회 준비 기간 동안 훈련에서 힘든 부분, 타지에서의 적응, 팀 주장으로 부족한 리더십 등 많은 어려움을 겪었다. 이런 역경을 통해 나를 돌아볼 수 있었고, 이는 몸과 마음이 조금 더 성장하는 계기가 되었다.

이 대회를 준비하고 마무리하면서 어느 순간 다들 크리켓 매력에 더욱 빠져버린 것 같다. 다들 자연스럽게 크리켓과 관련된 일을 찾아서 하고 있었다. 나는 학교 현장에서 학생들에게 크리켓 종목을 가르치고, 다른 친구들은 대학교 크리켓 팀을 만들어 후배를 육성하는 등, 작은 관심은 크리켓이라는 종목을 알리기 위해 노력하는 계기가 되었다. 이 작은 씨앗이 앞으로 한국에서 '크리켓 태풍'을 가지고 올 출발점이라는 사실을 누구도 상상할 수 없었다.

● 대망의 아시안게임

우연한 기회에 크리켓을 알게 되었고, 그 인연을 통해서 내가 할 수 있는 범위에서 크리켓을 가르치고 홍보하는 역할을 맡았다. 가장 먼저 발령받은 학교에서 방과후 크리켓반을 개설하고 소수 학생 대상으로 새로운 스포츠 종목을 소개하고 지도했다. 호기심을 갖고 참여하는 학생 수가 늘어 체육 시간에 본격적으로 크리켓을 가르쳤다.

ICC에서 대한크리켓협회를 통해, 유소년 대상으로 크리켓을 가르치는 학교가 있다면 현장을 방문하고 싶다고 제안해 왔다. 대한크리켓협회에서는 대회 출전 후 학교에서 크리켓 수업과 방과후 크리켓반을 운영하는 것을 알고 있어 근무하고 있는 학교를 추천했고, 얼마 후에 국제크리켓협회 임원과 담당자가 학교를 방문해서 정규 시간 체육 수업 참관, 방과후 크리켓반 학생들 대상으로 특강을 진행하였다. 특강 종료 후 학생들에게 작은 선물을 제공하면서 좋은 추억을 만들어 주었다. 이렇게 현장에서 학생을 가르치면서 크리켓과 계속 인연을 가지고 갔다.

2014년 크리켓 국제대회 참가에 이은 놀라운 기회가 내게 다시 주어졌다. 2014년 아시안게임이 인천에서 개최되면서 정식 종목 중 하나인 크리켓을

아시안게임 대회 기간에 운영하게 된 것이다.

대회 준비 기간을 앞두고 대한크리켓 협회에서 연락이 왔다. 아시안게임 기간 중 크리켓 대회 운영에 대한 도움을 요청하는 내용이었다. 한국 선수들로 구성된 팀의 첫 국제대회 출전 후 12년이 지난 시점에 대한크리켓협회 대한체육회 인정단체로 승인되었고, 남녀 크리켓 국가대표 선수가 선발, 각종 국제대회 참가 등 크고 작은 많은 발전이 있었다. 거기에 상상도 하지 못한 국제 크리켓 대회를 개최하게 된 것이다. 축구장 또는 야구장을 빌려 임시 경기장이 아닌 인천 연희동에 크리켓 경기장 신축을 한다는 소식에 정말 상상하지 못한 일이 계속 벌어지고 있었다.

이런 성장과는 반대로 인천아시안게임을 준비하고 있는 국가대표 선수와 소수의 사람들을 제외하고 아직도 크리켓을 알고 있는 사람은 거의 없었기 때문에 초창기 멤버인 나에게 연락이 온 것 같다. 정말 좋은 기회였지만 당시 나는 용인 S중학교에서 근무하고 있었고, 한 달이라는 긴 시간 자리를 비워야 했기에 내 욕심만 앞세울 수는 없었다. 혼자 고민하다가 답이 없다는 아쉬운 마음에, 일주일이 지났을 때 혹시나 해서 교장 선생님, 교감선생님께 조심스럽게 말씀드렸다. 놀랍게도 두 분 모두 망설임 없이 '오케이'해 주셨다. 좋은 기회이니 많은 것을 보고 배워 와서 학생들 교육에 적용했으면 한다고 하셨다. 자신만 생각했던 내 모습이 너무 부끄러웠다.

한 달 반 동안 인천 연희동에 위치한 연희크리켓경기장에 파견되어 대회를 준비하고, 인천 아시안게임 테스트 이벤트 기간부터 대회가 마무리되는 시점까지 대회 진행 및 운영에 참여하는 소중한 경험을 하게 되었다.

대회 기간 중 가장 인상에 남는 장면은 아시안게임이라는 큰 대회에서 당일 우천으로 쿠웨이트와 몰디브 경기가 취소되면서 ICC 규정에 따라 '동전 던지기'로 승패를 가린 것이다.

> 동전 던지기 승패 결정은 당일 스포츠뉴스, 포탈사이트 등에 소개되었다. 유명한 D 포털 사이트에 크리켓 동전 던지기 관련 기사 중 심판과 내가 함께 서 있는 사진이 메인으로 올라왔고, 그 기사로 인해 많은 사람들에게 연락이 왔다. 그 기사는 함께 근무하고 있는 선생님들에게 공유되었고, 웃지 못할 추억이 되었다.
>
> ↟ **동전던지기 기사**

'인천 아시안게임 크리켓'은 한국 선수로 구성 된 첫 국제대회 출전 이후 두 번째 좋은 추억의 기회가 주어졌다. 대회 종료 후 2015년도부터는 크리켓협회에서 주관하는 크리켓 지도자 3급 강습회에 참여하면서 운영하는 방법 및 과정을 학교 현장에서 교사 대상으로 크리켓 지도자 3급 강습회를 주관하면서 계속 크리켓과의 인연을 이어갔다.

우연한 기회에 크리켓을 알게 되었고, 태극마크를 달고 국제 대회에 출전도 해보았다. 그 경험이 아시안게임 크리켓 종목 운영진으로서 큰 국제 대회 경기를 운영진들과 함께 직접 운영하는 영광을 갖게 되었다.

돌아보면 무모한 도전이며, 시작부터 낯설고 힘든 길이었다. 하지만 '최초'라는 타이틀의 무거운 짐을 가지고 걸어가면서 크고 작은 많은 기회와 추억이 생기는 것 같다. 새로운 것에 도전한다는 것은 용기도 필요할 것이다. 하지만 기회가 왔을 때 그것이 기회인지, 기회라면 어떻게 잡을 것인지 판단하고 선택하는 능력이 있어야 함을 다시 한번 깨닫는다.

03 공동체를 통해 성장한 나

😊 모이면 성장한다! 공동체 모임의 시작

신규 교사 시절부터 누구보다 체육 수업에 관심도 많았고 자신감이 넘쳤다. 매년 교내 공개 수업부터 시작해서 지역별 장학 공개 수업에 이르기까지, 스스로 잘하고 있다는 착각에 빠져 이것저것 참여한 것 같다. 스스로 나의 체육 수업 수준을 테스트 받고 싶어 '제1회 체육 수업 실기 대회'부터 마지막 회까지, 매년 지원서를 제출해서 도전했다. 첫해를 제외하고 계속 좋은 결과를 가지고 왔지만, 마음 한구석에 해결하지 못한 과제가 남아 있는 느낌이 들었다.

'저(底)경력 교사'지만 내가 하는 모든 것이 정답이고, 잘하고 있다는 생각 등 확신하는 마음과는 달리 마음 한구석에는 뭔지 모를 허전함을 점점 느끼게 되었다. 이 허전함에 대한 이유는 누구도 알려주는 사람이 없었다. '잘하는 거 맞지? 이렇게 하는 것이 맞나?' 스스로 질문하는 방법 외에는.

어느 날, 선배 체육 교사에게서 전화가 왔다. 전화 한 통이 '혼자보다 함께'의 중요성을 일깨워 준 시작점이 되었다. 모임 일정을 정하고 왜 그렇게 첫 모임을 기다리고 있었을까? 혼자 해결 못 하는 것들에 대한 답답함과 허전함을 해결해 줄 수 있을 거라는 기대감 때문이었던 것 같다.

드디어 D-day 첫 모임에 참석했다. 첫 모임은 '기대와 어색'. 전화 준 선배 교사를 제외하고 처음 보는 교감 선생님과 선후배 체육 교사, 전혀 모르는 5~6명과 이야기하는 것은 처음이었다.

인사로 시작한 어색한 모임이 체육 수업이라는 공통분모를 통해 서로의 속 이야기를 하나 둘 꺼내면서 그 안에서 용기와 격려, 위로를 받을 수 있었다. 이는 하나의 끈으로 연결된 공동체라는 느낌을 주었다. 이를 계기로 매달 한 번씩 모이는 이 모임은 어떤 약속보다 최우선 순위가 될 정도로 나에게 소중한 시간이었다. 혼자 다 알고 있다는 착각, 혼자 잘났다고 생각했던 모습이 하나씩 무너지기 시작했다. 배움의 시작과 동시에 열정을 가진 신규 교사 시절로 돌아가는 느낌이었다.

체육 수업이라는 공통분모로 이야기를 하면서 함께 근무하는 체육 교사처럼 느껴질 정도로 어색함은 싹 사라졌다. 체육 교사들과 함께 자신의 체육 수업을 이야기하고 나누는 자리는 교직 생활에서 첫 경험이었다.

당시 체육 교사에게 중요한 것은 체육 수업보다 운동부 학생들이 소년 체전, 전국 체전에서 메달을 몇 개 획득하는 것이었다. 이 모임을 주도한 교감 선생님은 현장에서의 체육의 중요성은 운동부 메달이 아닌 체육 수업이라고 점을 강조했고, 이를 변화시키고자 했지만 쉽지 않았다고 한다.

당시 그 생각은 큰 바위에 계란을 던지는 격이었다. 지금 생각해보면 이 작은 모임, 즉 계란이 더 큰 바위가 될 것이라고 어느 누구도 예상 못했을 것이다. 이 모임의 목적은 모든 체육 교사에게 체육 수업의 중요성을 알리고, 지금 모인 체육 교사의 수업을 공유하고 실천하면서 서로 격려하고 자신의 체육 수업에 집중하자는 것이었다. 시간이 지나면서 더욱 발전적인 방향을 고민하기 시작했다.

● 좋은체육수업나눔연구회의 탄생

한 달에 한 번, 퇴근 후 18시부터 22시에서 23시까지 체육 수업 이야기는 끊이지 않았다. 정말이지 시간 가는 줄 몰랐다. 소수의 모임이지만 체육 교사의 수업 이야기와 나눔이 지속되면서 모임 이름을 만들자는 제안을 했고, 이런저런 명칭을 주고받았다. 서로 제시한 핵심 단어, 공통 주제, 이 연구회의 정체성을 대표할 단어 등을 하나씩 조합하기 시작했다.

> 모임의 목적 - 체육 수업
> 함께 모여 이야기하고 공유하자. - 나눔
> 좋은 체육 수업을 위해 노력하자. - 좋은 체육
> 여기서 끝나는 것이 아닌 서로 연구하자. - 연구

연구회를 대표하는 명칭으로 '좋은체육수업나눔연구회'가 선정되었다. 모임 운영에 가장 중요한 것은 '비용'이다. 소모임(식사 및 간식비) 운영, 체육 수업을 나누고 연구에서 끝나는 것이 아닌 마지막 단계인 나눔을 위한 자료집 제작, 워크숍, 연수 등 연구회 운영을 위해서 예산이 필요했다.

예산 지원을 받을 수 있는 다양한 방법은 있지만 쉽지 않았다. 그중 도 단위 연구회 공모를 통해 1년 동안 사용할 수 있는 예산 확보 방법은 있었다.

하지만 우리 연구회와 비교할 수 없는 규모, 영향력을 가진 체육 관련 연구회가 있어서 불가능한 일이었다.

우선 개인 회비(10만 원)로 연구회를 운영하였고, 교원 단체에서 운영하는 동아리, 각 지역 교육지원청에서 운영하는 지역 연구회 등 공모에 선정되면서 연구회 살림을 조금씩 늘려나갔다.

매년 연구 주제(매년 함께 체육 수업에 적용하고자 하는 내용)를 선정하고 함께 실천한다. 그 실천 결과는 자료집을 개발하고 연말 세미나 또는 워크숍을 통해 발표하는 시간을 가지면서 체육 교사와 공유하였다. 1년간 열심히 수업 후 연말 세미나 또는 워크숍을 준비했지만 참여 인원은 많지 않았다.

처음부터 연구회 이름을 알리거나 영향력을 행사하려는 목적이 아니었기에 크게 실망하지는 않았다. 진심은 언젠가 통한다는 믿음이 전달되었는지, 2008년 시작하면서 2013년 좋은 체육 수업을 위한 체육 수업 갈라쇼를 통해 정말 많은 체육 교사들과 함께 하는 시작점이 되었고, 연구회가 한 단계 성장하는 계기가 된다.

연구회 선배 교사의 기획으로 체육 수업 갈라쇼 프로그램을 준비하기 시작했다. 당시에는 획기적인 아이디어로, 지금까지의 세미나, 워크숍 등과 비교할 수 없을 정도로 파격적이었다. 행사의 기획과 내용은 정말 좋았지만, 두 가지 측면에서 부정적인 생각이 강했다.

"안성에 위치한 경기도 학생 수덕원에서 진행한다니 과연 누가 이 먼 곳까지 올까? 당일이 아닌 1박 2일 행사에 많이 참석할까?"

기획을 맡은 선배 교사는 체육 교사들이 수업에 대한 목마름이 강하며, 거리, 시간, 일정 등 프로그램만 좋다면 무조건 많은 인원이 참석한다는 확

좋은 체육 수업을 위한 체육 수업 갈라쇼

자신의 체육 수업을 30분 동안 발표(강의자가 아닌 발표자)하는 형식으로 보통 9시부터 16시까지 진행한다. 오전 타임 5~6명, 오후 타임 5~6명, 총 10명에서 12명 정도 체육 수업 사례를 발표하는데, 주제는 매년 선정한다. 쉬는 시간 없이 점심시간까지 진행하며, 25분 체육 수업 사례 발표와 질의응답으로 진행되고, 행사 종료 후 자연스럽게 소그룹이 형성되어 서로의 수업 이야기로 이어진다.

신을 가지고 있었다. 머릿속 부정적인 생각에 'No'라고 이야기하고 싶었지만, 일단 믿음을 가지고 지금까지 했던 대로 준비했다. 체육 수업 갈라 쇼 신청이 시작되면서 내 예상과는 달리 정말 많은 인원이 사전 신청을 했으며, 행사 당일 현장 신청까지 더해져 좋은 체육 수업을 위한 갈라쇼 행사는 내적, 외적인 면에서 모두 성공적이었다. 이렇게 시작된 체육 수업 갈라쇼는 기존 틀을 그대로 유지하면서 지금까지도 이어져 오고 있다.

● 새로운 도전 vs. 초심

'좋은 체육 수업 나눔 연구회'는 갈라쇼를 계기로 전국 체육 교사들에게 선한 영향력을 주는 연구회로 자리 잡았다. 계속 성장하는 모임이 되기 위해 연구회에 관심 있는 새로운 체육 교사와 함께하면서 점점 규모가 커졌고, 학교 스포츠클럽, 운동부, 스포츠클럽 강사 등 체육 전반에 걸쳐 관심을 가지게 된 것이다.

처음 목적은 체육 수업을 위한 연구회였기에 이런 새로운 분야, 다양한 관심에 거부감을 가지고 있는 사람, 시대에 변화에 따라 함께 변화해야 한다는 사람 등 다양한 생각과 의견을 통해 조금씩 변화의 시기를 맞고 있었다.

당시 연구회에 대한 많은 관심과 성장 속에서 결정하기에는 어려운 문제였던 것 같다. 하지만 이런 혼란의 시기 연구회의 방향과 답은 쉽게 찾을 수 있었다. 처음 무엇을 위해 우리가 모였는지, 지금 중심에 두고 있는 것이 무엇인지, 앞으로 해야 할 것 바로 '체육 수업'이다.

이런 변화와 깊은 고민의 시간을 통해 확실한 방향과 목적 즉 정체성을 다시 한번 생각하고 나갈 수 있는 시간이었고, 이 과정을 통해 지금까지 좋은 체육 수업이 무엇인지 함께 고민하고 실천하는 공동체의 모습으로 점점 더 발전하는 것 같다.

누군가 나에게 '연구회는 어떤 사람들과 함께하면 성장하고 발전할 수 있을까요?'라고 질문한다면, 내 대답은 이렇다.

"개인 능력? NO!, 학력? NO!, 지연? NO!, 외부 활동 경험? NO!"

첫 번째 조건은 우선순위, 가정과 학교를 제외하고 여러 가지 일 중 우선순위를 나와 함께하는 연구회인가, 아니면 다른 일인가?

두 번째 조건은 목적과 방향. 나와 같은 목적을 가지고 같은 방향으로 함께 갈 수 있는 사람인가, 아닌가?

04 야구에서 인생을 배우다

● 야구 입문과 목표

'축구'는 그 단어를 빼면 중고교 시절 추억이 절반 이상 사라질 정도로 정말 좋아하고 인연이 깊은 운동이다. 하지만 축구를 뒤로하고 야구를 선택한 후 18년 동안 동호회 활동을 하는 걸 보면, 신기하고 그만큼 야구가 매력적이라는 증거도 된다. 학창 시절 체육 수업 또는 학교 스포츠클럽을 통해 배운 종목, 본인이 가장 좋아하거나 관심 있는 종목을 하나 선택해서 중고교 또는 대학 졸업 후 사회생활과 더불어 동호회 활동을 꼭 추천한다.

건강 # 스트레스 해소 # 인간관계

이 세 가지 이유로 추천한다. 건강과 스트레스 해소 외 고등학교 친구, 대학교과 친구, 직장동료 등 거의 비슷한 일하는 사람들 외에는 다른 분야에서 일하고 있는 사람들과 만남의 기회는 별로 없다. 하지만 동호회 활동을 하면 다양한 직종에 종사하는 사람들을 만나는 기회가 제공되며, 인간관계의 폭이 넓어지는 장점이 있다.

개인적으로 실외 종목인 야구를 선택한 이유는 배구, 농구, 배드민턴, 탁구 등 실내 스포츠 동호회 활동보다 답답한 도시를 벗어나 외곽에 있는 녹색 그라운드에서 뛰는 자체로 한 주 동안 쌓인 스트레스가 해소된다는 점에서 큰 매력을 느꼈기 때문이다.

2004년 학교 선배의 권유로 시작한 사회인 야구는 '# 건강 # 스트레스 해소 # 인간관계'를 이유로 참여했지만, 오랜 시간 활동하다 보니 다른 이유가 하나 더 생겼다. 바로 '목표와 도전'.

처음 야구를 시작할 때 공도 제대로 잡지 못해 안타보다 에러 개수가 더 많은 오합지졸 야구팀이었다. 개인적으로 안타보다 삼진이 많았고, 팀 승리보다 패가 더 많았다. 시간이 지날수록 실력 향상으로 승이 많아지면서 팀 성적에 대한 욕심이 조금씩 들기 시작했고, 그에 따라 목표가 생기면서 자연스럽게 설정한 목표를 도전하기 시작하게 되었다.

스스로 할 수 있는 범위에서의 개인과 팀 목표를 설정하고 하나씩 도전에 성공하면서 또 다른 즐거움에 빠지기 시작했다. 첫 승을 목표로 시작했던

It ain't over till it's over.
(끝날 때까지 끝난 게 아니다.)

뉴욕 양키스의 전설적인 포수였던 요기 베라의 명언
이다. 정말 끝이라고 포기하기 전까지는 경기 결과를 언
제든 뒤집을 수 있다는 뜻이다. 야구 경기의 반전 결말
을 가리키는 말이지만, 인생의 의외성을 빗대는 말로 쓰
이기도 한다.

야구팀이 연습과 경기를 통해 실력이 향상되고 패보다 승이 점점 많아지면
서 '플레이오프 진출'이라는 새로운 목표가 생겼다.

계속되는 도전 끝에 드디어 플레이오프 진출 성공. 플레이오프에서 탈락
후 리그 우승을 목표로 달리기 시작. 마지막 리그 우승 트로피를 드는 순간
끝이라고 생각했던 것과는 달리 더 높은 마지막 목표가 보이기 시작했다.

바로 전국 사회인 야구 대회 진출과 우승! 일 년에 3~4차례 전국 대회에
참가해서 희로애락을 맛보다가, 끈질긴 도전 끝에 2014년 전국 사회인 야
구 대회 우승을 차지하였다.

더 이상 이룰 것이 없는 마지막 최종 목표를 달성한 후 끝이라 생각했다.
하지만 그것은 새로운 시작이었다. 지금도 리그 우승, 전국 대회 우승을 목
표로 매년 도전하고 있다. 처음에는 '건강, 스트레스 해소, 인간관계'를 이
유로 시작했지만, '목표와 도전'이라는 또 다른 이유가 추가되면서 야구의
매력에 점점 더 빠져든다.

◉ 9회 말 투아웃, 선택과 집중

개인적으로 요기 베라의 말보다 더 좋아하는 말은 LG 트윈스의 이상훈 선수가 남긴 말이다.

"나갈 수 있냐 묻지 마시고 나가라고 해주십시오. 저는 언제나 준비되어 있습니다."

2002년 한국 시리즈 LG 트윈스와 삼성 라이온스의 경기. 이상훈 선수는 투수로서 연속 등판하여 지친 상태였다. 하지만 소속 팀과 팬들을 위해 출전에 임하는 굳은 의지를 담은 그의 말은 잔잔한 감동을 주었다.

명언은 어떻게 해석하느냐에 따라 의미가 달라질 수 있다. 우리는 주변 사람들이 잘되거나 좋은 기회를 얻는 걸 보면, 혼잣말로 시기하곤 한다. 그러나 살아 보니, 기회란 우연이나 복, 운으로 오는 게 절대 아님을 알게 되었다.

때로는 욕심을 기회로 착각해서 더 많은 것을 잃기도 한다. 나도 이상훈 선수처럼 '언제나 준비된 상태'라고 자신 있게 말할 수 있는 사람이 되고 싶다.

'9회말 노아웃 3 대 3 동점' 상황. 첫 번째 타자 안타로 1루 진루. 승리를 위해서 감독은 득점할 수 있는 가장 좋은 작전을 예측하고 타자와 주자에게 지시한다.

여러분들은 과연 다음 타자에게 어떤 작전을 지시할 것인가?

가장 일반적인 작전은 '희생번트'. 타자는 번트 후 본인의 희생을 통해 1루 주자가 2루까지 진루하게 되면서 득점 기회를 가지게 된다. 결과는 원아웃 주자 2루. 2번의 기회에서 안타 하나면 2루 주자가 홈으로 들어오게 되어 경기가 종료된다.

야구를 조금 안다면 승리를 위한 일반적인 작전이다. 이 작전이 성공하면 우리 팀 승리로 경기는 끝난다. 과연 이대로 100% 성공할 수 있을까? 하지만 번트 시 뜬 공이 되어 투수 또는 포수 플라이 아웃 또는 번트를 3번 시도를 해 모두 실패하게 되면 쓰리 번트 아웃이 된다. 이러면 감독의 작전은 실패하게 된다.

명감독이라면 수비 위치, 투수의 주된 구종, 타자의 컨디션 등을 고려하여 가장 확률이 높은 작전을 선택 후, 타자와 주자에게 전달할 것이다.

- 희생 번트로 주자를 2루에 보낼 것인가?
- 히트 앤 런으로 타자는 투구가 던진 공을 무조건 치고 주자는 투수가 던지는 동시에 무조건 달리는 작전을 할 것인가?
- 번트 앤 런 작전을 할 것인가?
- 1루 주자에게 초구에 도루를 시도하게 할 것인가?
- 타자를 믿고 강공을 선택할 것인가?
- 포볼, 즉 타자에게 투 스트라이크까지 기다렸다가 적극적인 공격을 지시할 것인가?
- 발 빠른 대주자로 1루 주자를 교체할 것인가?
- 타석에 들어선 타자를 빼고 대타를 넣을 것인가?

사회인 야구를 처음 경험하고 시간이 지나면서 야구 경기 속의 상황과 그에 맞는 다양한 작전 중 하나를 선택하는 것에 묘한 매력을 느끼게 된다.

많은 경우의 수에서 자신의 선택에 따라 결과가 달라질 수 있기 때문이다.

승리로 경기 종료 후, "오늘 정말 탁월한 선택이었어. 역시 바로 이거지."

패배로 경기 종료 후, "다른 작전을 썼다면 어떤 결과가 되었을까? 아쉽지만 같은 상황이라면 다음에는 꼭 이렇게 해야지."

선택의 결과에 따라 반응은 극과 극이 된다.

야구는 이기고 있는 상황에서는 좀 더 많은 점수를 얻기 위해, 지고 있는 상황에서 동점, 역전을 위해 작전을 지시한다. 가장 확률이 높은 작전을 수행하거나 상대방의 허를 찔러 가능성 낮은 작전을 수행하기도 한다. 그 결과는 작전에 성공 또는 실패로 결정된다. 즉 그 이상도 이하도 없다.

야구의 매력은 선택이다. 즉 지금 상황에서 다양한 선택 중 어떤 선택을 할까 고민하고 결정하는 순간이다. 사회인 야구 초반에는 감독이 주어진 상황에서 최선의 작전을 고민하여 결정하고 지시하는 것이 야구의 전부라고 생각했다.

하지만 점점 야구의 매력에 빠져들고 경력이 쌓이면서 다양한 상황 또는 순간적으로 판단해야 할 상황에서 어떤 도움 없이 스스로 상황을 판단하고 빠른 결정 후 바로 실천해야 하는 순간이 정말 많다는 것을 알게 되었다. 이 선택과 결정이 승패를 좌우한다는 것을 알고 나서 야구의 더 큰 매력에 빠졌다.

수비할 때 수비 위치에서, 공격할 때 타자 또는 주자로 공의 위치에 따라 어느 누구의 도움 없이 스스로 순간적인 판단과 결정 후 행동하는 경우는 다음과 같다.

'주자 2루 상황 타석에 들어섰다. 초구 중전 안타. 2루 주자가 3루 베이스

를 밟고 홈으로 뛰고 있다. 중견수는 공을 잡자마자 홈으로 송구.'

안타를 치고 1루 베이스 통과 후 홈으로 송구 되는 공을 보면서 2~3초 안에 나는 순간적인 판단과 다음 행동에 대한 결정을 한다. 중견수가 홈으로 송구 한 공을 2루수가 중간에서 컷 할 것인가, 컷 없이 그대로 홈 송구가 될 것인가.

2~3초의 짧은 순간에 판단하고 '1루까지만', '상대의 허를 찔러 2루까지 달리자' 이 두 가지 경우의 수 중 하나를 스스로 판단하고 결정 후 바로 실천한다. 2루까지 달릴 것을 결정하고 뛰는 순간, 2루수가 중간에 공을 컷하면 나는 아웃될 확률이 높다. 하지만 중견수 홈 송구가 그대로 포수에게 간다면 나는 2루까지 안전하게 들어갈 확률이 높을 것이다. 즉 한순간의 선택이 1루타, 아웃, 2루타로 어떤 기회를 만드는 결정적 순간이 된다.

스스로 판단하여 결정하는 순간, 더 좋은 기회를 가져올 수 있고 잃어버릴 수도 있다. 순간의 결정에 승패가 달려 있을 수도 있다. 스스로 선택하고 그에 따르는 책임을 지는 법을 배우는 일, 이래서 야구를 인생의 축소판이라 부르는 것이다.

행동 발달 및 특기 사항

아이들에 대한 무한한 관심으로 행복과 즐거움에 집착하는 성향의 '블루 드래곤'. '눈높이 교육'이라는 교육적 가치관을 추구하며, 학생들과 공감하고 공유하는 감성 능력이 탁월한 부드러운 남자임. 사회 체육 및 생활 스포츠 전반에 일가견이 있지만, 유명 축구선수와 동명이인이면서도 축구를 그닥 좋아하지 않음.

10
무한도전
이청용

별명

승천청용

이름에 걸맞게 '푸른 용이 승천한다' 는 뜻이다. 체육의 가치를
하늘 높이 끌어올리기 위해 노력하고자 지은 별명이다.

나는 이래서 체육 교사가 되었다

1 미래를 좌우하는 만남

● 은사를 닮아 가고픈 체육 교사

"체육 교사인 줄 전혀 몰랐어요."

"체육 쌤 느낌이 아닌데?"

"이미지랑 안 어울려요! 무슨 체육 교사가 이래요?"

이런 반응에 나는 학생들이 '교사', 더군다나 '체육 교사' 하면 떠오르는 이미지는 무엇일지 궁금해졌다.

흔히 모든 운동에 일가견이 있으며, 겉모습은 키가 크고 몸짱에다가 멋진 모자에 스키장에서나 볼 수 있는 화려한 선글라스, 한 손엔 호루라기를 부는 모습일까? 혹은 영화배우 마동석처럼 크게 호령하며 학교 구석구석을 순시하는 그런 모습일까? 도대체 학생들에게 나는 어떤 모습의 체육 교사로 비춰졌을까?

첫 학교의 첫 출근날!

체육 교사가 되겠다고 진로를 결정하고 대학원을 거쳐 2년여 동안 임용

시험을 준비한 끝에, 2004년 드디어 새내기 체육 교사가 되었다. 그때 내 나이 서른. 바로 그날, '나는 어떤 체육 교사가 되고 싶을까? 왜 체육 교사를 선택했지? 어떻게 하면 체육 교사처럼 보일까?'라고 자신에게 질문을 던지기 시작했다.

☺ 어릴 적 나의 꿈

어릴 적 나의 하루는 드넓은 벌판을 뛰어다녔던 기억밖에 없다. 나는 또래 친구들에 비해 체력이 좋았으며, 뜀박질은 언제나 일등이었다. 그래서일까, '운동회의 꽃' 단거리 달리기 대회가 열리면 플랜카드가 붙곤 했다.

"봉동의 자랑! 이청용 달려라! - 구만리 이장 -"

그때가 나의 전성기라 할 수 있다.

전라북도 완주군의 시골 생활을 접고 전주 시내로 이사를 했을 때, 어느 선생님께서 까맣게 그을린 피부에 코를 훌쩍이던 한 소년을 눈여겨보셨다. 단지 잘 뛴다는 이유로 선생님의 눈에 든 그 소년은 높이뛰기, 멀리뛰기 시합에 참가하게 되었다. 그전까지 가진 것 하나 없고 자존감 제로였던 아이가 체육 활동을 통해 인정받으면서 더 열심히 자랑할 거리를 찾았던 듯하다.

그렇게 성장한 꼬마가 체육 교사가 되어 학생들에게, 그리고 스스로에게 묻는다.

"너희들은 꿈이 뭐니?"

"내 꿈은 무엇이었을까?"

46년 동안 3남매를 홀로 바르게 키워 주신 '나의 첫 번째 히어로' 김덕순 여사님! 그분은 자신과 달리 아이들이 넓은 물에서 큰 그림을 그리며 살기를 바라셨다.

야반도주하듯 전주를 떠나온 우리 가족은 단칸방에 보금자리를 마련하여 서울 생활을 시작했다. 교직 20년차가 되고 보니 서울로 무작정 상경한 그 결정이 내 인생 최대의 변곡점인 듯하다.

중학교 3학년, 어린 마음에 빨리 돈을 벌 수 있는 길이 무엇일까를 고민하며 '수도공업고등학교' 진학을 결정하고 담임 선생님과 상담했다. "높이 나는 새가 멀리 본다."라는 선생님 말씀이 내 꿈의 크기를 생각하게 하는 계기가 되었다.

인문계 고등학교 진학 후, 내 인생을 바꾸는 두 번째 기회가 찾아왔다.

강당 앞에서 학생들이 체조, 물구나무서기, 공중돌기, 높이뛰기, 배구, 핸드볼, 철봉(턱걸이, 대회전) 등을 하고 있었다. 그때 보았던 학생들의 멋진 근육은 내게 '부러움 반 멋짐 반'으로 다가왔다. 멋진 학생들 사이에서 작고 땅땅하지만 아우라가 느껴졌던 나의 '두 번째 히어로' 이종걸 체육 선생님이 서 있었다. 온화한 미소로 학생들을 지도하시던 선생님과의 만남은 운명이었다. 선생님이 내게 하신 첫 마디가 "야, 임마! 이리로 와서 같이 해봐."였다. 당시 난 존재감 1도 없이 학교를 다니던, 누가 봐도 '시골 촌놈'이었다. 이런 나를 선생님께서는 체육 수업 틈틈이 눈여겨봐 주셨던 것이다.

보잘것없던 나를 인정해주셨던 그때의 기분은 자존감이 하늘까지 닿을 듯했던 것 같다. 이후로 학교생활이 즐거워졌고, 체육 시간에는 가장 먼저 나가서 기구 준비나 준비운동을 하며 보다 적극적으로 수업에 임했다. 방과

후 '체대 입시' 준비하는 형들과 함께 운동을 배우며 보내는 하루가 나에게는 행복이었다.

당시 나는 자꾸 이런저런 이유를 핑계로 어긋나려 들고, '일진'이라 불리는 무리들과 어울리며 술, 담배를 가까이 하려던 철없던 모습이었다. 그런 내게 손을 내밀어 주셨던 은인을 만났기에 지금의 체육 교사 이청용이 탄생할 수 있었던 것이다.

철없던 내게 희망을 주셨고 낮았던 자존감을 보이지 않게 높여 주셨던, 지금은 고인이 되신 선생님! 보고 싶습니다, 선생님. 그 철없던 학생이 지금은 잘 성장해서 이렇게 어엿한 체육 교사가 되었다고 자랑도 해보고 싶고, 아이들 문제로 힘들다고 가끔 찾아 뵙고 어리광도 피우고 싶은데, 저 높은 하늘에서 내려다보고 계실까요? 뭐가 그리 바빠서 찾아뵙지도 못했는지 정말 후회됩니다.

당시 내게 손 내밀어 주신 선생님을 보면서 '교사란 모든 것을 희생하고 학생들을 가르치고 지도해주시고 솔선수범하는 사람일까?' 하고 생각하게 되었다. 내 기억 속 은사님은 모두가 인정하는 만능 스포츠 맨이자 최고의 체육 선생님이셨다. 아마도 선생님과 함께했던 그 시절, 선생님을 닮고 싶어 꿈과 진로에 대한 선택을 '교사'로 정했던 것 같다.

❸ 내가 교사가 될 수 있을까

어릴 적부터 운동 신경이 남달랐던 나는 잘하는 것을 해야 대학이란 곳에 가도 후회하지 않을 것으로 생각했다. 그래서 한국체육대학교에 진학해 더 많은 것을 배우며, 후회 없이 운동과 여행을 즐기며 대학의 낭만과 자유를 누렸다.

그 시절에도 나는 교사라는 직업이 나와는 전혀 관계없다고 생각했다. 돈을 많이 벌어서 하루빨리 편하게 살고 싶다는 생각에, 아르바이트만 하루에 4가지를 하며 대학 시절을 보냈다.

그러던 내게 '세 번째 히어로'이신 김진한 교수님과의 만남은 '선생님'이라는 귀천 없는 직업을 꿈꾸는 계기가 되었다. 체육 교사를 준비하는 한국체육대학교 교직 동아리 '러비처(LOVICHER)'는 내가 교수님과 함께 시작했으며, 1기 회원이다. 동아리에서는 항상 새벽기도와 칠판에 적혀 있는 지도 교수님의 천금 같은 응원글로 아침을 시작했다.

"Don't be afraid", "Dream come true."

내 성장스토리 속에는 소중한 인연들과 운명적 만남들이 여전히 진행 중이다. 교육 대학원 공부와 KBS 88체육관에서의 수영 강사 생활을 병행했으며, 선택과 집중으로 서른이 되어서야 임용 고시에 합격했다.

그렇게 나는 경기도에 근무하는 체육 교사가 될 수 있었다. 내 삶의 멘토들처럼 한 사람의 멘토가 되고 싶었다. 학교라는 공간에서 조건 없이 아이들에게 모든 걸 주고, 쉼터가 되어 줄 수 있는 선생님이 되고 싶었다.

내가 배웠던 핸드스프링, 물구나무서기, 십자달리기, 철봉 대차돌기, 탁구, 테니스, 배드민턴 등의 네트형 종목과 핸드볼과 배구, 농구, 축구라는 구기 종목의 게임을 즐기는 방법, 체력 향상 방법 등……. 모든 걸 전수해주고 싶었으나 운동 선수였다고 말하기에는 부족한 나는 이론에 능통한 체육 선생님으로 통했다. 어쨌든

혈기 왕성한 남중, 남고 학생들에게 한마디 던져주고 가르쳐주면 그 녀석들은 오히려 다양한 방법을 통해 나에게 감동을 주는 귀한 경험을 하곤 했다. 체육 활동을 통해서 마음을 통하고 나누고 성장하는 경험들. 이런 경험들 덕분에 '체육 교사'라는 나의 꿈은 점점 자리를 잡아 가고 있었나 보다.

나의 겉모습이 전형적인 체육 교사의 이미지와는 거리가 멀다는 현실을 이젠 스스로 인정한다. 뭐 그러면 좀 어떤가? 학생들과 재미난 체육 수업을 할 수 있고, 꾸준히 연구하며 무엇보다 아직 완성되지 않은 아이들의 삶에 긍정적인 에너지를 줄 수 있으면 된 것 아닐까? 아이들의 기억 속에서 진실하고 미소가 아름다운 에너지 가득한 체육 선생님으로 남기를 희망한다. 나의 은사님들처럼.

체육 교사는 어떤 이미지여야 하는 걸까? 어떤 하나의 이미지라는 '틀에 박힌 생각'이 중요한 것은 아니다. 교사란 겉모습보다 '속마음'이 훨씬 중요하기에.

무한도전
체육 교사

1

열정 'GRIT'을 전하고픈 마음

● 자존심과 자존감이 무너지던 날

지치지 않고 '백만 스물 하나'를 외치며 팔굽혀펴기를 하는 건전지 광고! 나도 건전지처럼 에너자이저가 될 수 있다는 믿음으로 '팔굽혀펴기'라는 단순 동작을 지속적으로, 점진적으로 실행하면서 얻을 수 있는 '나비 효과'에 대해 이야기하려고 한다.

바쁜 일상에 순응하며 하루하루 지내다 보니, 과연 나의 몸매와 밑바닥 체력을 보며 '내가 19년차 체육 교사일까?' 하는 생각이 든다. 창피함이 쓰나미처럼 밀려오는 순간이었다. 다른 체육 교사에 비해 운동 능력이 그리 좋은 편이 아니고, 멋진 근육도 없는 내게 이 말은 자신의 모습을 되돌아보게 해 주었다.

학교생활이 조금은 적응이 되어 갈 무렵, 한 녀석이 자리에 앉은 채로 묻는다.

"쌤, 대학 어디 나왔어요?"

"한국체육대학이라는 우리나라 최고의 대학을 나왔지."

실망한 표정으로 판단하건대, 그 학생은 서울대, 연대, 고대를 생각한 듯했다. 체육 전공에서는 '한체대'가 유일한 특수 목적으로 설립된 국립대임을 모르는 듯했다. 수업 중의 뜬금없는 질문이야 무시하면 그만이지만, 녀석은 꽤 집요했다.

"쌤, 국가대표였어요? 전공이 뭐예요? 이름은 축구선수 '이청용'과 같은데, 왜 축구를 저보다 못해요?"

무심코 던진 나의 답변은 "내 전공은 줄넘기야."였다. 모두가 웃으며 밝게 넘어가 주었지만, 그날 저녁 스스로에게 많은 질문을 했다. 출신 대학이 중요하고, 국가대표 운동선수 출신인 선생님한테 수업을 받으면 자신도 국가대표처럼 된다는 논리인 걸까? 아니면 나에게서 전혀 체육 교사의 향기를 찾을 수 없어서일까? 미묘하고 복잡한 생각이 들었던 대화였다.

체육 선생님은 모든 운동을 잘해야 하는 걸까? 그래야만 하는 게 '체육 선생님'인걸까? 나는 교사일까? 운동선수일까? 생각하면 할수록 자꾸만 나의 자존감은 바닥을 뚫고 지하로 향하고 있었다.

초임 시절, 나는 운동선수 같지 않은 불쌍한 몸매를 커버하기 위해 고가의 브랜드 옷을 사 입었다. 축구를 잘하고 싶은데 화려한 기술은 배운 적이 없다는 핑계로 그저 "난 가장 싫어하는 스포츠가 축구야……."라며 애꿎은 축구공을 운동장 밖으로 멀리 차버리곤 했다.

테니스는 해본 적도 없지만, 가장 비싼 라켓을 구입했다. 그러면 테니스를 잘 못해도 나를 무시하지 않을 거라 생각했다. 그런 시간을 보냈던, 마음마저 가난한 대학생 시절이 있었다. 모든 스포츠 종목을 대하는 나의 태도였나 보다.

나는 왜 잘하는 게 없을까? 무엇이 문제일까? 모든 게 의문점인, 그저 키도 작고 외모는 공부만 할 듯한 체육학과 재학생이었다. 엘리트 운동선수 생활을 못해 본 나는 초등학교 시절에 살짝 수영과 육상만 맛보기식으로 했고, 인문계 고교 시절에 '체대 입시'를 준비하여 대학에 진학한, 그저 운동 좋아하는 학생일 뿐이었다.

솔직히 고백하자면 선망의 대상인 S대에 진학하고 싶어서 체육학과를 선택했던 것 같다. S대만 졸업하면 인생이 잘 풀릴 줄 알았던 시절이 있었다. 진심 그랬다. 실기시험 종목들은 문제가 되지 않았다. 철봉(차오르기, 배띄워 돌기, 대회전, 돌아내리기) 턱걸이 20개, 핸드볼공 40m 던지기, 개인 특기 종목은 체조(측전, 백핸드, 뒤공중 다리펴돌기) 등. 결국 나의 발목을 잡은 건 수학 성적이었다.

나는 한국체육대학교 사회체육과에 진학했고, 군 제대 후 교육대학원을 거쳐서 임용 시험을 볼 수 있는 교원 자격증을 갖게 되었다. 체육 교사가 되기 위해서는 체육교육과나 사범대에 진학해서 교직 과목을 이수하는 경우, 대학원에 진학하여 교직 과목 이수 후 일정 자격이 되어야 한다. 대학교 진학 당시에 나는 '체육교육과'와 '사회체육과'의 차이를 알지 못했다.

운이 좋아서 임용 시험에 합격하고서도 체육 교사로 오래 근무할 거라고는 생각지도 못했다. 그리고 사범대학을 나오지 않아서인지, 교직에 대한 열망이나 사명감, 소명의식이 크지도 않았다. 인생은 선택의 연속이듯 나의 진로 선택이 '한국 체대'여서 지금의 체육 교사라는 삶을 살고 있는 듯하다. 물론 지금은 후회 없다고, 잘한 선택이라 말하고 싶지만.

● 타인을 의식하는 건 시간 낭비

하루하루 열심히 지내면서 만족하며 지낸 19년! 처음과 달리 현재 15kg 의 몸무게가 늘어 있었고, 복근은 아예 찾을 수 없다. 근력이며 반사 신경은 말하지 않아도 바닥이었다. 아직 마음은 잘나가던 대학생 때랑 별 차이가 없는 듯한데, 내 몸은 지난 19년간 나의 삶을 그대로 보여주고 있었다.

똥배가 나와서 바지를 다시 구입해야 했고, 나의 민망한 몸매를 감추기 위해 상의는 항상 박스 티셔츠를 입어야 했다. 나도 '체육 교사'라고 인정받고 싶어서 쓸데없이 비싼 장비를 구입하고, 화려하고 유명한 고가 브랜드의 체육복이 수십 벌이며 멋있는 선글라스 역시 만만치 않다. 생각해보면 그동안 자아 성찰을 통한 노력이 없었던 것이다. 나태한 자신이 후회스럽다.

체육 교사로서의 자존심이 바닥을 치던 10년차 때의 일도 잊을 수가 없다. 중학교 2학년 학생에게 팔씨름을 졌고, 3학년 남학생과의 턱걸이 시합에서 완패했다. 학원에서 배우기라도 한 걸까? 너무 잘한다.

아이들과 맛있게 아이스크림을 먹었다. 물론 비용은 내가 썼다. 아이스크림을 먹으면서 "체육 교사라고 해서 모든 운동을 잘해야 하는 건 아니야."라고 변명했다.

그날의 패배로 100일 체중 감량 계획을 세웠고, 10kg 다이어트와 심폐지구력 향상을 위한 운동 계획을 세웠다. 짜슥들에게 보여주고 싶었다. 기다려라!

덕분에 식단 조절과 매일 5시 기상 후 아침 5km 러닝, 출근 후 학교에서 쉬는 시간마다 스쿼트&스트레칭, 퇴근 후 헬스장으로 고고……. 약 15일 정도까지는 너무 힘들었다. 내가 옛날의 운동 능력을 찾을 수 있을까? 그냥 편하게 살까? 그러나 10kg 감량 목표가 생기고 나니 스스로를 멈출 수 없었다.

'악마의 유혹이 훅 들어오기도 했지만 난 할 수 있어!'

한참 운동하던 대학 시절에는 3개월도 안 되어서 10kg나 감량해서 시합에 출전해본 적도 있기에 힘들어도 이겨낼 수 있고, 어떤 과정을 거쳐야 성공할 수 있는지도 몸이 기억하고 있었다. 약 30여 일이 지나면서 몸의 변화를 느낄 수 있었고, 매일 아침 체중 계측 후 사진으로 찍고 기록했다. 점점 다운되는 숫자를 보면서 노력했다. 식단 조절과 매일 새벽 공복에 심폐 지구력 운동은 매우 효과적이었다. 점점 줄어드는 몸무게만큼 내 자존감도 덩달아 높아가고, 100일이 채 되지 않아서 목표 달성을 해냈다. 15kg 감량 성공! (살이 빠지니까 더 늙어 보인다는 반응..ㅜㅜ)

목표를 성공으로 이끌기 위해서 하루하루의 세분화된 계획과 실천, 매일 사진과 영상으로 꼼꼼하게 작성하는 누가 기록(데일리 리포트), 그리고 데드라인(100일)은 필수이다.

체육 교사가 되고 나서 학생들에게 신체 활동의 중요성을 가르치면서 역으로 배운다.

'내가 운동선수 출신은 아니지만 마음을 다스리고 작은 실천이 가능한 행동에서 습관으로 그리고 인성으로 성장해가는 됨됨이를 그 누구보다 잘 가르칠 수 있고 공감할 수 있다는 것을.'

체육 교사로서 내가 잘하는 것과 잘할 수 있는 재능이 있고, 무엇보다 그 능력들을 학생들과 다양한 방법으로 나눌 수 있다는 생각에 학교생활이 즐거워지기 시작했다.

● 나의 작은 도전, 푸시 업

대학 친구에게 SNS 메신저가 도착했다. 팔굽혀펴기를 25개씩 25일간 동영상으로 기록하는 미션이 있으니까 같이 해보자는 내용이었다. 외상 후 스트레스 장애(PTSD), 불안 및 우울증에 대한 대중적인 인식을 높이기 위해 '푸시 업(push-up)'을 릴레이 형식으로 진행하는 이벤트였다. 사실 25개 실시하는 것은 그리 어렵지 않았다. 난 체육 전공자니까!

그러나 하루하루 매일 약속을 지켜내는 것이 힘들었다. 귀찮아서, 힘들어서, 깜박해서, 회식을 해서, 잠들어 버려서……. 갖은 유혹과 핑계들이 나를 괴롭혔다.

25일이라는 약속이 이리도 오래 느껴지기는 처음이다. 역시나 25일 미션을 완성했을 때 체력이 좋아졌다기보다 내가 하루도 거르지 않고 약속을 지켰다는 뿌듯함에 자신을 칭찬해주었다.

25개 푸시 업 미션 이후 갑자기 '50개씩 50일간 도전해보면 어떨까?' 하는 마음이 생겼다. '50개까지는 누구라도 할 수 있을 거야.' 쉽게 생각하고 자신과의 도전을 시작하게 되었다. 25개씩 팔굽혀펴기 할 때와 50개는 근력과 지구력에서 많은 차이가 있었다. 힘들다는 이야기……. 온라인상에서 하나둘 응원 메시지를 보내주고, '좋아요'를 눌러 주는 응원 댓글들이 또 다른 재미로 다가왔다.

어느새 나는 주변인들과 소통하고 있었다. 나 스스로와 나를 알고 있는 지인들, 그리고 학생들과 작은 행동들이 '나비효과'로 다가오고 있음을 이때는 알지 못했다.

그렇게 2020년 10월 13일, 은행나무 아래에서 25개 첫 미션을 시작해서

100일 미션이 이어졌다. 시간이 흐르면서 나의 미션은 눈덩이처럼 커질 거라는 걸 이때는 알지 못했다.

푸시 업은 언제 어디서나 가능한 미션이었다. 쉬는 시간, 체육 수업 시간, 퇴근 시간 운동장에서, 깜깜한 주차장에서, 여행지에서, 집(방)에서…….

시청자들이 지루하지 않도록 하루하루 다른 미션 장소와 배경들, 운동복 패션도 악세서리도 인플루언서가 된 듯 신경이 쓰였다. 그리고 하루 미션 스토리(일기)를 찾고 기록하는 재미도 쏠쏠했다. 타인의 응원과 나의 목표를 이루고자 하는 의지와 열정, 지속적인 노력의 느낌이 너무 좋았다. 이런 게 도전의 결과물이자 행복이구나 싶기도 했다. 그렇게 난 학생들에게 내가 잘하는 것, 다시 말해 '결과보다는 과정을 소중히 하고 지킬 수 있는 열정'을 분명히 밝혔다. 자신 있게 수업을 진행하는 나는 언제나처럼 행복하다.

학교 도서관에서 우연히 접한 책『GRIT』에서 생각과 마음의 도전을 받았다. 미국의 심리학자인 앤절라 더크워스가 처음 사용한 용어인 'GRIT'이란 성장(Growth), 회복력(Resilience), 내재적 동기(Intrinsic Motivation), 끈기(Tenacity)의 영어 머리글자를 따서 만든 단어로, 성공과 성취감을 이끌어내는 데 결정적인 역할을 하는 '투지' 또는 '용기'를 뜻한다.

단순히 열정과 근성만을 의미하는 것이 아니라 담대함과 낙담하지 않고 매달리는 끈기 등을 포함하는 'TED 강의'(https://www.youtube.com/watch?v=H14bBuluwB8)를 듣게 되었고 내 마음의 울림이 되었다. 나에게 주어진 능력보다 도전과 지속성을 겸비한 열정 가득한 GRIT이 있음에 감사한다. 쉽지만은 않았던 50개 미션 완료 후 당연하게 '100개 100일 미션'을 하겠다고 선언했다(목표와 계획을 공표해야 나태해짐을 막을 수 있다.). 이대로 멈추기에는 지난 75일의 시간이 너무 아까웠다. 아니, 나의 열정에 기름을 가득 붓고 싶었다.

무엇보다 내 지속적인 열정을 응원해주는 학생들이 생겨났고, 잘은 못하지만 25개씩 25일 미션을 해보고 싶다며 동참해주는 여학생도 있었다. 참으로 감사하고 뿌듯했었다. '수행평가'라고 강요를 해도 하지 않는 녀석들이 스스로 목표를 세우고 도전 욕구를 채우고 있었다. 아마도 이런 게 의도하지 않았지만 진정한 교육이지 않을까? 이렇듯 학교 현장 속 학생들의 자발적 도전, 여가 활동에 대한 전반적인 운동문화를 정착시켜 보고 싶다.

열심히 더 열심히 하다 보니 어느새 97일이 지나고 있다. 이 과정 속에서 '하루쯤은 패스해도 괜찮겠지.' 위안도 삼아 보고 요령도 피워 보고 싶었다. 페북에 하루하루 미션 영상을 업로드하면서, 꾸준히 하는지 감시하는 친구부터 "상체 근육이 장난 아니겠는걸. 보여줘, 보여줘."라며 놀려대는 페친

도 생겼다. 100일 미션이 끝나는 날, 상의 탈의한 인생 사진을 찍고, 달라진 나의 모습을 영상으로 보여주겠어! 과연?

무한도전은 계속된다

● 멈추지 않는 무한도전

어느 날, '건강'이가(큰아들 이건, 작은아들 이강) 묻는다.

"아빠! 100일 미션 끝나면 '200개 200일 미션' 도전인가요?"

"당연하지. 지금 멈추면 지난 노력의 시간이 더 아깝지 않을까?"

"그럼 저도 50개씩 '50일 미션' 성공하면 최신 아이폰 사 주세요."

"헐! 당연하지. 하지만 단 하루라도 미션을 연기하면 실패인 거 알지?"

나의 도전을 보고 동기 유발이 된 그 자체만으로도 나에겐 너무도 감사한 자녀와의 대화 시간이었다. 주말마다 "자전거 탈까? 등산을 할까? 매일 아침 산책을 해볼까? 배드민턴은 어때? 너희들 이러다 돼지 된다."라고 협박해봤지만 번번이 실패했었다. 그런 아이의 마음이 나의 보이지 않는 노력 덕분인지 자발적으로 움직였다.

그렇게 시작된 건강이의 '50일 미션' 동작과 방법적인 노력이 어색하긴 했지만, 하루하루 미션을 이루려고 노력해가는 아들들을 보며 감동했고, 1% 부족한 성공을 한 후 기분 좋은 지출을 했다.

나와 함께 성장하는 학생들이 무엇이든 목표라는 것을 정하고, 자신만의 방법으로 도전을 하며, 지속적인 실천을 통해 데드라인을 지켜낸 후 얻는 성취감을 맛볼 수 있다면, 앞으로의 생활 속에서 누구보다 성장 가능성이 높다고 할 수 있을 것이다.

나의 작은 실천으로 인하여 도전하고 성취하는 느낌을 알게 하는 소중한 경험! 나는 제자들에게 '학습 능력이란 타고나거나 고정된 것이 아니라 노력에 의해서 바뀔 수 있다'는 믿음을 가르치고 싶은 것인지도 모르겠다. 교사라는 직업은 학생들을 성장시키기도 하지만 그 과정을 통해 자신도 함께 성장하는, 말 그대로 '사제동행(師弟同行)'의 길이다.

다음 미션은 무엇으로 하지? 식스팩 만들기 아니면 물구나무서서 팔굽혀펴기……. 25개, 50개. 100개, 200개, 400개 체력 증진을 위한 점진성, 지속성, 반복성의 원리를 경험해 볼까! '일단 해 보자.'라는 의지와 바로 오늘부터 시작하자는 도전 의식이 날 강하게 이끈다. 가즈아!

나는 지속적인 노력이 가능한 열정을 전해 주고 싶고, 우리 아이들과 같이 있고 자신의 가치를 일깨우는 체육 교사이고 싶다. 나에게 '열정'이란 단어는 앞으로의 삶에 따뜻한 가슴을 따라 살아갈 자신감을 줄 것이다.

"실패하는 것보다 더 두려운 것은 후회하는 것이다."

⊕ 눈높이 교육, 나의 기본 교육 철학

학생들과의 '눈높이 교육'이 가장 효과적이고 성공적인 교육의 지름길이라는 것을 천천중학교에서 만난 첫 선배 교사 김대준 선생님을 통해 배웠고, 현재까지 나만의 교육 철학으로 삼아 교사 생활을 하고 있다. 돌이켜볼 때 자신의 외모에만 신경 썼던 과거였다면, 지금은 내면과 외면의 동반 성장을 위해 '할 수 있다'는 믿음을 심어주는 체육 교사가 되고자 한다.

이때부터일까! 또 다른 목표를 세웠다. 체조 선수는 아니지만 조금 잘한다고 생각되는 '물구나무서기를 한 채로 여행 중 명소에서 사진으로 100장 기록하기!' 이 목표를 정한 뒤로는 어디를 가도 '물구나무 미션'을 해야겠다는 작은 강박관념으로 인증샷을 촬영했다. 관광 명소에서 사진 찍으려고 반복하는 물구나무서기 동작이 처음에는 창피해서 망설이기도 했다. 점점 누적되는 나만의 기록들이 담긴 SNS를 보면서 만족감도 높아만 갔다. 이래서 학생들이 SNS로 소통을 하나 싶다.

03

학교 축제로 대박 난 다재다능 체육 교사

1 체육 수업 디자인을 위한 유쾌한 아이디어

다 함께 즐기는 축제

"안개비~ 조명은~~~"

음악이 시작되면서 어두움이 걷히고, 학생회 임원들로 이루어진 경호원들과 함께 승용차가 미끄러지듯 입장한다. 그중 차에서 내린 두 명의 댄서가 경호를 받으며 무대로 올라간다. 화려한 조명과 함께 화려한 댄스, 환호와 함성!

대학 시절 이벤트 회사에서 아르바이트한 경험과 PD 본능이 있던 나에게 '학교 축제'란 최고의 즐거움이었다. 그 학교 축제를 나는 학생이 주인공이 되어 교직원, 학부모, 지역 사회가 함께 즐길 수 있는 마을의 축제로 만들고 싶었다.

그래서 한 달 전부터 모두가 참여할 수 있는 축제를 기획했다. 프로그램 오디션을 통해 재능 있는 학생들을 선발하고, 수업을 통해 성장한 학생 장기(동아리, 창체, 방과후 수업) 발표, 선생님들의 막무가내 댄스, 학부모님들

의 에어로빅 재능 기부, 학생과 학부모의 악기 콜라보, 밤하늘을 수놓을 아카펠라 동호회 특별 초청, 사제 간 갈등과 화해를 위한 편지 이벤트, 연예인들 영상 편지 등, 수없이 많은 코너와 이벤트. 무엇보다 사회자는 바로 체육교사 이청용!^^

교육 공동체 어느 한 부분이 소외되지 않도록 모두가 즐길 수 있는 축제! 그 후로 나는 축제로 대박 난 다재 다능 체육 교사가 되어 있었다.

● 텔레비전에서 찾아낸 보물 같은 아이디어

텔레비전을 사랑했던 한 아이가 있었다. 시장으로 일하러 나가신 어머니의 빈자리를 대신해 주는 건 바로 '재미상자(바보상자)' 텔레비전이었다. 무서움과 배고픔을 잊게 해준 방송 프로그램은 뉴스, 다큐, 코미디도 아닌 재미와 감동이 있는 쇼 버라이어티 오락프로그램!

"무한!! 도전~~~~", "1박!!~~~2일~~~", "런닝!! 맨~~~"

세대를 막론하고 오락 프로그램은 사람들의 얼굴에 웃음을 준다. 나 역시 시간 가는 줄 모르고 엔터테이너들의 웃음과 재미에 푹 빠져 지냈다. 당시 텔레비전은 나의 좋은 친구였다.

체육 교사는 신체적 건강, 피트니스 및 팀워크, 바른 인성 등, 잠재적으로 얻을 수 있는 다양한 가치들을 전해 줄 수 있어야 한다. 그중 재미있는 체육 수업을 구성해가는 능력이 특히 필요하다. 즐겁지 않다면 신체 활동을 무의미하게 따라 할 뿐이니까!

학교 체육 수업은 다른 수준의 학습 능력, 운동 기능, 참가 욕구 등 개성 만점의 학생들이 참여한다. 그래서 교사는 체육 수업을 각기 다른 학생들의 특성을 고려하며 적극적으로 참여할 수 있도록 설계해야 한다. 또한 학생들이 열정적이며 필요한 활동과 체력을 얻도록 수업을 구성해야 한다.

즐거움을 전해 주는 의미에서 예능 PD와 같은 역할로 '미션 수업'이란 주제들을 가장 재미있게 기획하여 체육의 가치를 전하고 있는 나는 '대한민국 최고의 체육 수업 PD'이다.

세 개의 예능 프로그램은 현재까지도 체육 수업에 많은 아이디어를 제공해주는 웃음코드의 원천이다. 나의 수업 아이디어로 정착한 다음 코너들에 대해 이야기해보고자 한다.

● 〈무한도전〉에서 찾은 도전 (김태호 PD)

기발한 아이디어로 매회 신선하고 재미와 감동을 주는 프로여서 좋다. 억지 같은 장면도 많지만 무모함을 이겨내고 도전하는 모습이 가장 큰 테마라 생각된다. 댄스 스포츠 도전기, 유명 스타와 함께하는 농구, 테니스, 축구, 루지 & 봅슬레이 도전, 조정을 통한 팀 도전 등을 통해 스포츠가 감동을 주는 이유를 보여 준다. 유명 스포츠 스타가 아니라 운동 신경이라고는 1도 없는 몸치인 구성원들이 배워본 적 없는 스포츠를 이해하고 무한 노력을 통해 도전해가는 온갖 에피소드와 무한 상상들.

장기 프로젝트였던 '댄스 스포츠' 편의 감동은 지금도 잔잔한 울림으로 기억하고 있다. 이 도전은 100% 실패할 줄 알았다. 하지만 파트너를 배려하고 노력하면서 성장해가는 멤버들을 보면 가슴이 찡하다. 대회를 마친 후 소리 없이 울던 모든 출연진들.

스포츠가 안겨주는 진심과 감동이 그대로 전해지는 듯해서 나는 댄스 스포츠 수업을 계획했다. 그러나 수업의 결과는 처참, 아니 너무 무모했다. 그래도 아이들이 못한다고 포기하기보다 실패해도 포기하지 않고 도전하는 용기를 배웠으리라 생각한다. 나 역시 항상 도전하는 마음으로 수업한다.

어느새 '무한 도전'이라는 단어는 내 인생의 좌우명처럼 자리하고 있었고, 수업 중 가장 많이 사용하는 단어인 듯싶다. 우리 아이들을 위한 도전, 체육 활동을 위한 도전, 미래를 위한 도전. 도전하는 삶이 왜 아름다운지 몸소 보여주고 싶다.

● 〈1박 2일〉에서 찾은 도전 미션 (나영석 PD)

이 프로그램에서는 '복불복 게임'이 가장 눈에 들어와서 수업 시간에 바로 적용해 보았다. 무엇보다 2010년 경남 '욕지도' 편에서 저녁식사 복불복 게임 중 하나였던 '99초 미션 게임'! 멤버들은 한 가지씩 각자의 종목에 도전하고 또 도전했다. 결과는 실패해서 저녁식사 기회(지역 특산물)를 모두 빼앗겼지만, 이 코너를 시청하던 나는 바로 이거다 싶을 정도로 수업에 적용해 보고 싶은 마음이 강렬하게 들었다.

심지어 프로그램의 각 미션은 우리 중학생들이 배웠던 신체 활동과 연관이 있었다.

'제기차기 10회 ➡ 딱지 쳐서 넘기기 ➡ 윗몸일으키기 10회 ➡ 코끼리코 10바퀴 돌고 신발 던져 잡기 ➡ 2단 줄넘기 10회 ➡ 레몬 먹고 휘파람 불기 ➡ PD와 지는 가위바위보'를 정해진 99초 안에 성공해야 한다.

시간상으로는 충분히 가능하지만, 이 미션에는 함정들이 존재한다.

> 첫째, 어느 단계에서 실패를 하면 첫 번째 단계로 이동해서 다시 시작.
> 둘째, 첫 도전은 항상 체력이 중요한 미션으로 구성.
> 셋째, 각 단계 중 성공 확률이 50%인 미션이 반드시 존재(딱지치기나 가위바위보는 성공하거나 실패하거나임.).

1박 2일 멤버 가운데 김종민이 갖는 천덕꾸러기 캐릭터가 재미를 더해 주듯 학생들도 꼭 이런 역할을 담당하는 친구가 있어 재미가 더해질 것이다. 중요한 마지막 순간, 이 미션만 통과하면 성공인데, 시간도 충분한데, 항상 엉뚱하게 성공 기회를 실패로 만들어 버리는 능력의 소유자. 시간에 쫓겨 빨리 하다 보면 실패해서 1단계로 되돌아가야 하고, 여유를 부리면 시간이 부족하고, 마지막 단계까지 도착했지만 김종민은 엉뚱한 행동을 하고. 시청하는 내내 잃어버린 내 배꼽을 찾느라 고생했다.

여느 방송처럼 짜여 있지 않고 리얼리티를 추구하는 실전 여행 예능프로그램. 이러한 모습들이 우리 학교 현장과 너무도 닮아 있다. 학교 체육 시간역시 너무도 리얼하다. 모든 구성원들의 개성에 맞는 역할이 있듯이, 우리아이들도 모든 운동을 잘하는 게 아니라 각자가 잘하는 걸 응원해 주면 된다. 미션 수행 과정에서 팀 내 집단 응집력이 생겨나기를 희망하고, 목표를정해진 시간에 성공하고픈 마음으로 최선을 다하는 스포츠 정신과도 일맥상통하는 듯하다.

나는 이 프로그램을 바로 수업에 적용해 보기로 했다.

1차시에 학생들에게 게임 설명을 했다. 70%는 이미 알고 있었다. 편집한영상들을 활용하니 200% 이해했기에 바로 수업으로 진행이 가능했다. 1박2일 미션을 그대로 진행해봤다. 계속 실패해도 마냥 즐겁게 참여하는 녀석들이 고마웠다.

2차시에는 학생들이 체육 시간에 배운 '수행 평가' 종목들로 미션 과제를변경했다. 모두가 소외되지 않고 개인이 잘할 수 있는 종목을 선택하거나, 팀 회의를 거쳐서 종목의 순서나 담당자를 변경하는 등, 팀별 작전 시간을갖도록 유도했다.

가장 의미 있는 순간은 바로 이 부분이었다. 언제나 움직이기 싫어하던소심했던 친구도 팀을 위해 어쩔 수 없이 참여했지만, 이번만큼은 자신의역할이 있음을 느끼면서 열심히 도전하고 성공해 가는 모습,

사실 처음에는 실패하면 온갖 욕을 해대는 '강한' 녀석들 때문에 수업에더 참여하기 싫어하는 학생이 나오기도 했다. 그러나 성취 의욕이 앞서 미

선에 실패하면 비난과 욕이 난무하는 부작용이 발생하여 '실패해도 괜찮아! 그럴 수 있어!'라는 응원 멘트를 외치게 했다. 이러한 작은 응원이 아이들을 성공으로 이끌었을 것이다.

3차시에서는 각 팀 대표를 선정하고 전체 미션을 혼자서 성공해보기로 계획하고 진행했다. 8~10개의 미션을 '99초'라는 정해진 시간에 성공하기에는 체력이 허락하지 않았는지 성공한 학생이 나타나지 않았다.

4차시 정도가 지나면서 자기 팀을 응원하게 되고, 마지막 단계인 단체 줄넘기 50회를 한마음으로 성공한 후 서로가 부둥켜안고 환호하는 모습에 마치 월드컵 4강에 오른 줄! '내 생애 최고의 수업'이라 말하고픈 아름답고 감동적인 모습이었다.

이번 프로젝트는 재미와 감동 그리고 신체 활동을 통한 팀 내 협동심 향상에 눈에 띄는 성과를 거둘 수 있었다. 이후로 모든 수업에 팀 과제와 미션 순서 변경 과제를 부여하는 방향으로 다양하게 응용하여 설계할 수 있었다.

수업 조력자인 나는 강호동의 역할처럼 학생들을 격려하거나 선수들을 제지하기도 하고, 하나로 뭉칠 수 있도록 살짝 반칙도 해가면서 목소리를 높이다 보면 어느새 수업 종료를 알리는 종이 울린다.

체육 수업 속에 다양한 교육과정과 수많은 가치를 심어 줘야 하는 부분도 있고, 많은 종목들의 기능적 요소들의 성장도 중요하다. 그중에서도 무엇보다 학생들이 즐거운 수업이 되도록 통합할 수 있는 수업이 중요하다고 생각한다. 축구를 잘 배웠다는 느낌보다 축구 수업을 통해 자신이 팀에 도움이 되었다는 자존감과 동료들의 응원이 절대적인 '나만의 체육 수업' 디자인하기.

● 〈런닝맨〉에서 찾은 축제의 장 (정철민 PD)

내가 〈런닝맨〉을 애청하는 이유는 다음 아이디어를 체육 수업에 적절하게 응용함으로써 '스타 교사'로 만들어 준 계기가 되었기 때문이다.

- 이름표 뜯기 체험 ☞ 학교 축제에서 인기 아이템으로 활용
- 뜀틀+양궁 도전
  - ☞ 기계 체조 수업 중 뜀틀과 양궁의 점수판을 융합하여 수업 진행
- 신발+양궁 ☞ 신발 던지기로 수업 진행
- 십자 배구, 족구, 킨볼, 배드민턴
  - ☞ 4개 조가 동시에 실시하는 네트 운동 함께하기
- 초대형 삼각 줄다리기
  - ☞ 체육대회에서 모든 학년이 한 번의 게임으로 승부 결정
- 단체 줄넘기 대회 ☞ 팀워크를 향상시키기에 가장 좋았음.
- 방울 숨바꼭질 ☞ 개인전, 팀전으로 심폐 지구력 게임(학교가 완전 시끄러움.)
- 야구 규칙 변형 게임 ☞ 티볼 수업에 적용

● 체육 수업 디자이너를 꿈꾸며

내가 좋아하고 전 국민이 좋아할 정도로 검증된 게임이나 스포츠 게임들을 학교에서 아이들과 함께 웃고 즐기면서 할 수 있는 신체 활동에 바로 접목하는 '응용력과 실천력'이야말로 나의 무기이자 특기라 할 수 있다.

유재석, 강호동 같은 스타는 개인의 능력과 함께 수많은 스태프들이 만들어 내는 것이다. 단연코 혼자서는 절대 할 수 없다.

학교에서도 개인의 능력으로 학생들의 모든 것을 바꿀 수는 없다. 수많은 스태프들과 함께 만들어 가는 방송, 공연처럼 유기적이어야 성장하고 변화하는 문화를 만들 수 있을 것이다. 이들 세 예능 프로그램과 같이 성공한 방송은 새로운 시도를 보여 주는 연기자와 창의적인 PD 그리고 스태프가 함께 만들어 낸 작품이다.

그들처럼 감동을 기획하고 싶고 PD가 되고 싶었던 한 소년은 진로를 바꾸게 된다. 그리고 학교 안에서 스토리가 있는 체육 수업을 기획하고 실천해 가는 교사가 되었다. 즐거움 속에서 의미를 느끼도록 하는 나만의 체육 수업은 일종의 대화라 생각하고, 운동으로 의사소통함으로써 이해하도록 도와주는 과정들이 교사의 소임일 것이다. 여러분도 치열하게 노력하고 고민하며 자신의 꿈을 향해 힘차게 도전하기를 바란다.

> 대단한 사람이 대단해 보이는 게 아니라
> 오랫동안 꾸준한 사람이 대단해 보인다는 나영석 PD의 말처럼,
> 저도 오랫동안 꾸준하게 노력하는 체육 교사로 기억되고 싶습니다.
> – 대한민국 체육 수업 디자이너 이! 청! 용!

행동 발달 및 특기 사항

갑자기 다가온 것 같은 체육 교사의 삶이 그저 특별한 것이 아니라 자신도 모르게 일상 속에서 평범하게 준비되어 있었다는 사실에 감사하고 있음. 학생들과 주변 동료 교사들에게 선한 마음으로 대하고, 삶을 자신의 의지대로 실천하며 늘 즐겁게 살아가는 '멋진 교장'으로 성장했음.

11
실천인
정광윤

별명

빛날광윤

이름처럼 체육의 가치와 교육의 성과를 빛내라는 의미로 지은 별명이다.

01 나는 이래서 체육 교사가 되었다

1 흘러가는 삶 속에서 기회를 잡다

⊙ 선생님, 어떻게 체육 교사가 되셨어요?

임용 후 첫 근무지였던 일산의 고등학교 1학년 교실.

한 남학생이 어떻게 체육 교사가 되었냐고 묻는다. 딱 보기에도 다부지게 생긴 모습이 운동깨나 할 것 같았다. 아마 태권도가 아닐까. 운동부 특유의 분위기가 느껴졌고, 학교 체육관에서 태권도부 학생들이 운동을 하고 있었기 때문이다.

"교사 임용 시험에 합격하면 돼."

너무 건조한 대답인가 싶어서 그 학생의 얼굴을 보니 여전히 궁금하다는 표정이었다. 아마도 체육 교사가 되려면 무엇을 어떻게 공부해야 하고 실기는 어떻게 준비하면 되는지 그런 류의 답변을 기대했으리라.

"오늘 얘기하기에는 시간이 부족한 것 같다. 체대 진학에 대해 궁금한 학생은 편하게 찾아와."

하지만 그 학생은 며칠이 되어도 상담하러 오지 않았고, 나 또한 바쁘다 보니 한동안 만나지 못했다. 얼마 후 나는 그 학생을 보자마자 물었다.

"너, 왜 안 찾아왔어?"

"괜찮아요. 그냥 한번 물어본 거예요."

어딘가 불편해하는 모습. 내가 먼저 찾아가서 대화를 이어갔어야 했나 하는 생각이 들었다.

그날 퇴근길에 잠시 생각해봤다. 누군가 체육 교사가 되는 법을 물어보면 어떻게 답해줘야 하는지를. 체육 교사가 되기까지 곰곰이 기억을 되짚어보니, 많은 도움의 손길이 있었다는 것을 깨닫고 무척 놀랐다.

고등학교 시절의 은사 두 분이 떠오른다. 한 분은 체육 선생님이셨다, 그때는 원래 선생님이니까 그러려니 했다. 돌이켜보면 체육 교사로서의 내 인생은 그때부터 준비되어 있었던 것이 아닌가 싶다.

'짜리~! 릴라~!'

선생님 별명이 키가 좀 작다고 해서 '짜리몽땅'. 그런데 근육은 울퉁불퉁해서 고릴라 같다고 가끔 애들이 멀찍이서 놀린다.

하지만 선생님은 쿨하게 웃음으로 받아 넘기신다. 다른 학생들이 농구, 축구, 야구로 이곳저곳에서 아나공("아나, 공 여기 있다."에서 유래하여, 체육 교사의 방임하에 학생들끼리 하는 구기 종목 중심의 체육 수업을 비판하는 말임.) 할 때 난 철봉으로 다가간다. 구기 종목을 잘하지 못한 데다, 몸으로 부딪치는 것도 싫어해서 철봉과 평행봉을 즐겼다. 오르기, 돌기, 매달리기를 하고 있으니 어느새 다가오신 선생님이 말씀하신다.

"광윤아, 너 차오르기 할 줄 알아?"

선생님은 시범을 보여 주시고, 내가 잘하지 못하면 격려하고 요령을 설명해 주셨다. 그 작은 관심과 격려 덕분에 체육에 매력을 갖게 되었고, 졸업 후 재수하면서도 꾸준히 운동을 할 수 있었다. 이런 생활 습관이 체대 진학에 큰 도움이 되었다.

또 한 분은 고3 담임 선생님이셨다. 고교 졸업 후 화물 트럭 조수를 하면서 더 나은 미래의 직업을 생각하다가 공부하기로 마음먹고 재수를 시작했다. 짧은 재수 생활이었지만 학력고사 성적표를 받아 보니, 체대에 지원할 수 있는 점수가 나왔다.

성적표를 받아들고 모교로 찾아가 담임 선생님께 체대 진학에 대한 생각과 가정형편을 말씀드렸다. 가급적 경제적 부담이 없는 곳에 진학하고 싶다고 했더니, ○○대 지방 캠퍼스는 어떠냐고 조언해주셨다.

"서울의 본교는 거의 체육 특기생을 뽑는단다. 지방의 분교는 어떻게 생각하니?"

"그 분교에는 무슨 과가 있나요?"

"체육학과, 경기지도학과, 무용과가 있는데, 실기시험 잘 치면 장학금도 받을 수 있을 거야."

"잘됐네요. 체육학과가 있으면 괜찮아요."

"그래, 분교면 어떠냐. 네가 하기 나름이다. 좋은 성적 받고 교직 이수해서 꼭 체육 교사가 되면 좋겠다. 열심히 응원하마."

학창 시절엔 그리 각별한 사제 관계는 아니었다. 그런데 친절하게 나의 진로를 걱정해주시고, 실기 시험 준비하는 내내 많은 도움을 주셨다. 원하는 대학에 합격했다고 알려드렸더니, 축하와 함께 당부의 말씀을 해주셨다.

"대학에 입학하고 얼마 후에는 군대에 가야 해. 학군사관학교 후보생

> ■ 어려움의 한가운데에 기회가 놓여 있다. (알버트 아인슈타인)
> ■ 스승은 문을 열어준다. 하지만 반드시 당신 스스로 들어가야만 한다. (중국 속담)
> ■ 나는 행운이란 준비와 기회의 만남이라고 생각한다. (오프라 윈프리)
> ■ 실수란 없다. 오직 기회들만 있을 뿐. (티나 페이)
>
> ―원은정, 『내 인생의 주인공으로 산다는 것』(착한책, 2020)

(ROTC)으로 지원해봐. 장교로 임관하면 소대원을 지휘하고 통솔하며 리더십과 포용력도 키울 수 있어. 교원 자격증을 취득하고 학교로 나가면, 멋진 체육 교사나 교련 교사의 면모를 갖출 수 있지.”

난 선생님 말씀대로 모든 것을 실천했고, 원하던 체육 교사가 될 수 있었다. 우리는 살아가면서 미처 깨닫지 못하는 부분들이 많다. 주위 사람들에게서 알게 모르게 도움을 받고 있다는 사실 말이다.

물론 무엇보다 중요한 것은 진로 선택에 대한 자신의 고민과 노력일 것이다. 하지만 인생 선배의 조언은 삶의 방향을 설정하는 데 지대한 도움이 된다. 삶에서 한두 해 늦는다고 패배자나 아웃사이더가 되는 게 아니듯이, 내가 선택한 결과가 좀 나쁘게 나왔다고 낙담하거나 좌절할 필요는 없다. 지금이 아니라도 언젠가 될 것이고, 오늘이 아니면 내일이 또 있지 아니한가. 누가 뭐라 해도 내 인생의 주인공은 바로 나다. 인생을 즐기며 행복하게 살 줄 아는 주인공이 되자. 흘러가는 삶 속에서 기회는 언제고 찾아온다. 내 경우에는 그 기회가 ‘체육 교사’로 왔을 뿐.

“너는 지금 무엇을 준비하고 있어?”

“너의 삶은 어떤 모습으로 다가올까?”

실천인
체육 교사

1 앞이 아니라 미래를 보자

⦿ 간절히 소망하던 평생의 동반자

"체육 쌤, 결혼했어요?"

초임 발령 후 4년 만에 수원의 ○○중학교로 전보되어 왔다. 선생님들만 그런 것이 아니라 남녀 공학이다 보니 여학생들도 쪼르르 달려와서는 우물 쭈물하다가 물어본다.

초임 발령 전에 연애 중이었고, 임용 시험에 합격해서 발령 후 2년 만에 결혼했다. 교직에 들어오기 전, 사설 야영장에서 조교 일을 할 때 그곳에 간호사로 취직하러 온 아내를 만났다. 함께 근무하면서 살펴보니, 그녀의 성격과 행동이 무척 마음에 들었다.

행사 없는 날에는 같이 출퇴근하면서 편안한 만남을 유지하던 어느 날, 야영장 운영 방식에 대해 처우 개선을 요구했다가 거부당했다. 그래서 사표를 냈는데, 공교롭게도 그녀와 나 둘만 나왔다. 그녀는 병원에 취직했고, 난 그해 전국 시도교육청에서 동시에 치러지는 중등 임용고사 1기 시험을 준비했다. 경기도에서 선발하는 체육 교사는 25명으로, 첫해는 공립과 사립의 선발 비율에 차등을 두어 비(非)사범대학 출신들은 30%인 7명을 선발했는데, 경쟁률이 약 120대 1이었다.

대학 졸업 직후 군대에 다녀온 나는 야영장 조교 생활을 하고 나서 공부하려니, 공백기가 길어서 모든 게 힘들었다. 책을 보면 졸음이 쏟아지고, 전날 공부한 것은 머릿속을 들락날락했다. 그래서 임용고시 학원에 갔는데, 수강생들이 많아서 마음을 굳게 먹어야만 했다.

이런 경쟁 스트레스에서 버틸 수 있었던 것은 아내 덕분이다. 아내는 내가 지치고 힘들 때면 위로를 아끼지 않았고, 차분히 공부할 수 있도록 응원해주었다.

경기도 중등 체육 교사 임용 후보자 경쟁시험 1차 필기와 2차 실기를 준비하던 그해 겨울은 유난히 추운 날이 많았다. 모진 추위 속에서도 도서관과 독서실에서 밤늦게까지 공부했고, 실기 시험의 경우 팔달산과 모교 운동장, 체육관에서 혼자 매트 깔고 뜀틀 놓고 허들 옮겨 나르면서 열심히 연습했다. 손발이 엄청 시렸기에 가끔씩 주물러서 온기를 불어넣으며 연습했다.

지친 마음에 그녀에게 전화하면 그날 힘들었던 모든 것을 잊을 수 있었다. 막강한 경쟁 속에서 최종 합격을 목표로 모든 어려움을 이겨낼 수 있었던 것은 임용고시에 당당하게 합격해서 이 여인과 결혼하는 것이었다.

퇴근하는 버스 안에서 지난 시간을 생각하니 입가에 엷은 미소가 번졌다. 나에게도 간절하게 소망하는 것이 있었다. "고생 끝에 낙이 온다.", "하늘은 스스로 돕는 자를 돕는다."라는 격언이 떠올랐다.

"너에게 다가올 간절한 소망은 무엇일까?"

작은 소망
-정연복

지상에서 앞으로 살아갈 동안
기막힌 행운이나 크나큰 행복은
나를 영영 찾아오지 않아도 좋다.

다만 내 삶의 주변에 지천으로 널린
작고 소박한 행복을 발견하고 기뻐하는
맑고 욕심 없는 눈과 마음을 가질 수 있기를.

☺ 꿈은 꾸는 것이 아니라 이루는 것

교직에 들어온 지 몇 해 되지 않은 시절이다. 점심시간에 많은 학생들이 공차고 농구하고 군데군데 모여서 놀고 있는데, 운동장 건너편 스탠드 모서리 한 켠에 자리 잡고 앉아있는 남학생이 보였다. 왠지 처량해 보이기도 하고 뭔가 힘들어하는 것 같았다. 멀찍이 떨어져 있지만 가끔 나를 쳐다볼라 치면 짐짓 안 보는 척하고 다시금 흘깃흘깃 살펴봤다.

'어떻게 할까? 가서 왜 그러냐고 물어볼까? 그냥 모른 척할까?'

속으로 갈등하고 있는데, 그 학생이 움직인다. 점심시간이 끝난 것이다. 다음 날 점심시간, 그 남학생이 또 운동장 구석에 앉아 있었다. 이번에는 슬금슬금 다가갔다. 그리고 별일 없다는 듯이 '오늘 날씨가 좋지 않냐', '넌, 운동 안 하냐' 하고 말을 걸었다. 하지만 그 학생은 별다른 내색이나 대꾸가 없다. 가다가 휙 뒤돌아보며 들릴 듯 말 듯 나지막하게 한마디 한다.

"선생님은 제 아픈 마음을 몰라요."

얼마 후 학생생활지도부에서 그 학생을 보았다. 퇴근 무렵 생활지도 선생님께 슬쩍 물어보았다. 그랬더니 같은 반 학생 몇 명이 그 학생을 해코지했다는 것이다. 그래서 사실 관계를 확인했고, 가해 학생들을 선도 처분할 계획이라고 하셨다. 그 당시는 피해자 인권 보호가 그다지 엄격하지 않았다. 가해 학생들을 교내 선도위원회 규정에 따라 처리하곤 했다.

'아직도 학교에는 이런 학생들이 있는 걸까?'

'왜 그렇게 집단으로 행패를 부리는 걸까?'

'아픔 없는 학교생활은 불가능할까?'

여러 생각들이 교차하는 가운데 나의 고교 시절이 불현듯 떠올랐다. 내가 다닌 공업고등학교에는 주간반과 야간반이 있었는데, 나는 주간반 토목학과에 다녔다. 자격증을 취득해서 사회에 빨리 진출하고 싶었다.

그렇게 일 년이 흐르고 이듬해 4월, 오후 실습 교육이 끝나고 하교하는 나를 같은 반 학생이 불러 세우더니 자기랑 잠깐 어디를 가자고 한다. 같은 반이지만 아직 대화를 나눠본 적이 없기에 서먹서먹한 모습으로 그 학생을 졸졸 따라갔다. 그런데 학교 담장을 돌아 좀 외진 길로 들어서자, 3명의 학생들이 나를 기다리고 있었다.

"야, 너 나 알아?"

키가 좀 작아 보이는 학생이 대뜸 묻는 말에 어떻게 답할까 망설이고 있었다.

"자식이 물어보면 말을 해야지."

옆 학생이 한마디 거든다. 그래서 어물어물 대답했다.

"글쎄, 너에 대해 잘 모르는 것 같은데,"

"그런데 왜 나를 깔보고 다니냐? 왜 키 작다고 만만하게 보이냐?"

아니라고 말하려는데 옆에 있던 다른 학생이 흉기를 꺼내서 겁이 났다. 요즘 패거리로 몰려다니더니, 나한테까지 해코지를 하려는 것 같았다. 말문이 막히고 어떡해야 할지 몰랐다. 갑자기 그 학생이 내 가슴팍에 펀치를 날렸다. 대항할 수 없는 상태로 몇 대 맞았다. 그때 천만다행으로 지나가던 어른이 무슨 일이냐고 물으셨다.

"같은 반 친군데 얘기 좀 하는 중이예요."

"난 야간부 선생이다. 주간부 학생들, 수업 끝났는데 왜 길에서 이러고 있지?"

선생님은 나에게만 따라오라고 하셨다.

"내가 보기엔 너에게 해코지하는 것 같은데. 말해 봐. 무슨 일이지?"

나는 잠시 고민했다. 사실대로 얘기했다가는 뒤탈이 날까봐 걱정되었고, 별일 아니라고 하면 내가 자존심 상할 것 같았다.

"아녜요. 선생님, 아까 그 친구가 오해하고 있는 것 같아요. 자기를 무시하고 얕잡아 본다고 해서 화가 나 있던 거예요. 잘 해결할게요."

"뭔 일이 있는 것 같은데, 잘 안 되면 다시 말해라."

다음 날, 별다른 대화는 하지 않았다. 그런 일이 있고 나서 바로 동네 건물 2층에 위치한 전통 무술 도장에 다녔다. 졸업 후 화물 트럭 조수를 하기 전까지 2년간 열심히 운동했다. 아프고 슬픈 경험이었지만 굳건히 이겨내어 몸과 마음이 강해졌다. 그때의 운동 경험이 나를 체육 교사의 길로 들어서게 된 계기가 된 것 같다.

흔들리며 피는 꽃
- 도종환

흔들리지 않고 피는 꽃이 어디 있으랴

이 세상 그 어떤 아름다운 꽃들도

다 흔들리면서 피었나니

흔들리면서 줄기를 곧게 세웠나니

흔들리지 않고 가는 사랑이 어디 있으랴

젖지 않고 피는 꽃이 어디 있으랴

이 세상 그 어떤 빛나는 꽃들도

다 젖으며 젖으며 피었나니

바람과 비에 젖으며 꽃잎 따뜻하게 피웠나니

젖지 않고 가는 삶이 어디 있으랴

어른들은 말한다. 다 그렇게 크는 거라고, 맞고 싸우며 이겨내고 견뎌내다 보면 어느새 어른이 된다고. 하지만 그런 상황을 겪어 보지 않은 사람은 쉽게 말하면 안 된다. 누구에게도 말하지 못한 채 속으로 끙끙대고 삭이며 살아가는 고통의 시간들.

고교 시절은 인생의 황금기라고들 한다. 그 시기엔 많은 꿈을 그려보고 지우며 또다시 멋진 삶을 그려볼 수 있다. 꿈꾸는 모든 것을 이룰 수 있어서가 아니라 그 모든 것을 꿈꿀 수 있기에 더없이 좋은 시기! 스케치는 언제고 어디서든 내가 그리고 싶은 대로 그릴 수 있고 지울 수 있다. 학창 시절에는 부디 타인으로 인한 아픔과 슬픔은 없었으면 좋겠다. 기쁨과 행복만이 가득하면 좋겠다. 꿈꾸는 젊음이 세상을 움직인다. 멋진 꿈이 아니어도 좋다. 내 꿈을 키우자.

"네가 키우는 꿈은 어떤 걸까?"

2 그 무엇보다 행복이 우선이다

행복의 조건

"아이들이 언제 행복해하는지 알아?"

고양시 일산 ○○고등학교에서 체육 교사로 첫발을 내딛고 교단에 설 때의 그 감정이 지금도 생생하게 느껴진다. 몇 달은 수원서 일산으로 전철과 기차를 타고 매일 출퇴근했다. 왕복 6시간씩 소요되는 불편함 속에서도 학생들과 함께하는 체육 수업 시간이 마냥 행복했다.

"교사는 말이야, 항상 아이들이 있는 곳에 함께해야 해."

"네, 그 말씀의 의미가 뭐예요. 수업 시간에 늘 같이 있는데요."

"당연히 수업 시간은 그래야지. 근데 말이야, 아이들이 언제 행복해하는지 알아?"

"공차고 놀 때요."

"하하하, 보이스카우트 한번 맡아봐. 그럼 알게 될 거야."

그래서 교사 생활 2년차에 보이스카우트 담당 지도 교사가 되었다. 당시에는 청소년 단체들이 많았다. 거의 대부분이 학교에 조직되어 있어서 교사

들이 지도 관리를 맡았다. 단체 영역에서 학생들의 성장 발달 단계에 따른 활동들이 하늘과 땅, 바다에서 활발하게 전개되었다. 정부 또한 청소년 단체 활동을 권장하고 지원을 아끼지 않았다.

그래서인지 몰라도 나 또한 결혼 전부터 보이스카우트 대원들과 해마다 4월부터 11월까지는 매주 야외 활동을 하면서 새로운 주말 라이프를 즐기게 되었다. 소년 같은 어른이 학생들과 함께 톰 소여가 되고 허클베리 핀, 타잔이 되기도 하고, 인디언이 되기도 하며 숲과 계곡에서 대원들과 함께 즐겼다.

대원들과 자연 속에서 캠핑하며 추적 관찰 활동을 하고 다양한 생존 도구도 만들었다. 숲속 놀이 활동을 하면서 자연에 대한 무한한 감사함을 느꼈다. 학교에서의 수업 시간과 일상생활을 벗어나 자연 속에서 학생들과 함께하는 청소년 단체 활동 시간은 교사로서의 또 다른 교육적 보람이었다. 각자의 삶을 만들어 가는 지혜를 나누는 것이었으며, 나를 둘러싼 모든 것들에 대한 소중함도 깨달았다. 대원들은 학교에서 배우기 힘든 것을 자연 속에서 스스로 만지고 보고 듣고 느끼며 체득하면서 지혜를 키웠다.

매년 학교 입학식 후 처음으로 치러지는 선서식부터 지역 캠프, 연맹 행사, 전국 챌린지 대회, 아시아태평양 캠퍼리 대회(캠프와 잼버리의 합성어), 세계 잼버리 대회 등에 참여했다. 대원들과 행복한 추억을 차곡차곡 쌓아 바른 성장을 하도록 안내하는 지도자 생활이 20년간 지속되었다. 그리고 그때 함께했던 소년들은 어느새 중년의 아저씨로 변했다.

교사는 청소년 단체 활동만이 아니라 체육 수업에서도 늘 학생들과 함께 어디서든 함께할 수 있어야 학생들에게 행복을 전해줄 수 있다. 또 이런저런 대회 행사에 참여해서는 언제고 환하게 웃는 표정, 뭔가를 완성했을 때의 성취감, 협동으로 집을 짓고 불을 때면서 밥을 짓는 진지한 모습들이 모두가 다 하나의 즐거운 하모니로 완성된다. 비록 삼층밥을 지었거나 누룽지가 시커멓게 되었어도 그것조차 맛나게 나눠 먹으며 와자지껄 떠들고 즐거워하던 모습들이 모두 다 정겨웠다. 바로 이때가 학생들이 행복해하는 시간이라는 것을 알게 되었다.

선배 교사들이 무엇을 어떻게 가르치라고 참견하지 않는다. 모름지기 교사 스스로 알아서 하는 것이고 아마도 잘 할 수 있을 거라 믿고 격려하시는 것 같았다. 그래서 나 또한 더 좋은 교사가 되고자 교육 대학원에도 진학하고 '수업 잘하는 체육 교사'라는 소리를 듣고 싶어 교과 연구회 활동도 열심히 했다. 돌이켜보면 이런 활동들이 내 성장의 자양분이 되었다.

교사는 학생들의 거울이기에 좋은 표상이 되어야 한다. 학생들은 선생님의 모습을 보고 행복하거나 슬퍼하거나 힘들어한다. 그래서 우리들은 가끔 되새긴다. 아이들의 행복한 모습을 보려면 교사가 먼저 행복해야 한다고.

"너는 언제 행복해?"

오늘을 자신의 날이라고 말할 수 있는 사람은 홀로 있어도 행복하다.
– 존 드라이든

대부분의 사람들은 자신이 마음먹은 만큼만 행복하다.
– 에이브러햄 링컨

행복이란 자기가 갖고 있지 않은 것을 바라는 것이 아니라
자기가 갖고 있는 것을 즐기는 것이다.
– 린 피터스

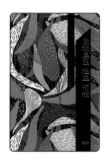

「허클베리 핀의 모험」
마크 트웨인 지음
북트랜스 옮김
2014, 북로드

「톰 소여의 모험」
마크 트웨인 지음
이미정 옮김
2017, 인디고

희생이 아닌! 보람과 행복으로

● 체육 교사라는 직업의 다음은?

"정 선생, 할 만해? 교사 생활이 재미있냐고."

선배 교사의 갑작스런 질문에 바로 답을 하지 못했다. 아마도 무작정 열

심히 생활해 와서 그럴 것이다. 그런데 요즘 들어 부쩍 그 선배의 말이 가슴 한 구석에 큰 돌덩어리로 자리를 잡아, 시시때때로 삶에 대한 질문들이 고개를 들곤 했다. 어떤 모습으로 생활하고 있는지, 교사 생활에 만족을 갖고 있는지, 학생들에게 도움을 주는 교사인지 등등.

"체육 교사로 산다는 것은 희생을 강요당하는 것 같아. 생각해봐, 요즘 체육 교사들의 역할과 위치 그리고 위상을."

이번에도 즉답은 못했다. 그래서 내가 근무하고 있는 고등학교 체육 교사의 역할과 상하관계에 대해 생각해봤다. 체육 수업 시간 주당 평균 21시간, 체육부장, 생활부장, 학교 운동부 관리, 청소년 단체 활동 운영, 보건 업무 지원, 아침 등교 지도, 급식 지도, 학교 운동장 관리, 월례 조회 지도, 흡연자 지도, 체육 대회 운영, 체대 입시반 운영 등 업무가 다양하다 보니, 가정보다 학교에서 더 많은 시간을 보내고 있었다. 정말 이 모든 것들이 희생 없이는 불가능했다.

이런 다양한 업무를 당연한 것으로 받아들이고 생활해 왔다. 이를 다른 면에서 보고 생각해본 적이 없었다. 아직 경력이 짧아서인지, 아니면 젊은 패기에서 그냥 해왔기 때문인지도 모르겠다. 아직도 체육은 변두리 교과로 인식되고 있고, 학생 선택보다는 관리자의 교육 과정 운영 방식에 따라 제일 먼저 감축 대상이 되는 데다, 평가에서도 여느 교과보다 낮은 점수를 부여 받는 사례가 많았다.

특히 제일 힘든 것이 생활 지도 업무였다. 각 학년마다 체육 교사들이 이 업무를 맡아 처리하다 보면 학생들과 학부모들에게 많은 항의와 민원을 받았다. 그에 따른 업무 스트레스가 무척 심해서 다른 학교로 전출가거나 휴직을 하는 경우도 많았다. 그래서 선배 교사가 나에게 이런저런 일들로 인해 체육 교사 생활이 힘들지 않냐고 물었던 것이리라.

"체육 교사 다음엔 뭐가 있지?"

스스로 질문을 해봤다. 교사 다음엔 승진해서 교감 또는 교장이 되거나, 그냥 평교사로 정년퇴임하는 일이 기다리고 있다. 나는 어떻게 살아가야 할까 한동안 고민했다.

일 년 후 선배 교사의 권유로 교과교육연구회에 가입해서 활동하게 되었다. 연구회 운영 목적에 맞게 체육 수업의 질적 향상과 함께 교수법 등에 관한 연구를 많이 했다. 우수한 선배들과 교류하면서 내적 성장을 할 수 있었는데, 특히 체육 정책에 대해 알게 되면서 자연스럽게 체육 담당 장학사의 역할에 관심이 갔다. 그리고 그로 인해 나의 진로를 결정해야 하는 시간이 가까워졌다.

체육 담당 장학사는 학교와 교사들에게 영향을 미칠 수 있는 체육 정책을 수행하는 직책이다. 나는 교직 경력이 6년밖에 되지 않았지만, 7년 후에 시험 볼 마음으로 교육학, 체육 전공, 교직 교양, 기획 능력 등 여러 정보를 얻고 학교와 집에서 천천히 준비해나갔다.

학교에서는 쉬는 시간과 야간 자율학습 시간에 교실에 들어가 학생들과 같이 공부했다. 담당 행정 업무 및 수업 결손을 방지하고, 동료 교사들에게 민폐를 끼치지 않도록 주의했다. 7년이 지난 후, 전문직 선발 시험에 합격했다.

첫 발령은 경기도 호국교육원의 교육 연구사였다. 그곳에서 학교 간부 학생들을 대상으로 리더십 배양 교육을 운영하였다. 2년 후에는 수원 교육청 및 경기도 교육청 체육 장학사로 옮겨 학교 체육 교육 과정 및 엘리트 체육 선수 육성 그리고 각종 대회 지원 등 체육 행정 지원 센터로서의 지역 기반 역할과 경기도 체육 정책 콘트롤 타워로서의 업무를 수행했다.

체육 장학사로서 보람과 자부심도 있었지만, 체육 행정과 학교의 입장 차이가 큰 경우에는 무척 힘들었다. 지방 자치 단체 도의회 의원들의 지나친 행정 간섭과 지역 주민의 무리한 민원으로 인해 심각한 스트레스를 받아서 심신의 건강을 해치는 경우도 많았다.

가끔은 평범한 체육 교사로 학교 현장에서 학생들과 함께하고 있다면 어땠을까 하는 생각을 한다. 주변에 계신 선후배 동료 교사들의 모습을 보면, 아마도 그분들과 같이 즐겁게 생활하고 있었을 것이다. 전문직을 통해 체육 행정을 하고 그로 인해 교감, 교장으로 승진한다는 것은 학생들과 함께할 시간이 없다는 것을 의미한다. 교사는 학생들과 함께 생활할 때 보람된 삶을 사는 것이고, 수업이라는 매개체를 통해 동반 성장을 하면서 행복을 키우는 자리임을 새삼 깨닫게 되었다.

오늘도 나는 주문을 건다. 체육 교사로 산다는 것은 희생이 아니라 보람과 행복이라고.

"넌 체육 선생님을 어떻게 생각해?"

『일 따위를 삶의 보람으로
삼지 마라』
이즈미야 간지 지음
김윤경 옮김
2017, 북라이프

4 생명을 살리는 체육 교사

◉ 엉뚱하지만 의미 있는 방학 숙제

"방학 숙제가 뭐예요?"

고등학교 1학년 한 학기가 마무리되어 간다. 여름방학을 일주일 앞두고 수업으로서의 가치가 떨어지는 체육 활동이 빈번히 일어난다. 교사로서의 자존감도 떨어지고, 무료한 시간이 흘러갈 때쯤 한 여학생이 질문했다.

"쌤, 체육도 방학 숙제 있어요?"

"그럼, 당근이지."

"진짜요? 뭐예요?"

"물에 빠져 죽지 않고 살아서 돌아오기!"

"에이~, 그게 뭐예요!"

매년 여름철 뉴스에는 물놀이 사고 기사가 나온다. 주말에 가족끼리 물놀이 갔다가 익사했다는 내용이다. 친구들끼리 동네 하천에서 놀다가 깊은 물에 빠지는 사고가 나고, 가족끼리 강변에 캠핑 가서 함께 사고를 당하기도 하였다. 그래서 매년 여름방학에는 학생들에게 방학 숙제를 내주곤 했다. 물놀이 가서 사고 당하지 말고 살아 돌아와서 행복한 모습으로 또 한 학기를 보내자고.

예전부터 생각해온 일을 실천하기 위해 대한적십자사 경기 지사를 방문했다. 학생들에게 방학 숙제를 내주면서 인명 구조 방법을 제대로 가르쳐야겠다고 생각했기에, 이번 여름 방학을 이용하여 수상 인명 구조 강습에 도전했다.

체대를 4년간 다녔지만, 제대로 된 수영 교육은 받지 못했다. 서울 올림픽수영장에 일주일 다니고 시험 봤다. 군대 가서도 유격 훈련 중 수상 강습 훈련을 하는데, 물에 빠져 죽을 뻔했다. 두 명이 1개 조로 전투 복장 그대로 총 들고 짐 싸서 강폭이 거의 100미터나 되는 물길을 헤엄쳐 건넜다. 건너오는 도중에 물을 얼마나 마셨는지도 모르겠고, 어떻게 건넜는지도 생각이 나지 않았다. 죽지 않고 건너온 것이 천운이었다고 생각할 정도로 수영 교육을 제대로 받지 않았으니, 말로만 해서는 안 될 것 같았다. 직접 체험해서 당당하게 수상 인명 구조원 자격을 취득하려고 내 나이 서른여덟에 용감하게 도전했다.

첫날은 간단하게 응급 처치 교육을 받고, 다음 날부터 수원 시내에 있는 원천 저수지로 가서 열흘간 수상 인명 구조 강습을 받았다. 이 강습에 도전하기 전에 어느 정도 자유형과 평영에 대해서는 자신 있었다. 지난 겨울방학부터 실내 수영장에 다니면서 자유형과 평영은 마음먹은 대로 100~200미터는 물론이고, 1시간 정도 물에서 발 한 번 바닥에 딛지 않고 수영할 수 있었기 때문이다.

하루 7시간씩 물에서 영법 기초 훈련, 원영, 입영, 잠영, 서핑, 구조 방법 익히기 등 다양한 프로그램을 아침 9시부터 점심시간 1시간을 빼고는 오후 5시까지 진행했다. 한 사흘까지는 다닐 만했다. 날씨가 무척 더워 갈증도 많이 났다.

하지만 제일 힘든 것은 물에서 나는 냄새와 깊이를 알 수 없는 저수지의 혼탁한 물색이었다. 저수지 특성상 고인 물이라서 어느 정도 냄새는 나지만, 주변 유흥 시설물에서 각종 세척물들이 유입되어 발생하는 악취 때문이었다.

그리고 수경을 쓰지 않고 진행하는 강습이라 맨눈으로 물속으로 들어갈 때는 그야말로 소름 그 자체였다. 수면에서 약 한 뼘 정도만 빛이 투과되고 그 이하는 시커먼 어둠만이 자리를 잡고 있어서 도저히 물속 깊이를 알 수 없었다. 서브페이스를 해서 저수지 바닥까지 내려가서 흙을 한 움큼 쥐고 올라오라고 할 때는 진짜 온몸의 세포들이 곤두서는 것 같았다.

5미터 깊이까지는 그나마 참을 만했다. 7미터 이상은 고막이 터지지 않으려면 내려가는 중간에 한 손으로 코를 잡고 훅하고 귀에다 공기를 뿜어 줘야 한다. 그래야 무사히 바닥에 도달해서 흙을 잡고 올라올 수 있었다.

가끔 저수지 한 바퀴를 도는 원영을 하다 보면, 죽어서 부패하기 시작한 큰 물고기가 얼굴에 부딪치기도 한다. 처음에는 역겹다가, 몇 번 마주치다 보면 무덤덤해졌다. 30℃가 오르내리는 여름 뙤약볕에 얼굴과 온몸은 새카맣게 탔다. 그런 물속에서 물안경 없이 맨눈으로 지냈는데도, 각종 눈병이나 유행성 결막염 및 피부병도 없었다. 참 신기했다.

강습 끝나기 하루 전에 평가가 이루어졌다. 앞서 진행된 각종 영법과 입영은 적당히 통과되었다. 이후 진행된 구조 방법 중에서 전방 목잡이와 후방 목잡이도 제대로 하지 못했다. 연습 때는 강사 분들이 적당히 풀어주더니, 실제 평가 때는 적당히 하지 않았다. 숨을 쉬지 못해 몇 번 물을 먹으니 힘도 쭉 빠졌다. 평가에서 세 개 이상 좋지 않은 점수를 받았기에 그해에는 수상 인명 구조 자격을 취득할 수 없었다. 마지막 날 6시간 고별 수영은 참가하지 못하고 수상 인명 구조 자격 도전은 쓰라린 슬픔을 안고 막을 내렸다.

이듬해 재도전에 나섰다. 이번에도 이런저런 학교 교육 활동과 개인 발전을 위한 대외 활동으로 인해 훈련을 많이 하지 못했다. 강습 실시하기 전에 얼마간 실내 수영장에서 연습한 것이 전부다.

강습 첫날 원천 저수지에 모인 참가자들을 살펴보니, 나보다 나이 많은 사람은 한 명이고 대부분 젊은 대학생들이었다. 그들은 전공 필수 학점을 따거나 수영 강사 자격증을 취득할 목적으로 참가했다. 나는 그 무리들 속에서 열심히 했다.

마음과 달리 몸은 거짓말을 못한다. 강습 셋째 날, 오른쪽 무릎에 통증이 왔다. 입영은 몸을 곧게 세운 상태로 양손은 들고 발로만 물을 차면서 5분간 버티고 있어야 한다. 지난 강습 때에는 팔도 내리면서 적당히 했는데, 이번 강습에서는 요령 없이 하다 보니 버티기가 힘들었다. 결국 닷새를 견뎌 내지 못했고, 두 번째 도전도 성공하지 못했다.

성공하지 못했을 뿐이지 실패란 말은 쓰고 싶지 않았다. 그래서 다시금 세 번째 도전에 나섰다. 삼수를 한 셈이다. 이번에는 좀 더 긴 기간 동안 연습하고 체력도 키워서 기어이 합격했다.

마지막 날, 땅바닥에 발을 한 번도 딛지 않고 진행하는 고별 수영에도 참가했다. 수상 인명 구조 강습에서 배운 모든 교육을 6시간 내내 반복하면서 원천 저수지를 몇 바퀴 돌았는지 모른다. 모든 강습 과정들이 너무나 힘들었지만, 마지막 고별 수영을 하면서 주체할 수 없는 기쁨이 밀려왔다. 나 자신이 대견했으며, 모든 일들에 자신감이 넘쳤다.

수상 인명 구조원 강습 때 첫날 교육한 응급 처치 및 심폐 소생술이 중요하다고 생각했다. 그해 겨울 방학 기간을 이용해 응급 처치 안전 강사 강습을 받아 응급 처치 구조원 자격도 취득했다. 새로운 학년이 시작되면서 각급 학교 청소년 적십자 연맹(RCY) 대원들과 지도자 선생님들, 일반 시민들 응급 처치 홍보 활동에 교육 봉사자로 참여했다. 우리 학생들도 방학 기간을 이용해 이런 교육을 배우면 자기 가족과 함께 이웃들의 소중한 생명도 지킬 수 있고, 자원봉사 활동에도 좋을 것 같아 겨울 방학 숙제로 내주었다.

"이번 겨울 방학 숙제는 응급 처치 및 심폐 소생술 교육이다."

"오, 마이, 갓, 쌤~!"

"너, 응급 처치 할 줄 알아?"

←

『수영 숙제』
후쿠다 이와오 지음
서유현 옮김
2019, 상상의집

외로운 길을 가다

● 체육 장학사에서 교감, 교장으로

체육 교사에서 체육 장학사를 거쳐 체육 중학교 교감을 하다가 ○○고등학교 교장으로 발령을 받았다. 교직에 첫발을 내딛고 26년 만에 학교 관리자라는 큰 책임을 맡은 것이다.

친분 있는 분들이 축하해 주셨다. 감사하면서도 잘 해낼 수 있을까 고민이 되었다. 교장이 되면 뭐가 좋을까를 생각해본 적이 있었다. 첫째는 학교 운영의 최고 책임자로서의 자부심, 둘째는 가문의 영광, 셋째는 교장실이 있는 것.

그런데 내가 처음 근무하게 된 교장실은 길이 6m 정도의 컨테이너 박스에 설치되어 있었다. 학교에 긴급한 일이 발생해서 특별실 및 교장실을 모두 일반 교실로 변경했기 때문이다. 부득이하게 학교 건물 주변에 컨테이너 박스를 설치해서 임시 교장실로 사용해야 했다. 그나마 학교 맞은편 공원의 멋진 풍경이 창밖으로 보여서 위안을 삼았다. 교장실이 뭐 그리 중요하겠는가. 화려한 곳이 아니면 어떤가. 나에게 주어진 역할에 책임을 갖고 최선을 다하면 된다. 그게 평소 나의 지론이다.

"교장은 할 만해? 넓은 교장실에 혼자 있으면 외롭고 심심하지 않아?"

평소 좋아하는 선배 체육 교사가 교장 승진을 축하하는 저녁 식사 자리에서 나에게 물어보셨다. 그동안 나의 활동적인 모습을 주로 보신 터라, 외향적인 줄 아시고 좀 답답하지 않나 추측하신 것이다. 그러고 보니 외로움을 느낄 마음의 여유도 없었다.

체육 교사 시절엔 학생들과 함께하는 수업 시간이 큰 비중을 차지했고, 여러 업무 중에서 최우선이었다. 체육 수업 준비와 실행, 평가가 거의 전부였다. 행정 업무는 그리 많지 않았고, 가끔 처리 해야 할 요식 행위들이었다. 학년 초 교과 협의회를 통해 정해진 교육 계획에 따른 수업을 하다 보니, 학년 기간 전체를 돌

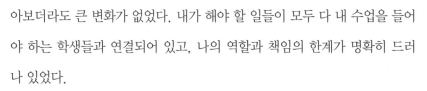

아보더라도 큰 변화가 없었다. 내가 해야 할 일들이 모두 다 내 수업을 들어야 하는 학생들과 연결되어 있고, 나의 역할과 책임의 한계가 명확히 드러나 있었다.

　　교감 시절은 중간 간부로서 조정자 역할이 가장 큰 비중을 차지했다. 각종 교과협의회와 법적으로 구성되어야 하는 많은 위원회에 참여했다. 선생님들의 불편한 점을 듣고, 행정실과 협의하여 지원하고, 수시로 교장 선생님과 교육 활동 결정에 대한 다양한 의견을 통해 학교 운영에 도움을 제시할 수 있는 중간자 역할을 했다.

　　교장이 되고 보니, 결정해야 할 사안에 대해 막중한 책임감으로 힘든 시간들이 많다. 교장실은 넓으나 맘 편한 공간이 되어 주질 못했다. 마음의 여유가 없어서 스스로 이 공간을 즐기지 못하면 힘들기 마련이다.

　　한 해가 지나가기 전, 원래의 교장실로 옮겼다. 그러나 교장실은 학생들과 교사들이 쉽게 찾아오는 공간이 아니었다.

　　금요일 늦은 오후, 교장실 문을 누군가 똑똑 두드린다. 여학생 4명이 빗

자루와 걸레 자루를 들고서 나를 보자마자 꾸벅 인사한다. 교장실을 청소하러 왔다고 했다. 청소하는 동안 잠시 교내를 둘러보고 돌아와 보니 여학생들이 아직도 있었다.

"청소 다 했니?"

"네."

"근데 왜 아직 안 갔어?"

"허락받고 가려고요."

여학생들을 보내고 나서 생각해봤다. 내가 사용하는 교장실을 왜 학생들이 청소하는가.

그래서 다음 날 출근하자마자 직접 빗자루로 바닥을 쓸고 걸레로 닦았다. 담임 선생님께 전화해서 다음부터는 교장실 청소를 시키지 않았으면 좋겠다고 말하고, 부장 회의 시간에 학생들이 이용하는 공간만 학생들이 청소하는 것이 어떠냐는 제안을 했다. 협의를 거쳐 여러 공간의 청소 주체가 변경되었다.

날씨가 춥지 않으면 늘 교장실 문을 열어 놨다. 누구나 오다가다 슬쩍 들여다보고 나랑 눈 마주치면 편안하게 들어오라는 의미였다. 그제야 학생들이 들락날락 자유롭게 찾아온다. 그냥 오는 것이 아니라 민원 쪽지를 들고 온다.

"교장 쌤, 학교 급식이 맛이 없어요."

"맛있는 반찬 나오면 남학생들만 많이 주고, 여학생은 적게 줘요. 차별해요."

민원 중에는 급식 불만이 제일 많다. 반찬이 부족하다, 남학생들에게만 더 많이 준다, 여학생들은 늘 늦게 먹는다, 다른 학교에 비해 양이 푸짐하지 않고 학생들이 좋아하는 반찬도 없다는 내용의 쪽지와 편지를 써서 온다.

"교장 선생님, 학교가 재미없어요."

"많이 놀게 해주세요. 다양한 행사를 하게 해주세요."

남학생들 민원은 주로 체육 활동에 대한 요구 사항이 많았다. 체육 시간을 늘려 달라, 놀 시간이 부족하니 점심시간을 더 늘려 달라, 체육 대회를 매년 개최해 달라. 체육관을 더 많이 개방해 달라 등등.

나에게 찾아오면 우선 기쁘게 맞이하고 편안하게 말하라고 소파에 앉아서 얘기를 나누었다. 학생들의 요구나 민원은 담당 선생님들과 협의를 통해 점차 개선하기에 그리 힘들지는 않았다.

선생님들도 교육 운영에 대한 사안들과 각종 협의 사항들로 개선 또는 전면 수정을 요구하기도 한다. 하지만 교직원 전체 협의를 통해 안건별로 차근차근 변화를 갖도록 했다.

학부모님들의 요구 사항은 다양하면서도, 즉각 처리하기 곤란한 것들이 많았다. 자녀의 학교생활에 대한 개인적인 불편부터 장래 진학 및 진로에 대한 직접적인 것들이기에 어느 것 하나 매끄럽고 시원하게 모두 다 즉각적으로 해결해 줄 수 있는 것들이 많지 않았다. 쉽게 들어줄 수 없는 요구 사항을 갖고 교장실로 찾아오신다.

그 넓은 교장실에 생활하는 사람은 교장 혼자지만, 그곳은 수많은 사람들의 하소연이 하나둘 쌓여가는 고민 창고가 되어 있었다. 그 속에서 교장은 그 고민들을 하나씩 밖으로 꺼내는 작업을 혼자서 조용히 하고 있다. 그러니 교장실이 넓다고 외로워할 틈이 어디 있겠는가.

어느 선배 교장 선생님이 하신 말씀이 생각이 난다.

"교장은 말이지, 늘 외로운 자리에 있는 사람이야. 그 외로움을 즐길 줄 알아야 해."

나는 혼자라 외로운 교장이다. 하지만 학교 구성원 모두가 행복할 수 있도록 고민 창고 안에서 즐거운 마음으로 생활한다.

"넌 어떤 고민이 있어?"

외로움

외로움은 우리들 인생의 여정에 분명한 일부입니다.

강해지길 원하면 혼자 있음을 즐기는 법을 배우십시오.

모든 사람들을 행복하게 해주려는 사람이

때로는 가장 외로운 사람입니다.

←
『나를 지키며 일하는 법』
강상중 지음
2017, 사계절

←
『고민하는 힘』
강상중 지음
2009, 사계절

실천과 행동이 우선

● 고민보다 실천으로, 생각보다 행동으로

"행동으로 보여주신 정광윤 선생님, 나의 스승님."

흔한 이야기일 수 있습니다. 제가 나온 신설 고등학교는 교복이 없고 두 발 자유화도 시행하는 파격적인 곳이었습니다. 그래서 인근 학교 및 주변 어른들의 걱정스런 말들이 무척 많았지요. 특히 학업 성취도가 극히 낮아 학습력은 거의 바닥 수준으로 학업에 대한 목표 의식 및 진로 진학에 대한 구체적 목표가 없는 학생들로 구성된 소위 말하는 '문제 학교'였습니다. 당시 저는 열심히 하고 싶은 마음과 목표 의식이 있었지만 크고 작은 사고들로 고민이 많았습니다.

고교 시절의 추억을 떠올려 보면, 정광윤 선생님에게는 '멋짐'이라는 말이 어울립니다. 그 멋짐은 비단 외모에서 오는 것만은 아닙니다. 저만 보더라도 고등학생 때는 몸은 성인이지만 정신적으로는 아직 부족했습니다. 더 나은 사람이 되고 싶다는 생각을 했고, 공부 말고도 다양한 부분에 관심이 많았지요. 선생님을 통해 체육에 대해 진중하게 생각을 할 수 있었고, 평생의 업으로 삼아야겠다고 다짐했습니다. 모든 학생이 교사를 꿈꾸지는 않지만, 선생님들이 보이는 모습에서 어른을 보는 것 같습니다. 선생님들이 한 번씩 이야기해주시는 부분이 크게 다가왔습니다.

수업을 통해 선생님을 만났고, 저는 변화하기 시작했습니다. 친구들끼리 점심시간에 축구 시합을 하고 있었는데 코너킥을 차고 돌아서는 저에게 지나가시면서 킥 동작에 대해 한말씀 하십니다.

"발끝에 맞아서 그래. 볼을 끝까지 보고 조금 더 안쪽으로 차."

"넵. 다음엔 더 잘 찰게요."

수업 시간이 아닌 점심시간인데도 우리들의 운동하는 모습 하나하나 관심을 갖고 피드백을 해주셨습니다. 도전하는 것을 즐거워하고, 운동을 통해 남성성을 증명하고 싶어 했던 저에게 압도적으로 우위에 있었던 비슷한 또래의 친구들과의 경쟁은 의미가 없었습니다. 그리고 배우고 싶은 분에 대한 동경이 있었습니다.

선생님은 잘생기시고 운동을 잘하시는 수준을 넘어, 철없는 학생들에게 어른으로서의 품격을 보여주셨습니다. 야간 자율 학습 시간에는 '공부해라'가 아닌 책 읽는 모습을 보여주셨고, 체육 시간에는 정확한 자세의 시범을 보여 주셨습니다.

체대 진학을 위해 혼자서 매일 팔달산을 뛰어다니며 실기 준비를 했다는 말씀, 수험생의 자기관리 능력의 중요성에 대해서 얘기해 주셨고, 특히 실기 시험 종목 중에서 많은 부분을 차지하는 철봉 오르는 방법과 연습 방법, 차오르기를 가르쳐 주시며 '청출어람(靑出於藍)'이라는 표현을 쓰셨습니다. 저의 폭풍 성장을 많이 칭찬해 주셨던 선생님은 정말이지 강함과 따뜻함, 부드러움을 모두 갖추신 멋진 분이셨습니다.

저는 진학이나 진로에 대해 고민할 겨를이 없었습니다. 선생님 같은 멋진 분이 되고 싶었기 때문입니다. 선생님도 인간이시기에 완벽하지는 않으시겠지만, 학창 시절에 보이는 선생님들의 모습은 끊임없이 고민하고 흔들리기를 반복하는 학생들에게 많은 영감을 주는 것이 사실입니다. 자신만의 강한 목표가 있고, 학업 성취도가 높으며, 많은 성공 경험을 한 학생들에게는 선생님의 모습이 크게 중요하지 않을 수도 있습니다. 하지만 대다수의 학생들에게는 선생님의 관심과 칭찬이 필요합니다.

선생님이라는 직업이 최고의 직업은 분명 아닙니다. 사회 구성원의 어떤 사람도 인생의 한 부분에서 선생님을 만나게 됩니다. 선생님들의 모습에 대해 엄격한 잣대가 있는 것도 그 이유 때문입니다. 다양한 학생들에게 이해와 기다림을 보여줄 수 있는 선생님, 무한한 가능성이 있는 학생들을 믿어줄 수 있는 선생님, 지식 전달자이기 이전에 태도 전달자인 선생님의 모습에서 더 큰 배움을 느낄 것입니다.

인생 선배로서, 학생들이 나아갈 길을 환하게 밝혀줄 등대로서 직접 행동으로 보여 주시는 스승이 필요한 세상입니다.

"선생님, 사랑합니다."

저는 정광윤 선생님에게 배운 충남 삼성고 체육 교사 이설입니다.

행동 발달 및 특기 사항

평소 다른 사람은 닿을 수 없는 영역에 점프하여 그곳에서만 만끽할 수 있는 색다른 시선과 아이디어를 섭렵한 후, 대한민국을 이색적으로 변화시키기 위해 차근차근 노력함. 어린 시절 동네방네에서 익힌 타고난 스피드를 바탕으로 예전의 것에 얽매이지 않고 늘 새로운 것에 도전하려는 인문적 마인드가 타의 귀감이 됨.

12
대한민국을 바꾸는
조종현

조종현빈

본인은 미남 배우와 닮아서 붙은 별명이라는데, 체육 수업을 멋지게 만드는 '체육계의 현빈'이라는 의미에서 지은 별명이다. 대한민국 전역에 빛나는 체육 수업이 더 많아질 수 있도록 에너지를 모으고 있다.

01 나는 이래서 체육 교사가 되었다

1 그게 싫어서 내가 해야 했다

노트 전성시대

달리기를 잘했다. 점프력도 좋았다. 빨리 달리고 멀리 뛰어야 하는 초등학교 육상 대회에 학교 대표로 출전하여 상도 많이 받았다. 운동회가 열리면 아이들은 '상(賞)'으로 받은 노트가 기본적으로 몇 권 있는데, 나는 노트를 많이 받아서 가방을 따로 들고 가야 했다.

청군과 백군으로 나뉜 상태에서 열리는 운동회의 하이라이트 '계주' 대표로도 늘 내가 선발되었다. 많은 사람들의 환호를 받으며 배턴을 꽉 쥐고 코너를 돌아 앞서 달리고 있는 상대 선수를 지나칠 때의 쾌감은 정말 짜릿했다. 모든 공간이 움직임과 연결되었다. 집 옆 서울대학교 농과대학 뒤편의 푸른 지대에서 자전거를 타며 친구들과 돌아다니던 기억, 어김없이 망우리 돌릴 시기가 찾아오면, 분유통에 못으로 구멍을 뚫고 굵은 철사 엮어 나무 가득 집어넣은 후 큰 회전 그림을 그리며 어깨 운동을 했던 추억, 농촌 진흥청 땅콩밭에 들어가 땅콩을 캐며 부업하시는 동네 아주머니를 돕던 기억,

서호천에서 그물로 붕어와 미꾸라지 잡아 봉지에 넣어 친구들과 당당히 걸어오던 모습, 말뚝 박기, 자치기, 구슬치기, 딱지치기. 다양한 움직임 활동들이 나와 친구들 그리고 내 동생들을 건강하게 키워 주었다.

당시 서울대 형들이 우리 집에서 여러 명 하숙을 하고 있었는데, 그 형들이 시위를 많이 해준 덕분에 학교가 일찍 끝나 친구들과 더 많이 여기저기를 놀며 뛰어다닐 수 있었다. 최루탄 연기는 정말 매웠다.

전투기 이륙 직전 바로 아래 위치했던 초등학교라서 전투기의 조종사를 사진이나 그림이 아니라 실물로 학교 교실에서 목격한 일도 있었다. 정말 멋졌다. 전투기가 이륙을 하면 소리가 어마어마했다. 한두 대는 기본이었다. 연속으로 열 대 정도가 이륙을 할 때면 창문이 지진이 난 듯 흔들리고 수업이 중단되는 일이 다반사였다.

프로야구가 개막되어 학교 앞 '이동문구'에서 야구 선수 스티커를 하나하나 모으며 야구를 처음 알게 되었다. 어머니를 졸라 MBC 청룡 팬클럽에 가입했더니 재킷과 모자를 선물로 주었기에 그때부터 야구에 올인 했다. 지금은 하늘나라에 계신 막내 삼촌 덕분에 서울대 농대 바로 옆에 집이 있어서, 초등 시절에 캠퍼스 생활을 미리 경험해볼 수 있었다. 초중고 시절, 시험공부는 대학 도서관에서 했다. 캠퍼스가 온통 놀이터이자 학습장이었다. 경비 아저씨들의 단속을 피하는 방법도 이때 디테일하게 알게 되었다.

● 행사 전문 인력

나는 남자 중학교에 다녔다. 체육 시간은 축구와 축구, 축구 또는 축구, 축구 아니면 축구, 축구 그리고 축구였다. 체육 선생님은 남학생들이라면 전부 축구를 좋아할 거라는 착각을 하고 계신 듯했다. 운동을 못하는 학생들은 소외되고 배회할 수밖에 없었던 1986년부터 1988년이었다. 그나마 운동을 좋아했던 나는 낙오되지 않고 중심은 아니더라도 변두리의 손잡이 정도는 잡은 채, 어딘지 모를 목적지를 향해서 조금씩 움직여갈 수 있었다. 86 아시안게임과 88 서울올림픽이라는 대규모 국제 스포츠 행사를 중학교 1학년과 중학교 3학년 시절에 온몸으로 겪었다. 체육 수업은 강제 동원 행사를 준비하기 위한 시간으로 전락하고 말았다. 수원에서 개최되는 스포츠 경기장 바로 옆에 위치한 중학교였던지라, 준비가 되어 있건 없건 상관없이 다양한 스포츠 행사에 수시로 불려 나갔다. 모두가 관람하고 싶어 하는 인기 많은 경기는 당연히 갈 수 없었고, 인기가 없는 종목 경기에 우리들은 관중석을 채우기 위해 강제로 앉아 있었다.

☻ 굿바이, 여왕님

수원에 몇 개 없던 남녀공학 공립 고등학교에 흔히 말하는 '뺑뺑이'로 배정되었다. 버스를 두 번 갈아타야만 도착할 수 있었던 학교와 집(서수원과 동수원 사이)의 거리는 체중 감량을 위한 최적의 코스였다. 사물함도 없었던 그 시절에 도시락을 3개씩 챙겨 교과서와 함께 가방에 넣고 다녔다. 가방 안에서 흐른 반찬 국물로 빨갛게 물든 『수학의 정석』으로 수업을 듣기도 했고, 회수권을 미리 준비하지 못해 버스 안내양 누나의 따가운 눈총을 받아 보기도 했다. 연년생인 우리 3남매를 위해 도시락 9개를 매일 싸셨던 어머니가 지금 생각해보면 정말 대단하다. 아침과 저녁이 고되고 힘들어서 마음 맞는 동네 친구들을 모아 통학차량을 수소문하여 타고 다니며 아침 7시와 밤 10시까지의 등하교 시간에 대비했다.

고3이던 1991년, '별밤지기' 이문세의 목소리를 통해 라디오 오프닝 음악 후, 그룹 '퀸(QUEEN)'의 리드 싱어 프레디 머큐리의 사망 소식을 전해 들었다. 퀸의 음악을 즐겨 들으면서 힘든 학창 시절을 견뎠던 나에게는 정말 슬픈 소식이었다.

● 못난 체육 수업

학교에 양궁부가 있어서 선생님들의 회초리는 대부분 화살이었다. 교무실에서는 선생님들이 담배를 피우시며 상담을 하시다가 화가 나면 재떨이를 한쪽 벽에 던지기도 했고, 귀퉁이에서는 무슨 이유인지는 모르겠지만 마대 자루로 맞으며 비명을 지르는 학생도 쉽게 만날 수 있었다.

지금은 자리를 옮긴 옛 화장터가 교문 앞에 있어서 운동장 맞은편 아파트 주민들의 시위와 온갖 민원이 끊이지 않았던 그 시절, 못난 체육 수업을 영접했다. 개교한 지 얼마 안 된 학교라서 운동장을 자재 탑재 장소로 사용한 이후, 많은 양의 크고 작은 못들이 자리 잡고 있었다. 그 못을 줍는 것이 우리의 준비 운동이었고, 앞서 수업이 진행된 학급이 주운 못의 더미보다 더

많으면 자유 시간을 듬뿍 주시기도
했다.

화살을 들고 다니며 휘두르신
자리는 다음 날, 뻘건 철길이 부풀
어 오르기도 했다. 맞는다는 것,
혼난다는 것, 참아야 한다는 것,
말하면 안 된다는 것이 일상이었고, 체육 수업과 교련 시간은 체벌과 체
력 운동으로 점철되었다. 무섭고 폭력적이고 강압적이었던 체육 교사와 교
련 교사는 자기들의 기분에 따라 우리들에게 말하고, 우리들을 대했다.

선생님들이 등장하지 않는 자유 시간이 우리들에겐 최고의 선물이었다.
달마시안 모양의 교련복을 입은 채, 차갑고 무거운 M16 모형 총을 들고서
제식 훈련(줄맞추기 훈련)을 하며 조별로 운동장을 전후좌우로 오가던 교련
시간은 정말 지겹고 재미없었다. 체육 수업과 같은 공간을 사용해야만 하는
시절이었기에 여학생들의 눈빛도 너무나 신경 쓰이던 우리였다.

체육부장인 나는 또 다른 폭력과 벌이 이어지지 않을까 걱정하며 아이들
이 체육복을 잘 입고 나오도록, 일찍 나와서 준비 운동을 함께 잘할 수 있도
록, 줄을 잘 서고 있도록 전달해야 했다. 그렇지 않으면 그 폭력적인 말과
행동을 만나게 되기 때문이다. 좋아하는 과목이었지만 그다지 기다려지는
시간이 아니었다. 대표로 원상폭격(뒷짐을 진 채 몸을 굽혀 머리를 땅에 박으라
는 구령, 또는 그 구령에 따라 행하는 동작)을 한 채 축구를 하는 급우들의 모습
을 한 시간 내내 지켜봐야 할 때는 하루 종일 우울 모드로 지내야 했다.

● 조금 다른 이유

그렇게 하고 싶지 않았다. 그렇게 가르치고 싶지 않았다. 욕하고 싶지도 않았다. 다르게 가르치고 싶었다. 폭력적이고 무서운 수업 분위기가 아니라 진짜 스포츠의 맛을 조금이라도 전하고 싶었던 마음이 내게 있었던 것 같다.

대부분은 누군가가 롤 모델(role model)이 되어 그 사람을 본받고 싶어 '워너비(wannabe)'가 되기 마련이다. 하지만 난 그렇게 되고 싶지 않고, 그렇게 하고 싶은 않은, 조금 다르게 하고 싶었던 이유에서 체육 교사의 길을 걷고 있는 것 같다.

가끔 그런 모습이 스멀스멀 내 자신에게 느껴지거나 올라오려고 하면, 다시 또 다시 내가 왜 체육 교사가 되려고 마음먹었는지, 꿈을 꾸었는지 돌아본다. 쉽지 않지만 써놓고 다시 읽고 다시 바라본다. 나를 보고 어떤 학생은 꿈을 꿀지도 모르기 때문이다. 어느 순간이든, 어떤 방식으로든.

대한민국 체육 교육 약속

유초중고대 참연결고리
아나공* 수업은 안 하고!
아나키* 수업도 안 하기!
아나영* 그만 좀 아나요?
유초중고대 힘 모아 함께

* 아나공: 학생들에게 공만 던져주는 수업
* 아나키: 체육 창고 키만 쥐여주는 수업
* 아나영: 원격수업 시 영상만 틀어주는 수업

대한민국을 바꾸는
체육 교사

1
배구로 대한민국을 바꾸려면

 배구로 만나기

운동을 좋아하는 사람 누구에게나 '최애' 종목이 있을 것이다. 나에게는 그것이 배구였다. 이상하게 그냥 배구가 좋았다. 배구를 하는 것이 즐거웠지만, 배구 이야기를 나누는 것도 재미있었다. 더불어 배구를 연구하는 것도 신났다. 배구 코트에서 팀원들과 함께 하이파이브를 하는 것도, 상대팀을 이기기 위해 우리끼리 협업해야 하는 땀 흘리는 과정들도 힘들지만 정말 의미 있었다.

팀 스포츠라고 흔히 말하는 농구, 축구, 야구, 배구. 하지만 이것들은 나머지 팀원을 쉽게 들러리로 만들어 버릴 수 있는, 다시 말해 마음만 먹으면 혼자 할 수 있는 종목이기도 하다. 농구, 축구, 야구와 달리 반드시 협업하여 연결되어야만 하는 '한마음 스포츠' 배구의 매력은 남달랐다.

농구 경기 중에 덩크슛을 할 정도로 점프력이 좋아졌음을 깨닫게 된 이후, 이상하게 농구보다는 배구에 빠져들게 되었다. 점프력이 좋아서 그런지 남들보다 체공 시간이 길어서 조금 쉽게 블로킹과 공격을 할 수 있다는 신체적 장점을 코트에서 발휘하기 시작한 것이다. 마침 생활 체육 배구 동호회에 가입하여 전국 방방곡곡의 대회에 참가하며 배구의 진면목을 만날 수 있는 기회도 갖게 되었다. 대학교에서 배구 동아리에 가입해서 다른 학교에 배구 시합을 하러 다니면서 탐방하는 것도 흥미로웠다. 현재는 ALUV(Amateur League of University Volleyball/since 2015)이 구성되어, 배구를 좋아하는 대학생들을 보다 체계적으로 연결하고 있다. 그들의 노력과 배구사랑에 큰 박수를 보낸다. 그냥 좋아서 계획하고 준비하고 진행하는 그 마음을 충분히 안다.

중고교에서 배운 배구를 지속하거나 한 단계 업그레이드 하고 싶다면 배구 동아리가 있는 대학으로 진학하길 바란다. 진짜 배구 덕후를 만나볼 수 있는 또 하나의 기회다. 대학 가는 이유? 더 다양한 사람들과 배구하러 간다. 그거면 된다! 충분하다!

● 배구로 전하기

'내가 좋아하는 배구의 매력을 학생들에게 어떻게 전해줄 수 있을까?'

교사가 되고 나서 나는 체육 수업을 통해, 방과후 활동으로, 동아리 활동에 넣어 학교 스포츠클럽으로 꽃피울 수 있도록 '배구'의 텃밭을 가꾸느라 여러모로 노력했다. 내가 경험했던 좋은 추억과 문화를 나의 제자들이 경험하고 알아갔으면 하는 바람으로 학교에서 이런저런 활동을 조직하여 움직여 보고자 했다.

배구는 여학생들이 참여하기에 아주 좋은 스포츠다. 개인 활동보다는 단체 활동을 경험하기에도 좋고, 네트를 사이에 두고 하므로 부상의 염려도 상대적으로 적었다. 하지만 축구만큼 많은 인원이 필요했고, 실내 공간에 네트까지 설치해야 한다는 부담감도 만만치 않았다.

이런저런 핑계를 대고 싶지 않았다. '고민하다가 퇴임하고 만다. 지금 하자!'라는 생각으로 홍보하고 아이들을 모아 설렁설렁이 아닌 진짜 배구 선수들이 하는 방식으로 배구를 가르쳤다. 그런데 학생들이 힘들지 않을까?

내 생각은 기우였다. 설렁설렁 배우는 것이 매우 싫다는 반응이 지배적이었다. 그래서 내가 학생선수 배구 감독을 하며 학생들을 지도하고 코치님의 지도 방법을 통해 배운 것들을 적극 활용하여 가르쳤다. 단순히 하다 보면 알게 된다는 것이 아니라 이렇게 해야 하고, 저렇게 해야 하는 이유에 대해 설명하고, 몸보다는 생각과 마음이 알아들을 수 있도록 차분하게 차근차근 짚고 넘어갔다.

나의 진심이 통했는지 참여하는 아이들의 숫자도 늘어나고, 체육관은 북적이기 시작했다. 남학생들만의 스포츠가 아니라 여학생도 당당하게 스포츠를 경험해야 한다는 나의 생각은 아이들에게 전해졌고, 그렇게 생각하고 움직이는 아이들이 많아졌다. 내가 좋아하는 것을 아이들에게 온몸을 다해 전하고 싶었다. 배구가 나의 마음, 행동, 표정, 말씨와 같이 온전하게 나를 통해서 전해지길 바랐다. 아이들은 귀신같이 안다. 내가 좋아하지 않았거나 진짜 경험하지 않은 거짓말은 금방 알아차린다. 그러니 거짓말 하면 안된다.

점심시간에 남학생과 여학생 학년별 친선 경기로 체육관은 가득 찼고, 방과후 활동과 동아리를 통해 아이들의 기량은 무섭게 성장해갔다. 안산 교육

지원청에서 1위, 경기도 교육청에서 1위를 5년 연속 차지하며 경기도의 배구 명문교로 자리 잡았다. 운동부 학생들이 아니라 운동을 좋아하는 일반 학생들이 만들어낸 것이라 의미가 남달랐다. 배구반 학생들은 대학 진학률도 좋아서, 운동을 하는 것이 성적을 떨어뜨리지 않는다는 것을 당당하게 증명해주었다.

운동을 통해 무언가를 하라고 하지 않았다. 그냥 배구를 통해 행복을 경험하자, 너희들이 행복했으면 좋겠다고 말하며 배구와 함께했다. 지금도 그 녀석들을 꾸준히 만나 밥도 먹고, 배구 대회도 나가니 배구로 우리들의 인연은 길게 완성된 것 같다. 또한 진행형이다. 생활 체육 배구 동호회 활동을 하며 동호회원과 결혼까지 하게 된 제자도 있으니, 배구가 인생에 적지 않은 영향을 주는 듯하다.

● 배구로 꿈꾸기

생활 체육 배구 동호회를 20년 정도 했다. 운동을 하면 기분이 좋아지고, 사람들을 만나니 기분도 전환되었다. 배구라는 공통분모를 통해 모두가 평등해지고, 모두가 같은 코트에 서서 우리를 바라보며 상대를 바라보게 되었다. 심판 연수를 듣고, 심판을 보고, 배구 수업을 좀 더 알차게 하기 위해 놀이 배구, 게임 배구, 심판 배구, 변형 배구와 같이 학생들에게 쉽게 다가갈 수 있는 아이디어를 찾기 위해 노력했다. 아직도 관련 서적이 한 권도 나오지 않은 것을 보니 쉽지 않은 모양이다.

그래서 지금 준비 중이다. 내 경험이 듬뿍 담긴 배구 관련 책자를 통해 대한민국 배구의 또 하나의 표준을 만들어 내고 싶다. '그냥 하다가 보면 알게된다.'는 막연함을 넘어설 구체적이고 체계적인 전달법을 알려주고 싶다. 내가 직접 경험을 통해 알게 된 것, 개발한 것들의 총망라 버전이 조만간 완성되길 바란다. 하나의 종목으로 여러분이 만날 학생들의 인생을 변화시킬 수 있다. 그러니 그 종목이 얼마나 중요한가?

색다른 배구 수업, 배구 동호회의 지속적 활동, 배구부 감독 교사, 학교 스포츠클럽 대회 참가를 위한 몸부림, 〈스포츠 하이라이트〉에 배구 교사로 등장, 배구로 아침을 열어주는 체육 교사로 신문 기사 등장, 학교 스포츠클럽 배구 대회 총괄 운영, 경기도 교직원 배구 대회 총괄 진행, 학교 교직원 배구팀 운영, 더 스파이크 배구 잡지 등장, 배구 수업 운영 관련 노하우 정리, 대한민국 배구 협회 주관 배구 지원 사업 운영, 특수 학급과 학생과 연계한 통합 배구 교실 운영, 프로 구단 배구팀과 함께하는 배구 교실 운영, 학교 폭력 예방 및 어울림 프로그램에 배구 포함, 배구 관련 꿈의 학교 운영, 사제 동행 배구팀 결성을 통한 배구 대회 참가, '4호선 배우구(배구만 하지 말고 배구로 '배우구'라는 의미가 있음.) 리그'로 배구를 좋아하는 학생들의 마을을 안전하게 연결, 발리볼 강강술래, 배구 퀴즈 제작, 한마음 배구 개발, 고객 만족 빅 발리볼 개발, 어울림 V-ball 연구, 리듬 발리볼 트레이닝 제작 등, 조금이라도 다양한 배구 작품을 안내해주고 싶었다.

졸업생들이 대학에 진학해서도 배구 동호회에 가입하여 대학 배구 리그에 참여하고, 생활 체육 배구 동호회에서 활동하는 것을 보면, 나의 '큰 그림'이 그다지 잘못 그려진 것 같지는 않다. 얘들아, 힘내라~!!!

2 체육 교사 지망생에게 들려주는 소중한 이야기

● 교사의 조건

교사가 되고 싶다면 배움에 둔감해서는 안 된다. 지속적으로 배워야 한다. 무언가를 배울 때 어렵게 배우더라도, 학생들에게 전달할 때 쉽고 간결하게 조리할 수 있는 비법을 가지고 있는 사람이 교사가 되어야 한다. 생활 교육도 잘해야 하지만, 수업은 더 잘해야 한다. 생활 교육이 잘되면 수업이 잘되는 것이 아니라 수업이 잘되어야 생활 교육이 잘되기 때문이다(체육 교사를 꿈꾸는 여러분은 분명 이 느낌을 알 것이라 생각한다.).

교사는 좋은 아이들만을 가르칠 수 없다. 선택할 수 없다. 학교를 변화시킬 아이디어를 찾기 위해 다방면으로 움직일 줄 아는 융통성 무지 많고 유연한 사고를 넉넉히 지닌 사람이 교사가 되기를 모두가 원하고 있다. 바라고 있다. 아이들을 이해하기 위해서는 다양한 범주의 감정들이 움직여줘야 하기 때문이다. 그래서 외골수인 누군가는 교사에 적합하지 않다. 세상에 대한, 문화에 대한 넉넉한 마음을 가진 포근한 교사가 아이들을 좋은 길로 안내할 수 있기 때문이다.

● 체육 교사의 폭넓은 역할

체육 교사가 학교에서 하는 일은 정해져 있지 않다. 어떤 일도 할 수 있고, 무슨 일이든 할 수 있어야 한다. 학교의 컴퓨터 및 정보화 관련 업무를 담당하는 정보부, 지필 평가나 모의고사 및 평가 계획을 책임지는 연구부, 학교의 거대한 커리큘럼을 구성하는 교육 과정부, 학교의 안방마님인 교무부, 독서 교육과 도서관 업무를 주관하는 인문 사회부, 체육과 예술을 포괄하여 담당하는 체육 예술부 등, 어떤 일도 못할 것이 없다.

'체육 교사는 힘든 아이들을 도맡는 학생 생활 교육 업무에 제격'이라는 말도 안 되는 편견에서 과감하게 탈피하기 위해, 체육 교사를 꿈꾸는 여러분부터 인식을 바꿔주길 바란다. 공정한 세상이 왔으니 모든 것이 공정해야 한다고 당당히 얘기할 수 있는 용기가 필요하다. 분위기가 자연스레 바뀌길 바라면 더디게 바뀌게 된다. 가만히 있으면 아무것도 안 된다. 말을 해야 그나마 조금이라도 바뀐다. 아주 조금.

● 변화는 과감하게

이것저것 조금씩 살살 야금야금 배울 수는 있다. 하지만 적용할 때는 과감해야 한다. 모든 것을 준비해서 도전하라는 의미가 아니라 실패를 두려워하지 말라는 것이다. 학교에 체육 교사가 되어 출근한 후부터 지금까지 성공한 수업보다 실패하거나 엄청나게 폭망한 수업이 상대적으로 훨씬 더 많다. 수없이 좌절도 해봤다. 이 좌절을 넘어설 수 있는 마인드를 지닌 사람이 학교에서 살아남아 학교를 개선할 수 있다. 그러니 좌절을 많이 경험해보길 바란다.

의욕도 없고 재미도 없는 한 해를 보낸 적도 있었다. 그래도 지나고 보니 다 수업과 연결할 수 있는 작은 밑거름이었다. 단순히 학교에서 학생들을 가르치는 것에만 관심이 있다면 교사가 되는 것을 조금 망설이기 바란다. 그냥 가르치는 것은 누구나 할 수 있기 때문이다. 내가 가르쳤을 때 반응이 없거나, 실력이 향상되지 않거나, 역반응이 나올 때에 어떤 대처를 할 수 있는지에 대한 고민을 더 해볼 용의가 있다면, 교사의 꿈에 도전해보길 바란다. 아무것도 안 하고 관리하는 교사가 되어 시간을 때우는 것은 서로에게 엄청난 인생의 허비가 된다. 그것처럼 재미없는 직업이 또 없다. 체육을 모든 아이들이 좋아할 거라는 것, 여학생들은 대부분 체육을 싫어할 거라는 것은 아주 크나큰 착각이다.

● 인성이 실력

학교에 이상한 사람들 참 많다(그 사람들 눈에는 분명 내가 이상한 사람으로 보일 것이다.). 학교도 그냥 세상이다. 교사들이 아주 잘 소통하고 똘똘 뭉칠 것 같지만, 전혀 그렇지 않다. 아주 개인적이고 차가운 부분이 많다. 이해가 안 가는 말과 행동을 하는 교사도 있다. 고집 부리며 분위기 어색하게 만들기도 하고, 설상가상으로 학생을 싫어하는 사람도 있다. 한 술 더 떠서 뭐라고 표현할 수 없을 정도로 답답한 사람도 있다. 그런 사람들이 나를 힘들게 하고, 다른 사람을 어렵게 하고, 교무실 분위기를 차갑게 만들기도 한다.

하지만 절대 '적'으로 만들어서는 안 된다. 적으로 만드는 순간, 학교는 지옥으로 변한다. 더 나아가 나의 안 좋은 모습이 부지불식간에 말과 표정으로 자꾸 드러나고, 남의 말을 자꾸 하게 된다. 여러분과 교사의 세계는 크게 다르지 않다.

인성은 착한 것을 뜻하지 않는다. 참을 수 있어야 하고, 싫지만 손 내밀고, 듣기 싫지만 들어주고, 도와주기 싫지만 도와줄 수 있는 것이 인성이고 실력이다. 적을 만들면 그 적은 또 다른 적을 만들어 나를 바라보게 될 것이다.

교사들이 운영하는 세상인 학교도 세상과 같다. 나와 같은 생각을 하길 바라면 안 된다. 아무도 나에게 관심 없다. 좋은 말을 한다고 내 편도 아니고, 싫은 표현을 한다고 해서 적도 아니다. 학생은 교사의 모든 것을 통해 배움으로 연결해 낸다. 마음, 행동, 표정, 말씨를 통해서. 남을 쉽게 적으로 만들수 있는 단점을 가진 사람이 교사를 꿈꾸는 것은 정말 추천하지 않는다.

◉ 열 개 이상의 안목

교사가 되려면 새로운 눈을 가지는 것이 중요하다. 눈이 2개가 아니라 20개 정도는 있어야 한다. 그것도 앞뒤로 각각 10개가 필요하다. 게다가 시력이 모두 2.0 이상은 되어야 한다. 여러 가지 눈으로 학생들을 만나야 하기 때문이다.

> "진정한 발견의 여정, 그것은 새로운 땅을 찾는 것이 아니다.
> 그것은 새로운 눈을 갖는 것이다."
> – 마르셀 프루스트

새롭게 무엇인가를 만들어 내려면 긍정적이고 창의적인 생각이 필요하다. 교사를 꿈꾼다면 원격 수업에도 능통해야 한다. 등교 수업과 마찬가지로 원격 수업도 진짜로 해보았는지가 중요하다. 해본 것과 엿본 것은 다르다. 뭐 대단한 것은 없다. 경험치이다. 학교에 오면 "체육 교사 편하지. 나도 체육이나 전공할걸 그랬어."라는 교사가 있다. 다른 사람들도 말만 안 하지 그런 시선을 던진다. 약간, 아니 아주 많이 체육 수업은 거저먹을 수 있다는 식으로 생각한다.

다른 교과는 잠도 못자고 수업 준비하고 그 전날 늦게까지 남아서 활동지 만들고 유인물 제작하고, 프레젠테이션을 준비한다. 이것저것 못하면 어떤 것을 띄워서 수업할지 찾아보기라도 한다. 그런데 우리 체육은 안 그러신 분들이 상대적으로 많다. 그러면서 누가 체육 교사와 코치가 뭐가 다르냐고 표현하면 버럭 화를 낸다. 우리를 바라보는 그러한 시선도 있다는 것, 아니, 대다수가 그렇게 생각하고 있다는 것을 잊지 말라. 수업을 열심히 하는 선생님이 있으면 조금 낯설게 보고, 열정 뿜뿜 교사 정도로 보는 것에 대해 조금 이상한 생각을 가져야 한다. 이제 다 같이 대한민국 체육 교사의 평균치를 올려놓았으면 한다.

여러분의 꿈을 가볍게 보게 하지 말자. 꿈을 꾸며 출발선 앞에 선 여러분이 바로 중요한 그 열쇠를 손에 쥐고 있다. 교사는 평가를 받는다. 그렇기 때문에 늘 준비되어 있는 모습이어야 한다. 경력과 상관없이 준비가 덜 된 선생님 또는 초임 선생님, 새롭게 학교를 옮긴 선생님이 아닌 아이들 눈에는 그냥 모두 선생님이기 때문이다. 궁색한 변명을 늘어놓으려면 아예 시작하지 않는 편이 낫다. 수업에 대한 궁색한 변명처럼 초라한 것은 없다.

수업을 요리하는 체육 교사

● 수업 맛집 레시피

자기만의 배구 조리법이 있나? 배드민턴 요리 재료 선택 방법이 있나? 야구 지도 스페셜 레시피가 있나? 내 것이 없다면 남의 것이라도 있어야 한다. 수업은 모방을 해도 된다. 이런 방법을 어디서 봤는데, 그 사람의 수업 방법을 따라 한다고 해서 누가 뭐라고 하지 않는다. '먹어보고, 실수하고, 알아보고, 조사하고, 돌아보고, 다시 해보기'. 반복적이지만 반복적이지 않은 그 과정을 잘 견뎌내면 교사만의 레시피가 완성된다. 김치찌개를 끓일 수 있으면 된장찌개도 만들 수 있다. 라면에 이것도 뿌려보게 되고, 떡볶이에 여러

재료들을 퓨전으로 넣을 수 있게 되는 원리와 같다. 운동 종목별 정말 여러 지도 방법들이 수면 위에 올라와 주변에 놓여있다. 손만 뻗으면 닿을 거리에 있다. 체육 교사를 꿈꾸는 여러분도 잘 알듯 손가락만 까딱해도 된다.

시간 투자가 중요하다. 그것이 관심이다. 나중에, 언젠가, 다음 달에, 교사가 되어 시작하면 마이너스 점수에서 시작하게 된다. 뻔한 결과를 알고 있는데 그렇게 할 필요 없다. 조금 일찍 시작해라. 손님 맞을 준비는 미리미리 해도 늘 서툴다. 여러분이 체육 교사가 되어 만나게 될 대부분의 아이들은 운동을 잘하지 못할 것이라는 점을 명심해라.

⊕ 준비에 실패하면 실패를 준비하는 것

아이들을 즐겁게 가르치느냐 그렇지 않느냐는 내가 가르치는 종목을 얼마나 아끼고 사랑하느냐와 직결된다. 선생님의 눈빛에서 드러난다. 어떤 것이 정답인지 아무도 가르쳐주지 않는다. 여러분의 길은 스스로 개척해야 한다. 선배들도 그다지 큰 도움을 주지 못한다.

도전하라고만 말하지 말고 도전하자. 나중에 할 버킷 리스트를 적지만 말고, 그럴 시간에 지금 당장 어떤 체육 교사가 될지 실천해보자. 어떤 노력을 기울여야 하는지는 벌써 정리되어 있다. 체육 교사가 꿈인가? 그럼 한번 멋지게 도전해보길 바란다. 준비에 실패하여 실패를 준비하면 아이들을 만날 수 없다.

여러분의 경험은 여러분을 만나게 될 아이들이 미리 경험하게 될 새로운 세상이 될 것이다. 교사는 별것 아닌 것을 별것으로 만드는 능력을 보여줘야 한다. 왜 해야 하는지, 이것이 어떤 의미가 있는지 알려주고 공감시켜야 한다.

그리고 수업은 재미가 없으면 절대 안 된다. 재미있는 방법으로 만들어내는 것이 교사 자격증 있는 사람들의 크고 중요한 역할이다. 배드민턴을 배우기 위해 레슨을 신청한 사람에게 '파트너와 하이클리어 계속 하세요.'가 아니라, 뭐가 잘되고 무엇을 보완해야 하는지 차근차근 설명하는 멋진 지도자가 되어 주어야 한다. 어떤 고민이 있는지, 무슨 상처가 있었는지 이야기도 들어주며 살펴봐야 한다. 잘하는 것도 중요하지만, 잘 아는 것도 매우 중요하다. 잘 차려진 밥상을 준비할 용기가 없다면 식당을 오픈하면 안 된다.

⚉ 배워서 남 주자

체육 수업을 빛나게 할 사람은 단연 여러분이다. 체육 교사를 꿈꾸는 여러분만이 운동장과 체육관에 신바람을 불어넣을 수 있다. 여러분의 생각이 그대로 학교를 변화시킬 수 있다는 말이다. 영화처럼 모든 것을 완벽하게 준비하여 '짠!' 하며 개봉하는 시나리오는 수업에서 불가능하다. 아니, 있을 수 없다. 하지만 어느 정도 그 수준까지는 맞추기 위해 교사를 꿈꾸는 사람은 생각과 행동을 그 선을 바라보며 맞춰가야 한다. 빈 주머니를 학생들과 바라보는 것처럼 우울한 것은 없다. 많은 체육 교사들이 준비되지 않은 상태로 맨땅에 헤딩을 하며 여러 상처를 받아왔다고 여러분도 다시 헤딩을 맨땅에 할 필요는 없다. 무엇이든 오늘 배워서 내일 수업할 수 있도록 다양한 경험에 노출시키기 바란다. 사람을 만나는, 사람을 대하는, 상담을 하는, 운동을 가르치는 직접적 또는 간접적 체험들 모두가 훗날 도움이 될 것이다.

많은 사람들이 체육 수업은 해도 별로 티가 나지 않는다고 한다. 하지만 그렇지 않다. 하면 티가 난다. 안 하면 안 하는 티가 나고, 하면 하는 티가 난다. 학교 상황도 잘 모르면서 이런저런 얘기를 하는 사람들이 많다. 속상하고 안타깝고 화도 난다.

교사는 평생 배워야 한다. 많이 읽고, 듣고, 이야기하자. 이 세상 모든 것들에서 배울 수 있다. 하나에 빠지면 모두가 덕후이자 전문가가 되는 세상이 오지 않았는가.

4 체육으로 대한민국을 연결하고픈 꿈

시작은 작은 공간에서

수업에 대한 아이디어를 보다 빠르게 공유할 수 없을까? 나의 생각과 고민을 보다 많은 사람들과 나눌 수는 없을까? 보다 다양한 사람들에게 자료를 전달할 수는 없을까?

시작의 동기는 이랬다. 카페, 밴드 같은 소극적 '잽'이 아니라 차원이 다른 심플하고 임팩트 강한 '어퍼컷'을 날려줄 필요가 있었다. 모두가 사용하고 있고, 자료를 간편하게 올리고 내려 받을 수 있는 공간, 바로 카카오톡 단체 채팅방이었다.

집 앞 커피숍에서 시작된 공유의 소망은 거센 바람을 타고 대한민국 전역으로 번져 나가기 시작했다. 내가 아는 300명의 지인들로 채운 후에 5분의 1가량은 방을 빠져 나갔고, 나머지 사람들도 이 공간이 의미하는 바를 알지 못한 채 덩그러니 나와 함께 남아 있었다. 그도 그럴 것이, 당시에는 공간만

체육 교사 커뮤니티(단톡방)의 존재 이유

① 언제 어디서든 전국 방방곡곡의 체육 수업 소식을 쉽고 빠르게 전달받기 위해

② 오늘 배워서 내일 쓸 수 있는 체육 수업 아이디어를 서프라이즈하게 만나기 위해

③ 도움만 받는 것이 아니라 일면식도 없는 타 지역 교사에게 도움을 주기 위해

④ 체육 교사들의 고민을 직접적 그리고 간접적으로 경험하며 혼자가 아님을 체험하기 위해

⑤ 교사 교육의 온라인 및 오프라인 연수 참여 정보를 전달하고 전달받기 위해

있을 뿐 아무것도 없었다. 내가 필요한 것만 주는 곳이 아니고 누군가의 소란에 귀도 막고, 눈도 가릴 줄 알아야 했기에 그 불편함을 나누기 싫었던 사람들이 대다수였으리라. 그래서 더욱 잘 가꿔 나가고 싶었다. 이용의 불편함은 최소화하고, 그로 인한 이익은 극대화하자.

◉ 거대한 변화의 시작

거대한 변화는 누군가에게는 위기이지만, 또 다른 누군가에겐 기회일 수 있다. 새로운 시대가 요구하는 역량을 갖춘 사람만이 다양한 기회를 잡게 될 뿐. 결국 사람이든 조직이든 꾸준히 경쟁력을 키워나가야 생존이 가능한 세상이다.

학교도 마찬가지이다. 그 학교를 움직여 내는 교사는 더더욱 변화에 민감해야 한다. 변화에 대한 교육에 참여하고 수업 개선 워크숍에 다녀와도, 학교에 도착하는 순간 다른 무언가가 또 변화하기 마련이다.

학부 시절부터 교사 교육에 관심이 많아서 예의주시하며 수년간 교육 현장에서 내린 결론은 '커넥팅'이었다. 연결되어야 했다. 언제든, 어디든, 무엇이든, 누구든 말이다.

소극적인 한 명의 교사가 학교 전체를 소극적인 한 팀으로 만들어 버린다. 얼굴 한 번 본 적 없고, 알지도 못하는 대한민국 체육 교육 현장의 교사들의 이야기가 수면 위로 올라오기 시작했다. 처음에는 낯설고 생경했기에 누군가 한 명의 리더가 이끌 줄 알았는데, 알고 보니 모두가 '리더'이자 '인플루언서'였다. 잘하는 '원 톱'이 아니라 용기 내어 묻고 힘을 합쳐 돕는 대한민국 전역의 체육 교사들이 '원 팀'이 되어가고 있었다.

연결만 되어 있으면 흐름을 이해할 수 있다. 바꿀 생각이 없어도 바꿔야 된다는 작은 동기가 스멀스멀 작동되었다. 죽어있던 공간도 연결시켜 다시 살릴 수 있었다. 특색 있는 사람과 수업뿐만 아니라 다양한 아이디어와 전문화된 노하우들이 여러 방식으로 탑재되었다. 접근성이 뛰어났기 때문에 어느 누구도 따라 올 수 없는 거대한 공간이 되어 가고 있었다.

⚬ 코로나19로 인해 실력을 과시하다

원격 수업으로 갑작스레 수업 운영에 대한 고민이 가득해진 시기, 이 공간은 대한민국 전역의 체육 교사를 하나로 연결해주었다. 어마어마한 위력을 발휘하면서, 자칫 지칠 수도 있는 누군가의 손을 기꺼이 잡아 주었다. 2018년 1월에 범계역 별다방에서 시작된 이래, 시행착오를 경험하며 2022년 3월 현재 3,000명+1,500명+1,500명+지역별로 로컬 커뮤니티까지 약 1만 명의 체육 교사가 연결되어 있는 것으로 추산된다. 대한민국 한 교과의 온라인 전문적 학습 공동체의 명실상부한 존재감을 뽐내고 있다.

요즘은 체육 교사들의 포털 같다는 생각이 들곤 한다. 뭐든지 물어보면 전국에 계신 체육 교사들이 움직여 준다. 진짜로 없는 게 없다. 때가 되면 특별히 묻지 않아도 학교의 학사 일정에 맞춰 '누군가가 필요할 것'이라는 생각으로 올리는 글들이 많아지고 있다. 신학기, 수업 운영, 수업 교구, 체육 대회, 학교생활기록부 등.

미리미리 움직여 주시는 것이 신기할 정도다. 체육 수업 개선을 위해 상당히 고무적이다. 혁신이자 나눔이고 배려이다. 다양한 자료가 전국적으로 공유되어 좋은 것들을 기꺼이 나누는 일이 계속 이어지길 진심으로 기대해 본다.

우리 대한민국 체육 교사들, 정말로 대단하다! 수준 있다! 체육 교사를 꿈꾸는 여러분도 조만간 이 공간에서 다양한 자료를 함께 나눌 그날이 오길 바란다.

5 텔레비전에 출연하는 체육 교사

● SBS 〈스타킹〉

"〈스타킹〉에서 출연 섭외가 들어왔는데, 오디션이나 한번 볼래요?"

전화를 받았을 때 나는 앞으로 어떤 일들이 기다리고 있고, 무슨 일이 생기게 될지 상상조차 할 수 없었다. 장난치는 줄 알았다. 몰래 카메라인가?

학교 축제 무대의 공연도 몇 날 며칠 준비해야 하는데, SBS 방송에 출연을 한다? 댄서도 아닌 내가? 한 명의 남자 선생님이 꼭 필요하다는 부탁에 수락을 하긴 했지만, 연습 첫날에 '그만해야겠다. 빨리 중단하자.' 다짐하며 수십 번을 망설였다.

그런데 입에서 그 말이 나오지 못했다. 너무나도 진지했기 때문이다. 다들 너무도 춤을 사랑하는 춤꾼들. 그리고 나였다. 게다가 빛나는 5인조 〈SHINee〉의 커버 댄스를 한다고 하니 두려워지고 여러 날 잠이 오지 않았다. 그래도 오디션인데 준비를 하고 가야지 하고 시작한 것이 덜컥 합격! 촬영 결정이 나버렸다. 〈셜록〉으로 오디션을 봤는데, 급하게 〈줄리엣〉으로 변경까지 되었으니 이만저만 설상가상이 아닐 수 없었다.

'연습량이 실력이 된다'고 나를 추천해 준 선생님의 얘기에 바쁜 12월 일주일간 이어폰을 귀에 꽂고 반복하고 반복하며 살았던 것 같다. 아무것도,

아무도 눈에 들어오지 않았다. 춤췄다. 연습했다. 아무도 바라보지 않는 것처럼. 어느 누구도 신경 쓸 겨를이 없었다. 목동 SBS에서 있었던 오디션. 어떻게 했는지 기억도 잘 안 난다. 합격 소식이 전해졌던 4개 팀. 의경팀(셜록), 의대팀(루시퍼), 여자 초교생(산소 같은 너), 그리고 사제 동행 학교 팀(줄리엣). 강남의 댄스 스쿨에서 전문 댄서의 교습도 받고, 모든 팀 전체 연습(링딩동)을 하면서 내가 감히 경험해볼 수 없는 표현 활동의 세계, 아니 춤꾼들의 세상을 곁눈질할 수 있었다. 춤은 표현 활동이 아닌 건강, 도전, 경쟁, 여가 활동이었다. 누구 한 사람의 실수로 장시간의 연습이 한 순간 물거품이 될 수 있기에 밤낮없이 부족한 나를 채우기 위해, 남에게 폐가 되지 않기 위해 긴장하며 움직였다.

'스타 중의 스타, 킹 중의 킹'들이 기량을 뽐내는 자리. 샤이니와 강호동, 붐 그리고 여러 패널들과의 만남도 설레었고, 나의 첫 춤 도전이 어떻게 마무리될 것인가도 무척 궁금했다. 반복적인 연습을 통해 거의 기계가 되었지만, 무대 위에만 올라서면 백지가 된다는, 프로들도 견디기 힘들다는 그 '짠!'의 순간.

무대 리허설을 마치고 다함께 최선을 다하자는 맹세를 하고 스탠바이. LED 창이 드디어 활짝 열렸다. 예능이기 때문에 되도록 학교 이야기를 빼달라는 작가의 말에도 불구하고 내뱉은 [고잔고 파이팅]이 전국 방송을 탔다. '학교 홍보 잘해줬다'며 교장 쌤과 교감 쌤의 칭찬도 받았으니 나름 성공하긴 했다. 사제 동행 댄스팀으로 함께할 수 있어서 가문의 영광이었고, 다시는 못 올(오지 않을) 그 순간에 '끼가 줘서' 고마웠다. 그 이후 나는 댄스 동아리 아이들을 어떤 식으로든 격려해주고 아껴준다. 게다가 존경하게 되었다.

⚫ KBS 1TV 〈9시 뉴스〉: 꼭 참여해 즐기고 싶은 체육 시간 만들기

> "조종현 선생님, 요즘 어떤 수업을 하고 계세요?"
>
> "플로어볼과 스포츠 스태킹 수업을 하고 있는데, 왜 그러세요?"
>
> "여학생들도 같이 하나요?"
>
> "여학생들이 주인공입니다!"
>
> "제가 카메라 들고 한번 찾아뵐게요!"

고등학교 여학생들이 학교 체육에 열정적으로 참여하는 영상을 촬영하고 싶다고 KBS 기자에게서 연락이 왔다. 가짜를 보여드릴 수도 없으니 하던 그대로의 모습이 화면에 등장하도록 손을 쓰지 않았다. 아이들의 인터뷰까지도. 겸사겸사 학교 스포츠클럽 전국 대회에 입상한 '여당당 플라이 발리볼 배구팀' 아이들도 함께 촬영하고 싶으시다고.

학교 체육 시간을 '꼭 참여해 즐기고 싶은 시간'으로 만들어, 운동 능력이 부족한 남학생과 운동에서 늘 소외받았던 여(女＋餘)학생들이 즐겁게 참여할 수 있는 다양한 기회를 제공하자는 것이 방송 취지였다. 스포츠 스태킹 더블 경기(어깨동무 스태킹)을 준비하며 친구에 대한 '배려'를 경험했다는 학생의 인터뷰, 학교 스포츠클럽 배구와 배드민턴을 치며 즐겁게 땀 흘리는 여학생들의 모습들, 플로어볼 스틱을 들고 이리저리 움직이며 스포츠를 즐기는 가운데 자연스레 체력이 길러진다는 2학년 여자 반 학생들의 아름다운 모습이 KBS 1TV 〈9시 뉴스〉의 '이슈 & 뉴스' 코너에 방영되었다.

예산이 넉넉지 못해서 플로어볼 스틱을 연습용 스틱으로 촬영하게 되어 아이들에게 미안했다. 하지만 그 당시 나에게는 그게 최선이었다. 게다가 플로어볼을 링크가 없는 농구 코트에서 했으니 지금 누가 보면 크게 웃을 일이다. 조종현 선생님만의 로컬룰 아웃이 없는 플로어볼.

다소 열악했지만 플로어볼 수업을 시작했다는 그 자체만으로도 나에겐 의미가 컸다. 그 후로도 플로어볼 수업을 많이 진행해봤지만, 그때의 아이들과 즐겁게 만들어 갔던 기억들이 가장 오래 스친다.

● EBS 〈최고의 교사〉: 체육의 재발견

우리나라 전통 스포츠인 씨름 수업을 하는 선생님을 찾고 있다고 했다. 마침 나와 연락이 닿아 출연하게 되었다. 간단하게 잠깐 와서 촬영하는 줄 알았는데, 1주일간 나의 일거수일투족을 찍어야 한다고 했다. 등교하는 모습, 수업 준비 장면, 수업의 뒷마무리, 학생들의 반응과 느낌, 교실 수업과 운동장 수업, 교무실에서의 뷰 등. 교내 사람들의 촬영 허락을 얻은 후, 카메라가 드디어 학교로 들어올 수 있었다.

인문적 체육 교육과 하나로 수업으로 운영한 나의 씨름 수업 이야기가 잘 담겨 공중파를 탔고, 여러 차례 재방송이 되었다. 전국 각지의 대학교에서 우수 체육 수업 운영 사례로 활용되었고, 체육 교사로서 '정체성의 혼돈 시기'에 여러 사람들에게 작은 도움이 되었다니, 어렵게 촬영했지만 보람이 있었다. 가끔 나도 '다시 보기'를 해서 보곤 한다. '교육 과정 재구성 → 수업 → 평가 → 기록'의 체

육 수업 전반의 흐름을 하나로 잘 편집해주신 듯하다. 여러 해 지났지만 지금 봐도 그리 옛것 같은 생각이 들지 않아 참 좋다. 내 얼굴만 옛것이다.

● KBS 1TV 〈학교 체육 새로운 시작〉: 생명을 살리는 참 소중한 체육 수업

> "CPR(심폐 소생술) 체육 수업은 언제 하시나요?"
> "유월에 시작됩니다."
> "어떻게 수업을 하실 생각이신가요?"
> "아, 저는 CPR 연극을 하는데요?"
> "그래요? 수업을 연극으로요?"
> "네. 상황극으로 합니다!"

연극을 활용한 학교 체육 수업 중에서 '안전 교육'에 대한 이야기가 KBS 〈스포츠 9〉에 방영되었다. 반복적이고 단순한 주입식 안전 교육이 아니라 상황극을 구성하여 작품으로 완성하는 학생들의 직접 체험형 수업이 주목을 받았다. 장기 기억으로 오래 남기 위해서는 실제 사건 사고 관련 기사를 검색해보고, 영상을 찾아본 후 스토리보드를 작성하여 역할을 나누고 직접 무대 위에 서보는 과정이 반드시 필요했다. 연극의 구색을 갖추기 위해 직접 포스터도 제작해보고, 스토리보드도 발표해보며 직접 배우가 되어 보기도 했다. 관객이 되어 관람을 하며 다른 팀의 작품에 큰 박수를 나누기도 하는 멋진 프로젝트 학습! 많은 학교에 안전 교육을 진행하는 색다른 방법으로 영향을 주어 수업 개선에 도움을 주었다.

⊛ KBS 1TV 〈스포츠 하이라이트〉: 배구공에 담긴 그녀들의 특별한 이야기

안산 고잔고 '여당당 하나로 배구 클럽'의 생활 체육 배구 대회 도전기가 KBS 〈스포츠 하이라이트〉에 방영되었다. 쉽지 않은 도전이었다. 남학생에 비해 여자 배구 동호회의 실력이 대단했기 때문이다. 졸업생들과 재학생들이 연합하여 전국 동호회 배구 대회에 도전장을 내밀었다. 기본적으로 10년 이상 배구를 꾸준히 해오신 분들이라 우리들이 흔히 말하는 '구력'이 대단하셨다.

아이들은 한 수 배우기 위해 나갔지만 못하는 실력은 아니었다. 졸업생들은 대학(이화여대, 숙명여대 등)에 진학하여 배구 동호회 활동을 하고 있기에 우리 실력도 낮은 수준은 아니었다. 하지만 예선전에서 강팀을 만나 허무하게 2연패를 경험하고 말았다. 아쉽지만 다음을 기약해야 했다. 많이 아쉬웠다. 사실 남학생들의 파워 게임도 볼 만하지만, 수비가 좋아 랠리가 오래 진행되는 여자 배구의 매력도 크다. 이제 시작이니까 고개 숙이지 말라고 했다. 다시 도전이다.

'지속적으로 진행되는 배구 수업 → 학교 스포츠클럽 교내 대회 운영 → 지역 및 경기도 학교 스포츠클럽 대회 참가 → 동호인 배구 대회 참가'라는 가랑비를 계속 경험할 수 있도록 관심을 가질 것이다. 기본인 '체육 수업'이 무너지면 모든 것이 사상누각이 된다. 수업을 하면 그 종목의 학교 스포츠클럽 대회를 개최해 준다는 나와의 약속을 지키려고 노력할 것이다.

⊛ KBS 1TV 〈스포츠 뉴스〉: 체육 수업을 온라인으로? 체육 교사들의 고군분투

코로나19로 인해 체육 교과의 원격 수업은 어떻게 진행되고 있고, 어떤 노력을 기울이고 있는지, 어떤 어려움이 있는지에 대한 이야기가 방송되었다.

저글링 원격 수업이 진행하고 있었던 터라 저글링 수업을 어떻게 원격 수업으로 펼쳐내는지, 어떻게 교사가 직접 촬영하여 학생들에게 수업 내용을 제공하는지가 방송되었다.

"어느 정도 기존 영상을 활용할 수는 있는데, 그건 제 수업이 아닌 거죠."

실시간 쌍방향 소통형 체육 원격 수업의 중요성을 강조했다. 체육만 그런가? 남의 것을 탑재하여 보게 하는 '아나영' 수업이 자기 것인 양 하는 교사들의 모습 덕분에 학부모들과 학생들은 단단히 성이 났다. 아니나 다를까, 그것 때문에 교육청에는 민원이 빗발쳤다. "제가 영상을 만들어 올리는 것보다 EBS에 영상이 더 잘 만들어져 있어요! 그게 더 나아요."라고 얘기하는 교사를 보고 너무 슬펐던 기억이 난다. 그건 교사가 할 말이 아니다.

조종현 평촌고 체육 교사
어느 정도는 기존에 만들었던 영상을 활용할 수는 있는데,
그건 제 수업이 아닌 거죠.

⚬ KBS Joy 예능 〈무엇이든 물어보살〉

체육 교사에 대한 이미지는 늘 좋지 않았다. 별로였다. 좋았다가도 이상한 기사로 한 순간에 바닥을 쳤고, 잘해도 별로 큰 칭찬을 받지 못했다. 가끔 한 덩어리로 몰아 모두를 나쁜 사람 취급하기도 했다. 학교에서는 전공도 하지 않았지만, 어렵고 힘들어 남들이 기피하는 업무들을 마구마구 떠안고 있었다.

공평하게 똑같이 나누자고 모든 교사가 함께 모여 이야기했지만, 결과를 보면 예전과 다르지 않았다. 이런저런 이유로 체육 수업을 준비할 에너지를 다른 곳에 써버리면 에너지 총량의 법칙처럼 어디 한 군데가 크게 펑크 나기 마련이다.

그것은 바로 '체육 수업의 질'이었다. 바꿔야 했다. 뭔가 얘기를 좀 해야 했다. 아주 조심스럽게 체육 교사에 대한 편견을 조금 얘기하고 왔다. 다 바꿀 수 있을 것이라 생각하지도 않았고, 새로운 시선으로 체육 교사들을 바라봐 달라고 읍소하지도 않았다. 하지만 공평과 공정이 대세인 요즘 분위기에서 선을 넘으면 안 된다는 잽은 날리고 온 듯했다. 과하면 늘 부러지게 된

다. 누군가 한 사람의 희생을 요구해서는 안 된다. 우리 체육 교사들은 생활 교육 전공이 아니다.

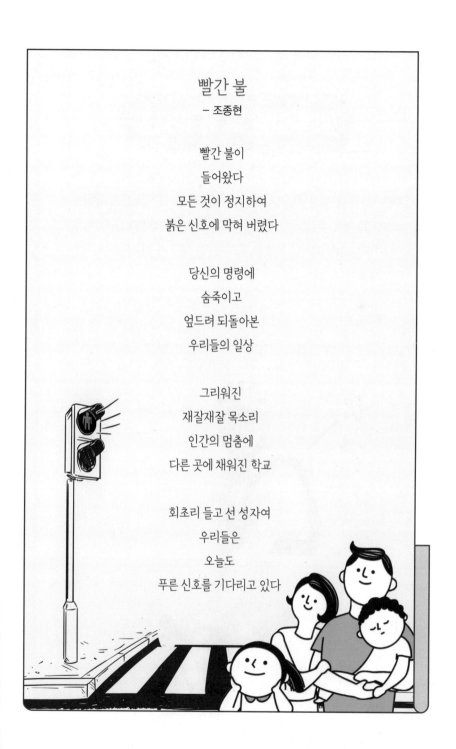

빨간 불

– 조종현

빨간 불이
들어왔다
모든 것이 정지하여
붉은 신호에 막혀 버렸다

당신의 명령에
숨죽이고
엎드려 되돌아본
우리들의 일상

그리워진
재잘재잘 목소리
인간의 멈춤에
다른 곳에 채워진 학교

회초리 들고 선 성자여
우리들은
오늘도
푸른 신호를 기다리고 있다

행동 발달 및 특기 사항

    가족 구성원들의 성향에 따라 축구, 배드민턴, 4대 강 자전거 종주, 캠핑, 등산 등 일상생활에서 가족과 함께할 수 있는 스포츠 활동을 바탕으로 체육 수업에 적용함. 가정의 화목과 행복을 바탕으로 '카르페 디엠(carpe diem)! 오늘을 즐겨라!'에 삶의 가치를 두고 현재도 최선을 다하고 있음.

13

열생열사
한우진

별명

열정맨 한우진

열정 하나로 함께 하고 싶은 즐거운 활동, 일상생활의 다양한 스포츠를 기반으로 수업을 위해 노력하고 실천하겠다는 뜻에서 지은 별명이다.

나는 이래서 체육 교사가 되었다

1 ▶ 축구 국가대표에서 체육 국가대표를 꿈꾸며

● 꿈을 품다

어스름한 해질녘, 또래 친구들과 비석치기를 하며 상대의 가느다란 돌덩이를 3~4m 거리에서 한쪽 눈을 감고 조준하던 찰나! 담 너머에서 들려오는 우렁찬 함성 소리에 아이들은 놀이를 멈추고 함성 소리에 귀를 쫑긋 세웠다. 담 너머로 아나운서와 해설가의 목소리가 희미하게 들려왔다.

1982년 한국 최초의 프로야구 개막 당시, 관객들의 우렁찬 함성 덕분에 야구라는 스포츠를 알게 되었다. 하지만 아이들에게 더 크고 짜릿한 즐거움을 안겨준 것은 비석치기였다. 누군가가 상대의 비석을 맞추어 부서뜨렸을 때 터져 나오는 탄성이 프로 야구 관객의 함성을 압도한 것이다.

해가 지고 어둠이 내려앉을 무렵, 가위바위보로 술래를 정하고 숨바꼭질을 했다. 숨어 있던 친구를 발견하면 이름을 부르고 먼저 지정한 전봇대에 와서 찜을 한다. 어두컴컴한 곳만 골라 잘 숨던 나는 술래에게는 골칫덩어리였다.

그러던 중, 초등학교 육상부 모집에서 야구공 던지기 종목에 1등을 한 것을 계기로 육상부원으로 활동하던 나는 3학년 담임이자 육상부 담당 선생님을 만나면서부터 꿈을 갖게 되었다. 생각보다 몸이 먼저 반응하여 공 던지기의 스텝과 동작을 잘 이해하지 못했던 나에게 선생님께서는 운동장 바닥에 나뭇가지로 그림을 그려 동작을 하나하나 설명해주셨다. 단 한 번도 화를 내지 않으셨을 뿐만 아니라, 반 친구들 앞에서 나를 칭찬하고 격려해주셨다. 기분이 하늘을 찌를 듯이 좋았다. 스승에게 존경심을 품은 것을 계기로 나는 체육 교사의 꿈을 갖게 되었다.

● 품은 꿈을 잠시 잊다

중학교 육상부 시절, 틈 날 때마다 친구들이나 육상부원들과 축구 시합을 하곤 했다. 축구를 하고 싶다는 막연했던 생각이 중3이 되면서 간절해졌고, 축구부가 있는 고등학교로 진학하면서 어릴 적 꿈인 체육 교사는 잠시 잊었다.

야간 개인 훈련을 하던 날, 같은 학년이자 초등학교 4학년부터 축구를 했다는 친구가 와서 축구를 왜 하는지 물었다. '축구가 좋고, 축구선수가 되고 싶어서'라는 내 대답에 친구는 현실적인 조언을 해주었다.

"나보다 일찍 시작한 친구도 아직 정규 대회 게임을 못 뛰는데, 너는 너무 늦게 시작했어. 지금이라도 그만두는 게 어때?"

이 말에 나는 개인 훈련 시간을 두 배로 늘렸다. 그러다가 고3이었던 1991년 5월, 나를 아껴 주시던 축구 코치님의 부고가 들려왔다. 전폭적인 후원자를 잃어버린 나는 벼랑 끝으로 내몰렸고, 축구를 그만둘 수밖에 없었다.

문득 어릴 적 숨바꼭질이 생각났다. 나 역시 세상으로부터 숨고만 싶어서 방 안에만 틀어박혀 지냈다.

8월의 아침, 살포시 열어둔 마루문 사이로 들어온 햇살은 유난히 뜨거웠다. 초등학교 때 육상부를 시작하면서 만났던 선생님을 생각하며, 체육 교사'의 꿈이 머릿속에 또렷이 새겨졌다. 문틈 사이로 들어온 햇살 위로 한 무리의 개미들이 자신들이 먹을 양식을 협력하며 한발 한발 내딛는 모습이 보였다.

'그래, 한 걸음 한 걸음 다시 시작하다보면 목적지에 다다를 거야. 도전하자.'

나는 앞으로의 계획을 세우러 방으로 방향을 바꾸었다.

● 꿈에서 현실로 첫발을 내딛다

현실은 참으로 냉혹했다. 고등학교 내내 축구부로서 훈련만 하다 보니, 고등학교 수업은 등한시한 채 졸업을 하게 되었다. 남은 건 텅 빈 지식의 머릿속이었다. 친구의 도움을 받아 종합 학원을 등록하고, 공부라는 것을 남들 대학에 들어갈 시기에 다시 시작하는 모습을 보고 혼잣말로 '너라면 할 수 있을 거야, 할 수가 있어.' 강산에의 노래를 흥얼거리며 스스로를 위로하는 나 자신을 발견한다.

으악~! 낭떠러지에서 떨어지는 흉몽을 꾸는 것은 늘 일상이었다. 그 꿈은 재수, 삼수, 사수를 예견한 꿈이었나 보다. 기나긴 어둠의 터널을 지나고 눈부신 햇살을 맞이한 터널의 끝자락이 나에게도 다가왔다.

청주 서원대 사범대 체육교육과 합격! 꿈이 현실로 첫발을 내딛는 나의 첫 합격 소식이었다.

꼭꼭 숨어라. 머리카락 보일라.

꼭꼭 숨어라. 머리카락 보일라.

꼭꼭 숨었니?

이젠 숨지 않고 세상을 당당히 맞이할 거야.

체육 교사로 가는 나의 꿈은 이제 현실에서 시작된 것이다.

02

열생열사
체육 교사

1
두 바퀴로 마주한 세상

◉ 가족과의 4대강 한강 라이딩

'내가 이런 거 하지 말라 했지. 부럽고 시간의 흐름이 서글프게 하네. 이 젠 몸도 따라주지 않는다. 우짜지?'

내가 교내 자전거 동아리인 '두 바퀴(자전거) 세상' 활동 장면들을 담아 SNS에 올린 사진들을 보고 나의 롤 모델인 교직 선배가 달아놓은 글이다.

"아들~, 자전거 타러 가자!"

아들은 형식적으로 물어본다.

"어디 갈 건데?"

"아빠 자전거 첫 모임으로 팔당역~양평 코스인데 가자~!"

이번에도 마치 갈 듯한 표정이지만 형식적으로 묻는 건 마찬가지다.

"언제 갈 건데?"

"2주 후 토요일."

"아빠, 나 학원 특강이 있는 날이라 못 갈 거 같아요."

대부분 아들하고 라이딩을 다니던 차라 함께하지 못한 아쉬움은 컸다. 달리기 전에 자전거 점검은 필수라서 브레이크, 핸들 손잡이, 타이어 공기압, 구동계 등을 확인하며 기름칠 작업을 하다 돌아가는 페달을 보니, 문득 옛 추억이 떠올랐다.

8년 전, 아내는 자전거를 타며 여기저기 구경하고 싶다고 했다. 자전거 여행 생각만 해도 기대가 되었고, 며칠 후 거금을 들여 입문용 MTB를 구매했다. 자전거를 조립하는 시간 동안 우리 부부는 벌써 자전거 여행 코스를 짜며 스마트폰으로 열심히 검색하고 서로 깔깔대며 시간을 보냈다. 조립이 다 되어 집으로 오는 길은 자전거 여행이란 기대감을 가득 안고 오는 시간들이었다.

☺ 오르막 속의 좌절

아내는 덜컹 겁부터 냈다. MTB는 아내가 타기엔 컸고, 집 안에 둔 자전거를 보며 아내는 긴 한숨만 내쉬었다.

일단 부딪혀 보자. 자전거 안전 교육과 실전 연습에 돌입하였고, 타기, 정지하기, 넘어지는 법을 가르쳐주었다.

가장 큰 난관은 내리막길 연습이었다. 아내는 무섭다고 내려가지 못하며 좌절의 표정을 지었다. 한 시간을 그 자리에서 그대로 있었다. 오늘 이 내리막길을 가지 못하면 자전거 여행은 힘들다고 다독거리며 내리막길 연습에 도전하도록 격려해주었다. 그렇게 해서 3시간 만에 15m 내리막을 내려갈 수 있었다.

그 후론 본격적으로 우리나라 4대강 자전거 종주에 도전하였다. 자전거 종주 수첩엔 도장이 점차 늘어갔다. 지금도 아빠로서 지혜롭지 못했던 라이딩 추억이 생각난다.

여주 강천섬 부근에서 출발해서 충주 비내섬까지 가는 코스였다. 출발한 지 얼마 안 되어 약 1.8km 정도의 경사도 10도 정도의 긴 오르막에서 당시 초등학교 3학년이었던 아들은 오르막 출발과 동시에 옆 논두렁으로 고꾸라졌다. 오르막을 보자 타기 싫어 논두렁으로 갔다는 말에, '타다가 힘들면 중간에서 쉬자고 하지, 시작도 하기 전에 포기부터 하는 모습은 옳지 않다.'로 시작한 나의 훈계에 결국 아들은 울음보를 터트렸다.

아들의 울음을 보자 내가 너무 심했나 싶었다. 나조차도 오르막을 보고 당황스러웠는데, 아들은 더 큰 당혹감을 느꼈을 거라는 생각이 들었다. 타기 싫을 수 있다고 생각하면서도 달래주지 못한 게 지금 생각해보면 '아빠로서 참 많이 부족했구나!' 하는 생각이 들었다.

● 가족 스포츠 라이딩을 학교에 적용하다

시간이 흘러 중학생이 된 아들은 어느 날, 로드를 타고 싶다고 했다. MTB면 충분하다고 여겼던 나에게는 신선한 발상의 전환이었다. 이왕 타는 김에 아빠와 아들 둘이 로드로 기변을 했다. 그 덕분에 4대강 자전거 라이딩은 체력적으로도 부담이 덜 하였고, 자전거로 여행다운 여행을 하게 되었다.

몇 개월이 지나 아내의 MTB를 전기 자전거로 기변해주자, 자전거 타는 즐거움은 배가 되었다. 아내는 체력적으로 부담이 덜 가니, 자전거 여행에 언제든 동참하였다. 지금은 오히려 우리가 전기 자전거 따라다니기에 체력이 부족한 상황이 되어 버렸다. 그리고 현재 자전거 라이딩은 우리 가족의 일상이 되었다.

시행착오는 있었지만, 가족과 자전거를 처음 타는 시기에 문득 하나의 생각에 머물렀다. 자전거를 학교 수업에 적용해보면 어떨까?

마침 1학년 자유학기제 수업으로 학생들에게 다양한 스포츠 활동을 할 수 있는 기회가 주어졌고, '두 바퀴(자전거) 세상'이라는 자전거 동아리를 개설했다.

13명의 지원자에게 자전거 안전 교육, 학교 주변의 자전거 코스, 라이딩 자세, 도로 위에서의 안전 사항, 수신호 등 다양한 교육을 전개했다.

첫 번째 라이딩 코스는 13.55km의 거리였다. 이날 학생들과 라이딩하면서 아쉬운 점을 메모해두었는데, 그 내용은 아래와 같았다.

> 라이딩 하는 코스 과정에서 아쉬운 점은 지자체에서 만들어 놓은 자전거 길이 자전거를 타기엔 너무 위험하다는 것을 다시 한번 깨닫게 되는 시간이었다. 도로 길은 있던 자전거 길도 어느 지점에서는 없어졌다 다시 인도로 자전거길 표시가 되어 있고. 자전거 길과 차도의 경계가 명확히 없다 보니, 안전사고 발생이 높을 수밖에 없을 거란 생각이 들었다.
>
> – 2016. 09. 22. 라이딩 후 학생의 소감, 필자 SNS에서 발췌

이날 한 학생은 "첫 라이딩으로 울타리 밖에 나가 몸으로 체험하고 본인들이 하고 싶은 것을 선택하고 실천할 수 있어서 좋았다."라고 했다.

어느 날, 학교에서 24km 떨어진 수원의 연무대에 갔다. 그곳에서 전통 활쏘기와 성문의 둘레 길을 걷고 학생들에게 수원의 역사도 해설가를 통해서 듣게 해주는 자전거 라이딩과 역사 공부까지 일거양득(一擧兩得)의 교육 효과도 경험하게 했다.

겨울철 라이딩 수업은 머리로 이해하는 것에서 끝나지 않고, 겨울철 안전 라이딩 시 주의 사항을 전달하고, 짧은 코스지만 학생들이 지식으로서가 아니라 신체 활동을 통해 알게 하였다.

유난히 추웠던 겨울이 지나가고 새 학기가 시작되던 어느 날이었다.

"선생님~!"

한 남학생 여럿이 나에게 다가왔다.

"이번에도 '두 바퀴 세상' 동아리 하실 거죠?"

"올해엔 2학년 수업 담당이라서 동아리를 운영하기 어려울 거 같아. 하지만 두 바퀴 세상보다 더 재미있고 스포츠의 참맛을 경험하게 하는 또 다른 세상을 맛보게 해줄게."

2 선택과 열정 속에 꿈을 찾다

● 학생 선택 중심 체육 수업

담벼락 사이로 노랗게 물이 들었다. 수줍은 듯 꽃을 피운 목련은 고개를 떨구고 아래만 응시하고 있었다. 마을 가운데 위치한 학교 주변으로는 밭을 일구고, 다양한 밭 작물을 텃밭처럼 키우는 도심 속 농촌의 느낌을 갖고 있다. 그리고 회색빛 건물들과 교내를 삼켜 버릴 듯 빽빽이 들어서 있는 아파트 숲은 보는 사람으로 하여금 답답함을 느끼게 할 만큼 학교 앞을 가로막고 있었다.

주변을 둘러보고 다녀보아도 청소년들이 누릴 수 있는 복지 센터 및 다양한 체육 시설은 눈에 띄지 않았다. 조그마한 산등성이와 밭을 일구는 땅, 그리고 아파트 숲 외에는 활동량이 많은 청소년들을 위한 시설은 거의 전무하였다. 그러나 교내 체육 시설로는 어느 중학교 못지않게 운동장, 체육관, 탁구장, 실내 무용실, 운동장 옆 우레탄 농구장을 갖추고 있어 학생들이 다양한 신체 활동을 하기에 충분했다.

도시 청소년들에 비하면 지금 근무지의 학생들은 뭐랄까, 많이 순수하다는 느낌이 들 정도로 거칠지도 약지도 않다.

'사랑합니다.'

학교의 인사말이다. 처음 학생들에게서 이 인사말을 듣고 나 또한 '사랑합니다.'라고 할 때는 속이 우글거렸다. 뭔가 쑥스럽고 민망했지만, 시간이 흐를수록 자연스러웠고 오히려 안 들으면 아쉽고 듣고 싶었다.

"선생님, 이번 체육 시간에는 뭐 해요?"

학생들이 활기차다.

"이번 시간엔 교실에서 할 거야."

"안 돼요~!"

그동안 체육 수업은 한 학급에 30명이 넘고, 8개 학급의 학생들 모두를 만족시키지 못하는 교사 주도의 체육 종목 선택과 수업 방식은 학생들에게 큰 호응을 이끌지 못했다. 어느 반에선 준비한 수업이 성공하지만, 어느 반에선 무참히 실패를 거듭되고 이러한 날들이 진행하던 중, 경기도 교육청에서 운영하는 '학생 선택 중심 체육 교육 과정'이란 정책을 알게 되었다. 이 내용을 토대로 '교장 선생님과의 면담 → 부장 회의 안건 제출 → 학교 운영위원회' 등을 통과 후, '숙제하듯 하지 말고 축제하듯 실천하자'라는 생각으로 학생 선택 중심 체육 교육 과정을 준비했다.

드디어 개학이다! 체육을 좋아하는 학생들이 우르르 몰려왔다.

"선생님~, 올해 체육 수업은 뭐 해요?"

듣기 좋은 말이다.

"올해엔 '학생 선택 중심 체육 교육 과정'이란 수업을 할 거야."

"그게 뭐예요?"

새롭게 시작하는 수업 방식인 학생 선택 중심 체육 교육 과정 운영 방법과 긍정적인 효과를 오리엔테이션과 질의응답을 통해 상세하게 설명해주었다.

'학생 선택 중심 체육 교육 과정'이란 다양한 개성을 지닌 학생들에게 스스로 학습 내용을 선택할 수 있는 결정권을 부여하는 수업 방식이다. 교사가 학습 내용 선택의 주도권을 가지는 것이 아니라 학생의 적성, 흥미, 관심

등을 고려하여 자신에게 적합한 학습 내용을 선택할 수 있도록 하는 것이 이 수업 방식의 핵심이다.

학생들의 체육 수업 선택은 한 종목을 오랫동안 하지 못하는 학생들을 위해 학기마다 선택하는 학기 과정, 스포츠를 좋아하고 지속적으로 참여할 수 있는 학생들을 위한 1년 과정으로 구성했다.

햇빛을 싫어해서 배드민턴을 신청했다는 여학생, 올해 신규로 온 남자 체육 선생님이 좋아서 축구를 신청했다는 여학생, 평소 남자들이 좋아하는 종목만 체육 수업에 있어서 소극적이었다며 자신이 좋아하는 댄스반을 신청한 남학생, 볼링이 신기하게 느껴져서 신청했다는 학생들. 모두가 자신들이 좋아하고 하고 싶은 종목들을 신청하게 되었다는 이야기를 들을 때, 그동안 준비하면서 어려웠던 장면들이 한순간에 보람으로 바뀌었다.

학생 선택 중심 체육 수업을 진행하는 선생님마다 각자의 규율을 만들어 '질서, 최선, 노력, 배려'라고 쓰인 각자의 글들을 수업 장소 벽에 붙이며 학생들 내면의 교육도 신경 썼다. 본교 수업을 바라본 지역 교육청의 담당 장학사님과 주변 선생님들은 SNS를 통해 많은 응원의 메시지를 보내주었다.

● 체육 강사에게도 꿈을 안겨 주는 수업

푸르름이 학교 담장을 뒤덮은 6월, 공강이었던 나는 다른 선생님들의 수업을 보고 싶어 순회하던 중이었다. 운동장에서 학생들과 축구 수업을 하던 선생님이 나에게로 다가와서, 학생들이 더위에도 불구하고 열심히 해줘서 자신도 신이 난다고 하였다. 내가 이 학교로 발령받기 전에 스포츠 동아리로 농구 수업을 하셨던 경력이 있어서, 이 학교 분위기는 나보다 더 잘 알고 있었다. 그 선생님은 학생 선택 중심 체육 수업을 하기 전과 후의 변화에 대해 이야기해주셨다.

학생 선택 중심 체육 수업을 계기로 삶의 변화를 경험한 선생님이 계셨다. 왕방울 선생님은 그동안 체육 교사의 꿈보다는 생계가 먼저였다. 하지만 학생 선택 중심 수업을 접하면서 교사 입장에서 삶의 목표가 생겼다.

왕방울 선생님은 학창 시절에 축구, 농구, 수영, 스키 등, 다양한 스포츠를 섭렵했다. 중학교 때까지는 집안 형편이 부유했으나, 얼마 가지 않아 아버님 사업이 어려워지면서 대학 3학년 때 휴학을 결정했다. 나 또한 고등학교 졸업 후에 초라한 단칸방에서 지낸 시절이 있었다. 재수를 하면서도 작은고모부의 도움으로 아파트 관리사무소에 전기 기사로 취직하여 격일제 근무로 생활비를 벌었던 그때가 기억났다.

나는 왕방울 선생님에게 가정형편이 어렵다고 꿈까지 버리면 안 된다면서 이야기의 끝을 맺었다. 무더위가 한창 기승을 부릴 무렵, 수업하러 가던 길에 왕방울 선생님이 다가왔다. 가족과 충분히 대화한 결과, 복학하기로 결정했다고. 난 그의 선택에 응원과 격려의 말을 건넸다.

'이치를 따져 새로움을 추구하는 창의적인 학생상'을 추구하는 본교에서는 몇 년 전부터 학생 중심의 혁신 학교를 운영해오던 터라 새로운 시도들을 참으로 많이 하고 있었다. 본교 학생상들을 살펴보니, '자기 자신이 원하는 것을 하는 삶'을 주제로 영화 〈죽은 시인의 사회〉의 키팅 선생님이 강조한 내용과 비슷했다.

"카르페 디엠(Carpe diem)! 오늘을 즐겨라!"

새로움의 시작은 학생 선택 중심 체육 수업의 변화에도 도움이 되었다.

떼구르르르, 우당탕~!

여기저기서 환호성이 터진다. 이내 기쁨의 웃음소리와 축하 메시지!

한 여학생이 볼링 수업에서 스트라이크를 친 것이다. 학생 선택 중심 체육 수업과 자유 학기제의 컬래버레이션(collaboration) 수업으로 학교 인근의 볼링장을 찾아 볼링 수업을 하면서 학생들에게 건전한 여가 활동의 계기를 제공해주었다. 볼링장 안에서는 웃음소리가 가득했다.

"선생님~, 제 볼링 자세가 어때요?"

자신의 볼링 실력을 한껏 뽐내고 싶어 하는 학생들의 질문들은 회차가 거듭될수록 일상에서 전문화되어 가고 있었다.

● 체육 교사의 꿈을 안고

한 해의 마무리가 되는 12월. 왕방울 선생님과 대화를 할 기회가 있었다. 내년 2월에 대학을 졸업한다고 했다. 진심 어린 축하와 격려를 해주었다.

이듬해 나는 다른 학교로 발령을 받아 학교를 옮기게 되었다.

이별하면서 내가 해줄 수 있었던 말은 꿈을 잃지 말고 멋진 체육 선생님이 되어야 한다는 것이었다. 새 학교에서 학생들과 함께 땀을 흘리며 겨울바람에 흙먼지를 뒤집어쓰며 운동장 수업에 몰두하던 날, 교무실에 들어가니 왕방울 선생님한테 전화 한 통이 와 있었다.

"선생님, 저 내년에 교육 대학원 입학하려고요."

마치 번지점프하기 전에 뛰어내릴 것에 대한 고민과 두려움을 안고 망설이는 시간은 자신이 미래에 대한 불투명을 투명으로 바꾸려는 인간의 의지를 보여주는 결정적인 말 한마디였다. 상황을 회피하려 하지 않고, 주어진 경제적 형편은 잠시 내가 거쳐가는 인생의 디딤돌의 역할이라 말해주었던 시간들이 주마등처럼 스쳐 지나갔다. 수화기 너머에서는 '꼭 선생님이 되겠다'는 결의에 찬 목소리가 들려왔다.

가정형편 때문에 운동선수로 성공하지 못한 상황에서 체육 교사의 꿈마저 포기할 수는 없었기에, 고교 졸업 후에 재수, 삼수에 도전했던 나의 과거를 회상해 보았다.

몇 개월 후, 왕방울 선생님은 이번에 임용 고시를 본다고 했다. 학생들을 가르치면서 자신의 꿈을 재발견하고, 그 꿈을 위해 도전하며, 그 시간이 자신에게 정말 소중하고 행복한 시간이었다는 왕방울 선생님.

그는 학생들 입장에서 생각하고 노력하는 내 모습이 잠재되어 있던 자신의 꿈을 끌어올리는 마중물(펌프질을 할 때 물을 끌어 올리기 위하여 위에서 붓는 물)의 역할을 했다고 했다. 임용 고시 준비는 현재 진행 중이지만, 좋은 결과가 나올 거라는 확신과 믿음으로 기다려 보기로 했다.

3 산을 통해 삶의 가치를 배우다

● 산 그리고 삶의 가치

아장아장 걷기 시작한 우리 집 아이들. 부모와 함께 할 수 있는 운동으로 시작하고 자연스러운 가족의 스포츠로 자리매김한 등산. 테마가 있는 코스를 정하고 그 코스에서 아이들이 좋아할 만한 다양한 꽃, 곤충, 나이테, 산 이름이 생긴 이유 등의 이야기를 찾아서 흥미를 갖게 하도록 등산 시간, 코스, 맛집 등을 정하고 실천에 옮겼다.

이렇게 가족 스포츠로 시작한 등산을 당시 근무하던 학교 학생들과도 함께하고 싶어서 'Climbing 광교 체력 Up 프로젝트'를 시작하게 되었다. 학교 근처 광교산을 중심으로 해서 주말을 활용한 레저 스포츠를 통해 학생들의 건강 향상과 자연의 소중함을 깨닫게 하는 토요 스포츠 프로그램이다.

산행 시간은 8시간 코스로 구성되어 있다. 첫 1회를 제외하고는 교육 기부의 신청을 받아 학부형과 함께 산행을 하였다. '교사-학생-학부모'라는 교육공동체 구성원이 모두 참여하는 교육 프로그램이라 할 수 있다.

비바람이 세차게 불던 3월의 광교산. 산행 전날 비가 왔는데, 산 중턱부터는 눈이 왔다. 함께 참여한 여학생은 "선생님~ 산이 솜사탕 같아요~."라고

했다. 나 또한 이런 산의 모습은 새로웠다. 학생들은 자연의 변화무쌍한 계절을 느낄 수 있는 있었던 시간들이 자신이 살아온 인생의 추억으로 간직할 수 있었던 산행이었다.

● Climbing 광교 체력 Up 프로젝트

'Climbing 광교 체력 Up 프로젝트'는 산행의 즐거움만 제공한 것이 아니라 산행하는 동안 등산로에 버려진 쓰레기도 함께 줍는 프로그램으로, 자연을 아끼고 가꾸어야 하는 이유를 알게 해주는 교육적 효과도 있다. 그리고 학생들에게 광교산에서 자라는 야생초 및 곤충에 대하여 사진을 찍고 기록에 남기는 미션을 부여했다. 또한 충남 서산에 있는 팔봉산도 함께 등반했는데, 다른 명산의 등반을 통하여 산행의 즐거움과 평생 스포츠로서의 기반을 제공하고 여가 활동으로서의 방법을 제시했다.

나는 근무지를 옮겨서도 'Climbing 광교 체력 Up 프로젝트'의 브랜드명을 바꾸어 'Hiking 광교 체력 Up 프로젝트'로 이어서 실천했다. 평생 스포츠 입문으로서 'Hiking 광교 체력 Up 프로젝트'는 학교 중심에서 벗어난 지역 사회의 스포츠 시설을 활용하는 기회를 제공한다. 그리고 아름다운 자연과의 만남을 통해서 학생 자신의 건강은 물론, 등산 중에 모르던 친구들

과 대화할 수 있는 소통의 장으로 아울러 제공한다.

자연은 학업에 지친 학생들에게 휴식처 같은 역할을 한다. 체력이 부족한 여학생이 자연을 벗 삼아 한 걸음 한 걸음 걸어가며 새소리에 귀 기울이다 보니 어느새 목적지에 도달했는가 하면, 홀로 있기를 좋아하던 남학생은 친구들과 만나면서 자연스럽게 이야기하고 소통하면서 함께하는 가치의 중요성을 깨닫는 계기가 되었다. 또 교사들은 학생들과 마음속에 있는 이야기를 할 수 있는 소중한 시간들로 등산 내내 환한 웃음소리와 이야기를 끝없이 뿜어내기도 했다.

4 들어 올려 비틀어 매치는 레슬링

세상을 들어 올리다

"코치님, 시간 되시면 학교로 오실 수 있으세요?"

"네, 선생님. 언제쯤 갈까요?"

"오늘 코치님에게 보여줄 학생들이 있어요. 4교시 마치고 5교시 때, 가능하신가요?"

"네. 그럼 이따 뵙겠습니다."

바람이 살랑살랑 불고, 연한 연둣빛 잎이 하나둘 나온다. 차디찬 땅에선 개나리가 겨우내 참았던 노란 꽃망울을 터뜨리며 교정을 환하게 비추는 계절, 봄.

'큰 꿈 큰 사람을 키우는 미래 인재 육성'이란 본교 교육 목표는 정문에서 큰 팻말을 들어 올리며 학생회들이 신입생들에게 알리는 문구가 유난히 커

보였던 지난 2주였다.

체육 교사이자 레슬링부 감독인 나는 매년 신입생이 입학하면 수업 중에 학생들을 유심히 관찰한다. 신체 조건이 뛰어나고 운동 신경이 좋은 학생들을 눈여겨 봐두었다가 코치에게 알리고, 해당 학생들이 괜찮다면 학생과 학부모 상담을 진행하여 선수로 키우는 일종의 '선수 스카우트'이다.

레슬링은 두 사람의 경기자가 일정한 규칙하에 맞붙어 상대방의 양 어깨를 동시에 땅에 대든가, 심판의 판정으로 승부를 정하는 스포츠이다. 고대 그리스의 올림피아드 정식 종목이었던 만큼, 투기 종목 중에서 기원이 가장 오래되었다.

봄기운을 타고 따스한 바람이 불어 차디찬 겨울바람에 익숙한 터라, 학생들은 두터운 겨울옷을 입고 체육 수업에 임했다. 지역의 특색, 학생의 개성과 상황을 고려한 맞춤형 교육이라는 목표에는 '체력 향상'도 포함되어 있었기에 첫 체육 수업은 줄넘기였다. 나는 줄넘기 수업에서 눈여겨본 학생이 있어서 레슬링 코치에게 연락했다.

해당 학생은 키 145cm에 몸무게 32kg, 바람 불면 날아갈 정도로 왜소하고 깡마른 남학생이었다. 눈망울이 컸고 입가엔 개구쟁이처럼 웃음기를 머금었는데, 왜소한 체격임에도 몸의 탄성과 끈기, 수업 내내 쉴 새 없이 움직이는 체력이 돋보였다.

몸무게를 38kg 이상으로 만들기 위해 살을 찌워야 하는 상황임에도 가능성이 있다는 데 코치도 동의했다.

"코치, 저 학생 3대 독자야. 스카우트 가능하겠어?"

"학생 상담부터 해볼게요."

"내가 본 학생 중에 운동 신경이 가장 뛰어나고, 인내심을 갖춘 데다 인성까지 바르니, 잘 이야기해서 좋은 선수로 만들어보자고."

그러던 어느 날, 학생 부서에서 연락이 왔다. 학생부장님이 운동시켜 줄 수 있는지 물어보신 학생이 옆에 있었는데, 쳐다본 순간 직감이 왔다. 친구들과 힘겨루기를 하며 싸웠다고 했다. 외모에서 풍기는 느낌은 마치 불독을 보는 듯 우람한 팔다리 근육과 짧은 목이 매력적이었다.

운동장 스탠드로 자리를 옮겨서 학생과 단둘이 있게 되자, 모든 면이 궁금해졌다. 학년 정보, 사는 곳과 부모님의 성향, 학생의 꿈과 성향 등등, 마치 취조하듯 질문 공세를 퍼부었으나, 돌아오는 것은 퉁명스러운 대답뿐이었다. 그중 '운동을 좋아한다'는 말이 내 귀에 박혔다. 학생 인적 사항을 확인한 후 바로 코치님에게 전화를 걸었다.

"코치, 대물이야."

너무 흥분한 탓인지 말이 이렇게밖에 나오지 않았다.

코치는 한걸음에 학교로 달려왔고, 그 학생과 면담을 했다. 면담이 끝난 후, 함박웃음에 더 커진 눈망울을 보니, 나보다 더 흥분해있었다. 어떻게 해서라도 스카우트 하겠다는 코치의 들뜬 목소리를 떠올리면 지금도 내 가슴이 두근거릴 정도다.

1주일 후, '대물' 학생은 레슬링을 하고 싶지 않다고 했다. 하지만 나는 포기하고 싶지 않았다. 학생의 눈망울에는 무언의 간절함이 엿보였기 때문이다.

대물은 심성이 착했지만, 수업이 끝난 후 학원을 다니거나 집에서 조용히 공부한다거나 하는 모범생은 아니었다. 때로는 담배도 피고, 친구들과 어울리다 좋지 않은 일로 학생부도 여러 번 가는 모습을 1년여 동안 지켜보았다.

긴 터널을 지나온 듯 겨울 내내 시간이 참 길었다. 다시 봄이 오고 작년에 느꼈던 따스한 봄기운은 어디로 갔는지 봄날인데도 유난히 추웠다.

작년 봄에 만났던 3대 독자 학생은 본인과 부모님의 흔쾌한 승낙으로 레슬링을 한지 벌써 1년이 넘었다. 왜소한 체구라서 우리는 '빼빼로'라는 별명을 붙여 주었다. 빼빼로는 처음 운동할 때는 장난기가 많아 코치에게 혼도 많이 났는데, 지금은 근육질의 상체, 날카로운 눈매, 다부진 하체가 그동안 어떻게 운동했는지를 한눈에 보여주었다.

쉬는 시간이면 어김없이 빼빼로는 웃음기 가득한 소년으로 돌아가서, 선후배 모두가 그를 좋아했다. 3대 독자로 컸으면서도 자기중심적이 아니라 늘 주위에 웃음을 선사하는 '핵인싸'였다.

간간히 사고를 치곤 하는 대물은 여전히 내 스카우트 목록 1순위였다. 수학여행을 다녀와서 대물과 다시 상담했는데, 운동할 생각이 있다고 했다. 대물에게 레슬링을 시키기 위해 그와 친한 친구들을 포섭(!)하고, 먼저 운동하고 있던 빼빼로로 하여금 레슬링의 매력과 즐거움을 알려주도록 작전 아닌 작전을 거의 1년 동안 진행했다.

일주일 후, 대물은 해맑은 얼굴로 나에게 왔다.

"선생님, 고맙습니다. 레슬링을 시작할 수 있도록 제 손을 놓지 않고 계속 이야기해 주셔서요. 저한테 레슬링이 맞나 봐요. 너무 재미있어요."

"뭐가 좋은데?"

"힘 쓰는 거요."

대물은 모자라는 운동량을 소화하려고 이날부터 다른 선수들보다 1.5배로 체력 훈련을 많이 한다고 했다. "늦게 배운 도둑질에 날 새는 줄 모른다."라는 속담처럼 운동에 그야말로 푹 빠져 있다는 코치의 전언이었다.

빼빼로와 대물이 자신의 미래를 땀으로 일구어 가고 있을 무렵, 우리 반 남학생 하나가 눈에 들어왔다. 무대포지만 늘 조용하고 곁에서 평범하게 친구들과 어울리는 학생인데, 체육 시간에 문득 이 순정남에게 레슬링을 시키면 어떨까 하는 생각이 들었다. 빼빼로처럼 운동 신경이 좋은 것도 아니고, 대물처럼 신체 밸런스가 뛰어난 것도 아닌데, 왜 이 학생이 눈에 들어왔을까?

운동은 좋아하지만, 운동 신경은 뛰어난 편이 아니었다. 하지만 뭐든 최선을 다해 끝까지 한다. 이게 내가 무대포에게 높은 점수를 준 이유이다.

급식실이 없어서 학생들은 교실에서 급식을 먹었는데, 나 역시 교실에서 우리 반 녀석들과 점심을 함께 먹곤 했다. 이날은 무대포와 점심을 함께하며 슬쩍 레슬링을 이야기를 꺼냈다. 사실, 무대포는 가정환경이 넉넉하지 못했다. 전화 상담을 하던 중에 어머님이 연신 '우리 아들은 심성이 착하니 잘 부탁드린다'고 하셔서, 더욱더 관심이 갔다.

그날 무대포는 레슬링을 하기로 했다. 코치에 따르면, 무대포는 배운 것을 이해하고 몸으로 표현하는 데 시간이 좀 걸리는 유형이었다. 그런데 자신의 단점을 알고 나서부터는 하나의 기술이 몸에 익숙해질 때까지 다른 선수들보다 5~10배는 더 연습하고 있다고 했다.

빼빼로, 대물, 무대포는 한 공간에서 한솥밥을 먹어가며 매일 구슬땀을 흘렸다. 성과가 나오기까지는 그리 오래 걸리지 않았다. 그들은 경기도 대회 및 전국 대회 입상, 자신의 체급에서 이름을 알리고 차츰 성장해갔다. 이 세 명은 고등학교도 같은 곳으로 진학했는데, 대물은 부상 때문에 부사관이 되었고, 빼빼로는 한국 체대에 들어갔으며, 무대포는 성실성을 인정받아서 4년 장학생으로 국립대에 입학할 수 있었다.

빼빼로, 대물, 무대포는 내가 체육 교사로서 지내오면서 가장 의미 있는 스카우트 사례로 기억된다. 스포츠를 접하면서 인생이 180도 바뀐 것이다. 다른 학교로 발령을 받아서 옮겨간 어느 날, 전화가 한 통 걸려왔다.

"선생님, 저 대물이에요. 사고만 치던 청소년기에 저를 붙들어 주셔서 정말 감사합니다."

"나야말로 운동을 하겠다고 해 준 너한테 고맙지."

체형은 왜소해도 운동 신경이 뛰어났던 3대 독자 빼빼로, 큰 사고는 아니지만 잦은 싸움과 학교에서 흥미를 못 느꼈던 대물, 자신의 꿈이 무엇인지 모르고 잘하는 게 없다고 여겼던 무대포. 재능을 발견하고부터는 꿈을 위해 노력하고 최선을 다했던 이들에게 박수를 보낸다. 여러분도 늦었다고 생각할 때가 가장 빠른 때라는 말처럼, 자신의 꿈을 꼭 찾기를 바란다.

> 할 수 없을 것 같은 일을 하라. 실패하라.
> 그리고 다시 도전하라. 이번에는 더 잘 해보라.
> 넘어져본 적이 없는 사람은
> 단지 위험을 감수해본 적이 없는 사람일 뿐이다.
> 이제 여러분 차례이다. 이 순간을 자기 것으로 만들라.
> – 오프라 윈프리

행동 발달 및 특기 사항

현직 체육 교사였던 아버지의 영향으로 어려서부터 체육 교사의 꿈을 키움. 특히 스포츠를 바라보는 안목이 넓으며 그림, 이야기, 광고, 영화, 드라마, 신문, 조각, 음악 등이 모두 스포츠와 연관됨을 깨달음. 이를 통해 스포츠의 가치를 널리 알리고자 신체뿐만 아니라 마음을 움직이는 따뜻하고 의미 있는 수업 방법으로 세상을 이롭게 하겠다는 당찬 포부를 지니고 있음.

마음으로 가르치는
황인택

별명

마가택쌤

'마음으로 가르치는 인택쌤' 의 약자로 지어진 별명이다.

나는 이래서 체육 교사가 되었다

아버지 덕에 조심스레 움직여 봅니다

● 체육 교사의 피가 흐른다

지금은 퇴직하셨지만 체육 교사로 30여 년 동안 열정을 다해 교직 생활을 하셨던 아버지를 보며 자라왔다. 체육 교사인 아버지와 함께한 어린 시절은 다양한 운동을 자연스레 접할 수 있었고, 뛰어나진 않았지만 운동 신경이 좋다는 칭찬을 자주 듣기도 했다. 단신임에도 불구하고 대학 시절 배구를 전공하셨던 아버지의 피를 물려받아서일까? 학교와 지역에서 열리는 육상대회, 체육대회에 학교 대표 혹은 반 대표로 참가하게 되었고, 이러한 활동들은 나의 자존감을 높여주는 특별한 경험이었다.

체육 수업에서 눈에 띄는 학생이었는지, 또래보다 조금은 큰 키에 삐쩍 마른 나에게 체육 선생님은 지역 내 육상 대회 출전을 권유하셨다. 종목은 바로 높이뛰기와 멀리뛰기. 평소 체육 수업과 체력장에서 나의 운동 신경을 파악하셨는지 육상경기 중 높이뛰기 종목을 해보자고 하셨다. 멀리뛰기야 동네 놀이터에서 한 발 뛰기를 하며 해봤지만, 높이뛰기는 전혀 경험 해본 적이 없었다. 그날부터 운동장 조회대 바로 앞에는 높이뛰기 매트가 설치되었고, 무작정 고무줄을 넘는 연습을 시작했다. 어설픈 자세로 시작한 높이뛰기는 작은 노력과 용기 있는 도전으로 선수들과 같이 뒤로 누워 몸을 아치 형태로 만드는 배면뛰기까지 하게 되었다. 지금 생각해 보면 기초연습 없이 그냥 탄력으로 넘은 듯하다.

그렇게 출전한 지역 내 육상 대회에서 입상하여 일반 학생으로 전국소년체육대회 경기도 대표 선발전에 출전했다. 특별한 훈련이나 연습이 없었던 터라 별 기대를 하지 않고 참가했다. 하지만 결과는 놀랍게도 높이뛰기 종목에서 170cm를 넘으며 2위의 성적을 거뒀다. 2위까지 전국소년체육대회 참가 자격을 주기에 출전권은 얻었지만, 일반 학생으로 참가한 나의 몫은 거기까지였다.

농구를 소재로 한 드라마 〈마지막 승부〉가 인기몰이를 하던 1990년대 후반, 농구 대잔치의 인기도 함께 올라갔다. 오빠 부대의 우상이던 농구 선수들을 닮고 싶었고, 그로 인해 하루 대부분을 농구에 미쳐서 생활하기 시작했다.

학교 일과는 8시 30분부터 시작이지만, 매일 아침 7시 30분이면 흙바닥 농구장에 친구들과 함께 모여 농구를 했다. 쉬는 시간과 점심시간도 농구장을 떠난 적이 별로 없었던 것 같다. 농구를 사랑하는 모임이라는 뜻의 동아리인 '농사모'를 만들어 지금의 스포츠 자율 동아리 형태로 운영했다.

길거리 농구가 활성화되면서 주말마다 농구 대회가 열리기 시작했다. 토요일 CA(동아리 활동)가 마치면 곧바로 농구 대회가 열리는 그곳으로 향했다. 지역 내에서 농구를 좋아하고 좀 한다는 친구들이 모이기 때문에 농구 대회에서는 늘 보던 사람들이 많았다. 지역 대회 우승은 늘 우리 팀 차지였고, 그로 인해 오빠 부대까지는 아니지만 약간의 인기(?)와 유명세를 얻을 수 있었다. 농구 하면 자연스럽게 떠오르는 누군가가 되어 있었고, 나는 농구 없이는 못 살 정도로 농구의 매력에 푹 빠져있었다.

아마추어 농구 고수들의 꿈의 대회는 유명 스포츠 브랜드들이 주최하는 길거리 농구 대회이다. 한강 시민 공원과 올림픽 공원에는 농구 코트가 가득 메워지고, 이글거리는 태양과 함께 농구를 사랑하는 사람들이 모였다. 지역마다 고수들이 모두 모여 실력을 겨루는 자리이자 농구인들의 축제이기도 했다. 육상 대회 때처럼 전국 대회 진출은 못 했지만, 서울·경기 예선에서 4위를 하며 의미 있는 경험을 했다. 50만원 어치의 상품권도 받고 말이다.

● 황 부장의 큰아들

아버지는 학생부장 체육 교사셨다. 학생들에겐 공포의 대상이었지만, 교사들에게는 너무나도 좋은 형님, 좋은 부장님이셨던 분. 아버지와 같은 학교에 있은 적도 없는데 중학교에 입학해서 고등학교 졸업할 때까지 나는 늘 '황 부장의 큰아들'로 불렸다.

사춘기가 일찍 왔는지 아니면 넘치는 자존감 때문이었는지 알 순 없지만, 학교 안에서 아버지의 아들로 바라보는 시선들이 너무나도 불편했다. 나로 아닌 누군가의 아들로 보인다는 것에서 무의식적으로 성실한 학교생활을 할 수밖에 없었고, 인정 욕구가 굉장히 높아졌다.

아버지께서 경험했던 체육 교사로서의 삶을 온전하게 이해할 순 없었다.

하지만 체육을 너무나도 사랑하고 좋아했던 학생이자 아들에게는 체육 교사의 매력이 크게 느껴졌던 것 같다. 대학 진학을 눈앞에 두고 체육 교사로서의 길을 선택하게 된 이유는 바로 이것이다.

사실 아버지는 내가 체육 교사가 되길 바라지 않으셨다. 자기 삶은 자신이 책임지라고 하셨던 아버지가 유일하게 반대했던 부분이다. 아버지가 경험했던 체육 교사의 삶이 그렇게 순탄하지만 않았던 것을 알고 있다. 학교 안에서 체육 교사의 역할이 힘들다고 생각했고, 교사가 되기 위한 과정도 어렵다고 생각하셨다.

하지만 내가 좋아했고 나를 인정받게 해준 체육 수업은 자연스럽게 나를 체육 교사의 길로 이끌었다. 고3 여름방학 이후 부모님 몰래 예체능 계열로 바꿀 만큼 용기 있는 행동으로 이어졌다.

⏺ 마음으로 가르치는 체육 교사 꿈꾸기

용감하고 당차게 체육교육과에 진학해서 우연한 기회에 스포츠교육연구실의 학부생 도우미로 생활하게 되었다. 그곳은 나에게 체육 교사에 대한 마음을 더 확고하게 가져다주었다. 1학년 2학기부터 시작했으니 3년 반 정도를 연구실에서 대학 생활을 보냈다.

강의가 없는 시간에는 대부분 연구실에서 있었다. 그곳에는 엄청난 양의 책들이 있었고, 최근 체육 교육의 동향을 한눈에 알 수 있는 연구 자료들로 채워져 있었다. 연구실에서 추구하던 인문적 체육 교육 철학은 그동안 아버지를 통해 봐왔던, 그리고 내가 경험했던 체육 교육의 모습과는 아주 다른 모습이었다.

인문적 체육 교육

기존 체육 교육의 문제점을 보완, 타파하고자 나타난 하나의 아이디어이다. 이제까지 강조되어 오던 과학적 교육과 대비되는 개념으로, 과학적으로 판단하기 어렵고 실천되거나 해결하기 어려운 측면과 현상에 관심을 두는 것이 특징이다. 운동의 내면적 차원을 학생이 내면화하여 운동을 운동답게, 운동처럼, 운동으로써 배우게 하는 것, 그 운동과 하나 된 사람이 되도록 이끌어 주는 것, 다시 말해 운동을 제대로 배워 제대로 된 사람을 위한 것이다. 한마디로 운동을 통한 전인적인 성장을 목표로 한다.

평소 내가 생각하고 있었던 체육 교사의 삶과 체육 교육 현장의 모습을 고스란히 담고 있었다. 비록 대학 정규 커리큘럼에 포함되지는 않았지만, 책꽂이 건너편에서 글쓰기와 독서에 많은 시간을 보내셨던 교수님의 모습을 통해서 인문적 체육 교육을 도제 교육(스승 밑에서 일하면서 직업에 필요한 지식, 기능을 전수받는 교육) 받은 기분도 들었다.

연구실에서의 인연은 인문적 체육 철학을 바탕으로 하고 있던 몇몇 선생님들과 함께 연구할 수 있는 모임으로 이어지게 되었다. 대학생으로서 연구 활동에 곁다리로 참여하며 인문적 체육 수업과 이를 실천하는 교사들의 모습을 직접 관찰할 수 있었다. 그리고 좋은 수업을 위해 노력하시는 선생님들 사이에서 '인문적 체육 교사'가 되기로 마음먹었다.

그래서 내가 가르치는 체육 수업을 통해 학생들에게 행복한 경험을 주고 싶었다. 더 나아가 참 좋은 사람으로 성장할 수 있는 토대를 만들어주고 싶었다. 그래서 참 좋은 체육 교사가 되기로 다짐했다.

마음으로 가르치는
체육 교사

02

1
좋은 체육 수업을 실천하는 전문가

● 좋은 수업 이전에 '좋은 사람'이 되어야

나는 좋은 체육 수업을 실천하는 전문적인 체육 교사, 연구하는 체육 교사, 마음으로 가르치는 체육 교사가 되고 싶다. 지난 교직 생활을 되돌아보면, 이러한 다짐을 이루기 위한 실천의 연속이었다. '체육'이란 어떤 교과이고, 왜 가르쳐야 하며 어떻게 가르쳐야 하는지에 관한 질문을 계속 던진 것은 더 나아가 '참 좋은 체육 교사'가 되기 위한 과정이었다.

참 좋은 체육 교사로의 여정은 지금도 '진행 중'이다. 언제 끝날지는 몰라도 소중한 분들과 이 여정을 끝까지 함께하고 싶다. 또한 내 경험과 고민을 학생들과 함께 나누고 싶다.

● 교직 마라톤 스타트

공교롭게도 인생에서 중요한 시험을 볼 때마다 월드컵이 개최되었다. 고3이던 2002년의 수능 시험, 대학교 4학년이던 2006년의 첫 임용시험,

2010년의 마지막 임용시험에 이르기까지 나는 매번 월드컵과 함께했다.

감사하게도 최종 합격자 13명에 내 이름이 들어가 있었다. 1년 동안 대기 발령 상태로 있었기에 집으로부터 그리 멀지 않은 학교에서 기간제 교사로 근무하면서 발령을 기다렸다.

신규 발령을 받은 학교는 집에서 꽤 멀리 떨어진 광명의 한 중학교였다. 출근 첫날, 교문을 통과하던 순간의 감동은 지금도 잊히지 않는다. 감격과 기대, 부담감이 한데 뒤섞인 복잡한 마음을 가다듬을 틈도 없이 교직 마라톤의 시작을 알리는 3월이 되었다.

지금의 나를 체육 교사라 부를 수 있는 이유는 누군가를 가르칠 수 있는 소정의 자격을 갖추고 있어서이다. 추가로 정교사 발령을 받기 위해서는 국가고시인 임용시험을 반드시 통과해야 하고, 여기에 합격하려면 상당한 시간과 노력을 투자해야 한다.

치열하게 준비했던 공부의 성과는 곧바로 드러나지 않았다. 첫 수업을 준비하는 입장에서는 더더욱 그러했다. 이상과 현실의 차이라고나 할까? 내가 만난 학생들은 배움에 소극적이었고, 체육 시설과 운동 기구는 내가 원하는 수업을 하기에 부족했다. 게다가 기한 내에 처리할 일들은 왜 그리 많은지, 학생들을 가르치고자 교사가 된 나에게 교과 수업과 생활 지도 이외에도 여러 업무가 부과되었다.

신규 체육 교사들은 주로 학생부, 예체능부, 학년부 중에서 한 군데에 배치되곤 한다. 나는 예체능부에서 체육과 업무를 담당하면서 1학년 담임을 맡게 되었다. 적어도 업무적으로는 학교 폭력 사안 처리나 학생 생활 지도에 많은 에너지를 쏟지 않아도 되었다. 그 덕분에 교사의 가장 중요한 본분이라 생각하는 '가르치는 일'에 대한 고민에 더 많은 시간을 할애할 수 있었다.

나는 대학 때 고민했던 체육 교육 철학을 현장에서 실천하고 싶었다. 당시 학교 현장에서는 인문적 체육 교육에 대부분 반감을 갖고 있었다. 실천 수준에서 노력 중인 교사들도 더러 있었지만, 그다지 환영받지 못했다. 우려 속에서 첫 교과 협의가 시작되었다. 다행히 선배 체육 교사들의 배려와 협조 속에 큰 어려움 없이 내가 실천하고자 했던 수업을 함께할 수 있었다.

● 미녀 육상부 감독이 되다

학교에서 체육 교사가 교과 수업 외에 맡게 되는 체육부서의 고유한 업무는 교내 스포츠클럽과 PAPS(학생 건강 체력 평가) 및 건강 체력 교실, 교내 운동부의 운영이다. 사실 이 세 가지 업무 중 앞의 두 가지는 크게 부담스럽지 않다. 하지만 운동부 운영은 학교 안팎으로 큰 부담을 주는 일이다. 그래도 체육 교사인데 체육과에 대한 다양한 업무를 한 번씩은 경험해보고 싶었다. 특히 체육 교사가 되면 꼭 해보고 싶었던 것이 바로 운동부 감독이다. 그래서 '언젠가 기회가 있으면 해봐야지.' 하며 마음의 준비를 늘 하고 있었다. 기회는 준비된 자에게만 찾아온다고 했던가. 교직 생활 몇 년 만에 운동부 감독을 맡게 된 것이다.

첫 근무지에는 여학생 육상부가 있었다. 나는 '철산 미녀 육상부'라고 부르는데, 개교 당시에는 지금의 남녀 공학이 아니라 여중이었다. 개인 수준의 기초 종목(외부에서는 비인기 종목이라 부르는 경우가 더 많음.)인 데다가 기록 도전 경기이다 보니, 인원이 그리 많지 않았다. 모교 출신의 지도자 선생님도 계셔서, 선수 수급에 문제만 없다면 큰 어려움이 없어 보였다. 매년 경기도 대표 선수도 배출했고, 소년체전에서도 계속 좋은 성적을 거두는 전통 있는 육상부였다.

감독이 아닌 체육 교사로 육상부를 지켜보던 중, 갑작스럽게 감독을 맡게 되었다. 이전 감독 선생님이 1급 정교사 자격 연수에서 부상을 당해 병가에 들어간 것이다. 하계 전지훈련과 2학기 운동부 운영에서 임장 지도와 훈련비 정산 등 감독이 꼭 필요했기에 한 학기 동안 임시 감독직을 수행하기로 했다. 잠깐 동안이기는 했지만 좋은 경험이 될 거라는 생각과 함께, 하나하나 배운다는 태도로 흔쾌히 승낙했다.

하지만 부담이 하나 있었다. 항상 열정적으로 지도에 임하셨던 전임 감독(이 책의 공동 저자이기도 함.)의 흔적이 만만치 않아서, 비록 한 학기 동안이나마 그간 쌓아 온 금자탑에 흠을 남길까봐 염려가 되었다. 그리고 막상 담당한다고 하니 운동부 감독에 대한 막연한 불편함도 있었다.

그렇게 한 학기가 지나갔고, 나는 이듬해에 육상부 정식 감독이 되었다.

명불허전(名不虛傳)이라더니, 이 학교 육상부는 매년 경기도 대표를 배출해서 소년체전에 출전했던 전통의 강호다웠다. 내가 맡은 첫해부터 소년체전에서 대회 신기록으로 최우수 선수상을 받는 등, 4년 동안 감독으로 있으면서 소년체전 금메달 3개, 은메달 3개라는 우수한 성적을 거두었다. 지도자 선생님의 체계적인 훈련 지도와 학생 선수들의 피나는 노력, 학부모님들의 적극적인 지원 덕분에 올린 성과였다. 트랙도 없는 운동장과 실내 복도를 연신 뛰어다니며 만들어낸 값진 결과이기에 더욱더 의미가 있었다.

개인적으로도 감사했다. 경기 성적이 좋았던 것보다 학생 선수들과 함께 땀흘리고 노력하며 많은 것을 배우고 경험할 수 있었기 때문이다.

육상부 코치 선생님의 두 자녀는 모두 육상부 소속이었다. 한마디로 우리 학교 학부모이면서 지도자였던 것이다. 모교 출신이기에 학생들의 직속 선배이기도 했는데, 철저한 훈련 지도와 학생 관리로 정평이 나신 분이라고 들었다. 그래서인지 부원들은 지도자 선생님을 어려워하는 부분이 있었다.

부원들을 도와줄 방법을 고민하다가, 엄마 역할을 해주기로 마음먹었다. 한창 예민할 수 있는 사춘기에 접어든 여자 육상 선수들이 조금은 여유를 가지고 훈련과 학업을 병행할 수 있도록 신경 썼다. 담임을 맡지 않았던 내가 유일하게 품어줄 수 있는 게 육상부원들이었기에 더욱 관심과 애정을 갖기 시작했다. 엘리트 운동선수로 살아보지 않았기 때문에 깊이 있게 이해하기는 어려웠다.

이들은 운동과 학업을 병행하느라 친구들과 어울려 행복한 추억을 만들 시간도 없었을 것이다. 나는 누군가의 사랑스러운 자녀인 사춘기 여중생들의 고달픈 마음에 작은 위로와 응원을 보내고자 노력했다.

특히 대회에 출전을 하거나 전지훈련을 갈 때에는 꼭 함께했다. 그 때문에 1년 365일 중 3분의 1은 우리 집이 아닌 외부 숙소에서 잠을 청한 것 같다. 대회 출전의 경우 짧게는 2일, 길게는 4~5일 정도였고, 전지훈련의 경우는 15~20일 정도였다. 임장 지도의 목적도 있었지만, 감독이 늘 함께한다는 믿음을 주고 싶었다.

그리고 평소 경험하지 못했던 것에도 함께 도전하기로 결심했다.

먼저 독서 활동을 들 수 있다. 교내에 육상부원들의 휴식과 학습을 위한 육상부실이 별도로 있었다. 비록 넓지는 않았지만, 텔레비전과 에어컨, 냉장고, 개인 라커룸, 책상에 이르기까지 작은 원룸 수준으로 잘 갖춰져 있었다. 옷을 갈아입거나 쉬는 시간에 잠깐 들어와 마음 편히 쉬고 갈 수도 있는 이 공간에서 나는 독서 활동을 해보자고 부원들에게 권유했다. 육상부실에 작은 책장을 만들어, 만화책을 포함하여 육상에 관한 다양한 책들을 함께 읽었다.

매일 훈련 일지를 작성하며 그날의 훈련과 생활을 성찰하기도 했다. 자원봉사의 의미로 지역 내 수화 대회에 참가하여 특별상을 받기도 했다. 대회 출전 일정과 겹쳐서 교내 행사에 참여하지 못하는 친구들의 아쉬운 마음을 나만의 방식으로나마 조금씩 채워주고 싶었다.

물론 감독으로서 안타깝고 힘든 부분, 말하자면 엘리트 체육의 현실을 직시하게 되는 일도 겪었다. 부원들의 진로를 결정해야 하는 순간이 그랬다. 자신의 진로를 스스로 결정할 수 있는 부분도 제한되어 있었다. 원래도 준비가 부족한데, 선택의 폭조차 그리 넓지 않았다. 대회에서 수상하거나 주목을 받은 친구들은 실업팀에 입단하기도 하지만, 대부분은 그렇지 못하다.

그러면 대학에 진학하거나, 그것도 어려울 경우 다른 진로를 찾아야 했다. 육상부 친구들의 삶 속에서 자신의 경험이 헛되지 않도록 안내해주는 것이 내 역할이다. 그나마 충분한 상담과 안내를 통해 모든 친구들이 만족할 만한 진로를 선택해준 것 같아서 마음속 작은 짐은 내려놓은 듯하다.

● 티볼 공에 담긴 우리들의 추억

"선생님, 운동장에서 캐치볼 하면 안 돼요? 캐치볼하고 있었는데, 교장 선생님께서 하지 말라고 하셨어요."

갓 입학한 중학교 1학년 학생 몇 명이 체육 수업을 마치고 들어온 나에게 다짜고짜 불만 가득한 질문을 던졌다. '운동장에서 운동하는 건데 왜 안 된다고 하셨지?'라는 말을 먼저 하고 싶었다. 하지만 교장 선생님께서 학생들의 안전을 우선시한다는 것을 이미 알고 있던 터라, 학생들을 잘 타일러 보내기 위해서 에둘러 얘기했다.

"지금처럼 하드볼로 캐치볼하면 위험해서 그러셨을 거야. 소프트볼로 하면 괜찮으니까, 나중에 선생님하고 같이 하자."

학생들은 순순히 교무실을 빠져나갔다. 그렇게 교장 선생님은 퇴임하셨고, 1년이 지나 중학교 2학년이 된 학생들은 나를 다시 찾아왔다.

"선생님, 교장 선생님도 바뀌셨으니 이제는 캐치볼해도 되지 않을까요?"

내가 체육 시간에 티볼을 가르치고 있으니, 아이들이 용기 내어 다시 나를 찾아온 듯했다. 그때 다른 녀석이 한마디 덧붙였다.

"선생님, 혹시 방과후 학교 스포츠클럽 티볼반 맡아주실 수 있으세요?"

"티볼반?"

"네, 티볼반이요!"

"티볼 하고 싶어 하는 애들이 많아?"

"한 13~14명 정도 돼요."

야구에 푹 빠진 한두 명의 요구가 아니었다. 많은 학생이 진심으로 티볼을 하고 싶어 했다. 좋아하는 운동을 하고 싶다는 아이들의 간절함에 내 마음이 움직였지만, 남녀 농구 스포츠클럽을 맡고 있던 터라 쉽게 결정하기가 힘들었다.

그렇기는 해도 작년에 이 친구들을 돌려보낸 것에 대한 미안함이 앞섰기에, 교내 상황이나 교장 선생님의 허락, 그 어떠한 협의도 없이 나도 모르게 티볼반을 개설하겠노라고 대답했다.

뱉은 말에 책임을 져야 했기에 제일 먼저 교장 선생님을 찾아갔다. 나를 찾아온 학생들의 간절함이 이런 것이었을까? 아이들과의 약속을 꼭 지키고 싶은 간절함이 강렬해졌다.

다행히 걱정과 달리 너무 쉽게 허락을 받았다. 아니, 오히려 교장 선생님께서 적극적인 관심을 보이셨다. 나중에 알고 보니 교장 선생님은 대학 시절에 야구 동아리 활동도 하셨고, 응원하는 프로 야구팀 경기를 매일 챙겨 보시는 야구광이셨다. 교장 선생님의 허락 이후 더 이상 어려움은 없었다. 아이들의 간절함은 나에게까지 스며들었고, 그 감정은 어느덧 행복감으로 바뀌어 있었다.

티볼반 활동을 시작한 지 꽤 오랜 시간이 흘렀다. 아이들은 교내 스포츠클럽 중 유니폼이 없는 클럽은 자기들뿐이라며 애교 섞인 말투로 은근히 불만을 표시했다. 그래도 명색이 학교를 대표하는 스포츠클럽인데 유니폼을

맞춰야 하지 않을까? 물론 개별적으로 유니폼을 마련할 수도 있었다. 하지만 소속감과 애교심을 극대화하기 위해 지역 교육청 사업에 공모하여 작은 예산을 마련했다.

그러고 나니 유니폼에 들어갈 팀 이름이 필요했다. 아이들의 의견을 모아 '철산 다이겨스'라 정하고, 방과후 주 2회씩 함께 시간을 보내기 시작했다. 유니폼을 입은 아이들은 더욱더 진지하고 성실하게 활동에 참여했고, '원 팀'으로 똘똘 뭉쳤다.

철산 다이겨스는 그렇게 탄생했다. 광명시에 티볼 팀이 몇 학교 없다 보니, 경기도 학교 스포츠클럽 티볼 대회에 자동 진출하게 되었다. 첫 출전한 도 대회에서 준우승이라는 쾌거를 거둘 수 있었다.

다음 해에는 1년 전보다 참가팀이 2팀 더 늘어 총 4개 팀이 풀리그를 진행했다. 철산 다이겨스는 3전 전승으로 경기도 대회에 2년 연속 지역 대표로 출전하게 되었다. 경기도 대회 조별 리그전에서 3경기 그리고 준결승, 결승까지 연승을 거듭한 결과, 경기도 대회 남중부에서 우승하여 전국 대회까지 진출했다.

경기도 대표가 된 이후 아이들은 학교 안팎에서 유명 인사가 되었다. 단지 경기도 대표로 전국 대회에 진출해서가 아니라, 운동 이외에 학업도 소홀히 하지 않았기 때문이다. 아이들은 학교생활도 운동 못지않게 중요하다는 내 판단을 믿고 잘 따라와 주었다. 예전과 달리 공부를 정말 열심히 한다며 학부모들에게서 연락이 올 정도였다.

전국 대회에서는 2승 1패로 2위를 하며 결선 리그에 진출하지는 못했다. 하지만 함께 울고 웃었던 2년 동안의 행복한 경험은 학교스포츠클럽 활동으로 끝나지 않고, 아이들의 삶 가운데 여전히 크게 자리 잡고 있었다.

전국 대회 출전 기념으로 모든 선수들에게 티볼공이 주어졌다. 우리는 각자 친필 사인을 한 티볼 공을 나누어 가지면서 평생 잊지 못할 추억을 쌓았다. 그런 모습 속에서 한국 시리즈 우승을 거머쥔 프로 야구 선수 못지않은 성취감을 맛보았다.

만약 운동장에서 캐치볼을 하던 친구들이 나를 다시 찾아오지 않았다면 어떻게 됐을까? 그때 내가 티볼반을 못 맡겠다고 했다면 어땠을까? 아마 그랬다면 스포츠를 통한 행복한 경험을 평생 도둑질해 버렸을지도 모른다.

2 연구하는 체육 교사

● 함께 성장하는 교사 학습 공동체

교사가 되고 나서 지금까지 체육 수업을 잘하기 위해 꾸준하게 참여하고 있는 모임이 있다. 바로 교사 학습 공동체이다. 학문적으로는 교사의 학습과 전문성 개발을 목적으로 하는 모임이지만, 한마디로 교사들이 자신의 본분인 학생 지도를 현재보다 잘하기 위한 방안을 연구하는 모임이라 할 수 있다. 외부에서 강제로 시키거나 어떠한 보상이 있는 게 아니라, 온전히 자발적 동기에 의해 참여하는 모임이다.

여기에 모인 선생님들은 공통의 목표를 가지고 정기 모임을 통해 지식, 경험, 가치, 방법을 공유하고 학습한다. 이를 통해 교사 전문성에 대한 협력적 학습과 발달이 자연스럽게 일어나게 된다. 특정 종목을 배우거나 친한 사람들끼리 취미생활을 하는 동아리 모임, 어떠한 과업을 수행하기 위한 교사 모임과는 거리가 있다. 하지만 이 또한 중요하고 의미 있는 것이라서 활동에 포함되어 있기는 하다.

내가 활동하고 있는 교사 학습 공동체는 전국 단위의 하나로 수업 연구회(이하 하수회)와 경기도 단위의 좋은 체육 수업 나눔 연구회(이하 존체) 두 곳이다. 하수회는 신규 발령을 받은 이후 11년째, 존체는 7년째 활동 중이다.

비교적 오랜 기간 동안 두 공동체에서 열심히 활동해왔다. 정기 회의나 워크숍에 대부분 참석했고, 때에 따라서는 운영진으로 활동하면서 행사를 지원하고 기획하는 역할도 했다. 또한 각 공동체에서 진행되는 프로젝트에 참여해서 연구 활동을 수행하고 그 결과를 공유하고 발표하는 경험도 했다. 그래서 동료 교사들은 이렇게 말하곤 한다.

"언제 그런 걸 다 하는 거야?"

"하나 하기도 힘든데 두 개씩이나? 역시 능력자야."

나 또한 다른 분들과 마찬가지로 하루 세 끼 챙겨 먹으며 24시간으로 살고 있다. 체육 교사로서 소속 학교에서 해야 할 수업과 업무가 있고, 가정에서 남편이자 두 아이의 아빠로서도 일정 부분 역할을 다해야 한다. 거기에 두 개의 모임에도 적극적으로 참여하고 있으니, 주변 교사들의 이러한 반응도 이해가 가기는 한다. 내가 근무하는 학교와 가정에서의 역할을 온전히 감당하지 못했다면 당연히 불가능한 일이었을 거다. 주어진 역할 이외에 무엇인가를 더 하기 위해서는 정해진 분량 안에서 적절하게 시간과 노력을 분배해야 하기 때문이다.

지금처럼 뚜렷한 교육 철학을 가지고 꾸준히 학교 안팎에서 좋은 체육 수업을 실천하고 공유할 수 있었던 것은 바로 이들 모임 덕분이다. '하수회'와 '존체'에서 만난 선생님들과 함께 이야기하고, 고민하고, 실천하는 과정에서 꾸준히 성장할 수 있었다. 또 다른 성장을 위한 준비와 수업에 대한 반성도 할 수 있었음은 물론이다.

기러기는 긴 겨울을 준비하러 멀리 날아간다. 먼 여정을 함께할 동료들과 대형을 이루어, 같은 곳을 바라보고 날아간다. 선두에 선 리더가 지치면 누군가가 그 앞자리를 채우고, 힘들어하는 기러기를 위해 격려의 울음소리를 내며 함께 날아간다. 동료들에 대한 믿음과 신뢰를 바탕으로 목표를 향해 끊임없이 도전할 수 있었고, 협력을 통해 함께 성장할 수 있었다. 우리가 살아가는 모습도 이와 같지 않을까.

● 인문적 체육 교사로 성장하기

나는 대학 입학 전부터 체육 교사에 대한 꿈을 가지고 있었다. 하지만 구체적으로 어떤 준비를 해야 하는지, 무엇을 준비해야 하는지에 대해서는 정보가 없어서 궁금증만 가득했다. 임용시험이란 게 있다는 것도 대학에 들어간 후에 알았다. 신입생으로서 캠퍼스의 낭만을 한껏 즐기며 한 학기가 지난 어느 날, 학과 사무실에서 연락이 왔다. 97학번 조교 형이 잠깐 만나자고 했다.

"너, 학교생활 성실하게 하던데, 최의창 교수님 연구실에 들어와라."

"제가 거기서 뭘 하면 됩니까?"

"아침에 일찍 와서 연구실 청소하고, 수업 없으면 공부도 좀 하거나 교수님 수업 준비도 같이 하고. 거기에 나랑 99학번 한 명 더 있으니까 같이 하면 돼."

"지금은 통학하고 있어서 아침 일찍 오는 게 어렵습니다."

"그럼 기숙사 신청하면 되겠네."

매일 아침저녁으로 1시간 30분. 안 그래도 한 학기 동안 청평과 더 가까운 남양주 끝자락에서 학교까지 통학하면서 힘들던 중, 기숙사 얘기가 귀에 꽂혔다. 지방 학생들만 입사가 가능한 줄 알았는데, 꼭 그렇지도 않았다. 통

학 거리와 학기 성적을 기준으로 입사생을 선발하고 있어 나도 들어갈 수 있었다. 기숙사 입사와 함께 자연스럽게 교수님 방돌이 생활이 시작되었다.

학과 사무실에 근로 장학생(일명 꽈돌이)이 있다면, 연구실에는 방돌이가 있었다. 근로 장학생이 아니었기에 장학 혜택은 없지만, 연구실 입구에 내 책상과 컴퓨터가 있었다. 공강 시간이나 특별한 일이 없으면 연구실에서 과제나 독서를 할 수 있었다. 나중에 이 연구실 주인이 하나로 수업 모형을 개발하신 최의창 교수님이라는 것을 알고 깜짝 놀랐다.

내가 연구실에 들어간 다음 해에 하수회가 시작되었다. 매주 7~8명의 현직 체육 교사들이 모여 스터디와 수업 아이디어 회의를 이어 나갔다. 아직 학부생이긴 했지만, 교수님을 따라 어깨 너머로 회의에 참여하면서 인문적 체육 교육 철학을 조금씩 알아가기 시작했다. 학교 현장에 필요한 하나로 수업에 대한 아이디어를 구상하고 정리하는 과정도 함께했고, 그 덕분에 평소 내가 실천하고자 했던 체

육 수업에 대한 구체적인 모습들을 그릴 수 있었다.

신규 교사 시절부터 체육 수업을 구호로 마치고 있다. '참 좋은 사람이 되자! ○학년 ○반 파이팅!'이다. 체육 수업과 학교 스포츠클럽을 통해서 내가 가르치는 모든 학생이 참 좋은 사람으로 성장하고 행복하게 살아갔으면 하는 기대가 담겨 있다. 하수회 활동으로 수업 방식의 변화만 있었던 것은 아니다. 인문적 체육 교사로서 '참 좋은 사람'으로 성장하고 살아가야 한다는 자기 성찰과 내면의 다짐도 하게 되었으니 말이다. 개인적으로는 이 부분이 가장 감사하다.

자신이 좋아하는 일을 할 수 있고, 그 일을 통해서 좋은 사람으로 계속 성장할 수 있다는 게 얼마나 값진 의미를 지니는지, 더 나아가 나를 통해 변화되고 성숙해져 갈 학생들이 있다는 것이 조심스러우면서도 감사한 일인지 깨닫는 순간이었다.

> "참 좋은 사람이 되자!"

☺ 좋은 체육 수업 나눔 연구회

"이번에 몇몇 체육 교사들과 함께 평가 방법 개선 연구를 진행하려는데 동참할 수 있으세요?"

"저는 경력도 짧고, 공부해야 할 게 많은데요."

"괜찮습니다. 함께 공부하면서 연구해봐요."

신규 발령 후 2년 하고도 한 학기가 지난 8월 말이었다. 관내에 있는 선배 체육 교사로부터 전화가 왔다. 내가 참 좋은 체육 수업 실천에 열심이라는 말을 전해 듣고 권유했다고 했다. 평소 체육과 업무 이외에 교육 과정이나 교수·학습 및 평가 방법에도 관심이 있었던 터라, 부족하지만 함께하겠다는 의사를 전했다.

한 주 정도 지나서 참여 의사를 밝힌 5명의 선생님이 한자리에 모여 첫 회의를 했다. 그렇게 해서 '존체'의 작은 프로젝트 연구 활동을 위한 평가 개선 연구회가 탄생했다.

일단 연구 활동 계획부터 구체적으로 수립했다. 협의가 이어지면서 연구 방법, 각각의 역할, 일정 등이 정해졌다. 중요한 지점에 이르러 평가 개선을 논하기 이전에 교육 과정에 대한 심도 있는 이해가 필요했다. 하지만 모두 가정이 있고, 단위 학교에서도 맡겨진 업무와 수업이 있었기에 모일 수 있는 시간이 많지 않았다.

경기도가 9시 등교를 시행하던 때라서, 그나마 아침 시간에 잠깐 모일 수 있었다. 차가운 아침 공기를 마주하고 오전 7시에 모여 스터디를 시작했다. 출근 전에 엄청난 에너지를 쏟긴 했지만, 처음 해보는 연구 활동인데도 흥미로웠다.

어느덧 연구 활동이 마무리되어 연구 결과 발표를 하게 되었다. 자료를 만들고 발표까지 하게 된 나는 프로야구리그 마운드에 첫 등판을 한 신인 투수처럼 긴장되고 설레었다. 앞에 앉아 계신 연구 위원 선생님들을 압도할 만한 강속구는 못 던지지만, 5명이 함께 모여 개발해낸 자료로서 정교한 제구력을 자랑할 수는 있었다.

이것이 발판이 되어, 여러 가지 연구 활동과 프로젝트에 참여할 수 있었다. 또 대학원에 진학하여 내 이름을 걸고 학위 논문도 작성했다. 함께 연구 활동을 했던 교사 학습 공동체의 이름을 걸고 말이다. 생각지도 않았던 일이 발판이 된 덕분에 나도 누군가에게 또 다른 발판을 제공해줄 수 있게 되었다.

우리는 알고 있다. 모든 일에 언제나 발판이 존재하는 것은 아니라도, 그 발판이 생기기까지 많은 이의 관심과 기대, 노력과 열정이 있었음을.

3 마음으로 가르치는 체육 교사

⚌ 내가 전한 귤의 의미

> "선생님, 잘 지내시죠? 저 서진이에요! 제가 ○○문고에서 주최한 에세이 공모전에서 우수상을 받았어요. 중학교 때 선생님이 보여주신 헌신과 사랑을 소재로 글을 썼는데 좋은 결과를 얻었지 뭐예요! 선생님께도 기쁜 소식 전해드려야 할 것 같아서 연락드려요. 항상 건강하시고 행복하세요!"

신규 교사 시절의 제자에게서 반가운 소식이 날아들었다. 중학교 1학년 담임을 맡았을 때, 우리 반 학생들 중에는 넘치는 에너지를 주체 못하는 녀석들이 많았다. 서진이는 내 관심을 많이 받던 친구 중 하나였다. 사춘기 여학생의 관심사는 오로지 친구들이었다. 공부보다는 친구들과 노는 게 더 재미있는 시기였다.

당시에 나는 새내기 교사로서 아이들에게 어떻게 다가가야 할까를 늘 고민했다. 남자 체육 교사들이 학생들의 생활 지도를 도맡아 하던 그때, 학교에서는 아이들을 강하게 휘어잡길 원했을 것이다.

하지만 나는 그러지 않았다. 그때부터 '마음으로 가르치는 택쌤', 즉 '마가택쌤'이라는 별명이 생긴 것 같다. 교직 생활의 첫 제자들이라 각별하기도 했고, 이러한 나의 철학을 마음껏 펼치고 싶었다. 하지만 우리 반 아이들은 청개구리처럼 엇나가기만 했다. 자연스럽게 그 친구들을 챙길 수밖에 없었고, 더 많은 대화를 나누게 되었다.

2학기의 추운 겨울날, 나의 촉이 발동했다. 여학생들 사이에 묘한 기류가 흐르기 시작하는 것 같아서 주의를 주었다. 하지만 더 적극적으로 대처해야 했을까?

며칠 지나지 않아 그 친구들끼리 몸싸움이 벌어졌다. 그 자리에 없어서 정확히는 모르지만, 종이 울리자마자 나에게 달려온 서진이를 보니 상황을 대략 짐작할 수 있었다. 많은 친구들이 이 광경을 보기도 했고, 그냥 넘어갈 수 없는 사안이라 학생부에 말씀을 드렸다.

학생부장님과의 상담을 마치고 나서 귀가하는 서진이의 모습은 평소와는 사뭇 달랐다. 걱정스러운 마음에 퇴근을 앞두고 전화를 했지만, 서진이는 받지 않았다.

혹시 몰라 부모님께 연락했으나, 연결이 되지 않았다. 급한 마음에 직접 집으로 찾아갔고, 문 앞에서 초인종을 눌렀다.

문은 열리지 않았다. 하지만 서진이 동생인 듯한 목소리가 들렸고, 이내 서진이가 있다는 것을 알 수 있었다.

안도의 한숨을 쉬며 그 길로 아파트에서 내려와 귤 한 봉지를 샀다. 비록 우리는 자주 방황한다. 순간적인 감정에 휩쓸려 어리석은 결정을 내리고 그로 인한 후회로 힘들어한다. 방향을 잃고 헤맬 때마다 더 나은 곳으로 나를 이끌어 주던 사람들을 떠올려 본다. 나는 그런 사람이 될 수 있을까. 힘들어하는 누군가의 곁을 묵묵히 지키며, 귤 한 봉지를 건네는 존재가 되고 싶다. 9년 전 선생님이 나에게 가르쳐 주신 것처럼.

– 「선생님이 주신 귤의 의미」 중에서
(제4회 교보교육재단 주최 '내가 만난 참사람 에세이 공모전' 우수작)

검정 비닐봉지에 담기는 했어도 맛있어 보이는 귤 한 묶음을 사서 다시 올라갔다. 초겨울이라 날이 제법 차가웠고, 현관문 고리에 귤 봉지를 걸어 놓고 문자를 남겼다.

'서진아, 현관문 고리에 귤 한 봉지 걸어 두었으니 먹고 기운 차리자!'

아마도 그날 서진이는 부모님께도 엄청 혼이 났을 것이다. 이후에 내가 통화했으니 말이다.

다음 날 등교해서 얼굴을 보니 얼마나 울었는지 두 눈이 퉁퉁 부어 있었다. 하루 종일 나를 피하는 서진이를 보며 잠시 기다려 주기로 했다. 다툰 친구와 사과하고, 자신의 잘못된 행동을 깊이 반성한 뒤로 서진이는 조금씩 변하기 시작했다. 그 작은 변화는 서진이뿐만 아니라 나에게도 큰 울림이 되고 있다.

학기말이 되어 비로소 나의 진심이 전해졌는지, 우리 반 아이들이 부쩍 성장했다는 이야기가 들려왔다. 아이들과 마찬가지로 신출내기 체육 교사

도 함께 성장했다.

서진이와는 지금까지도 종종 연락하며 지내고 있다. 10여 년이 흐른 지금, 그때 일을 떠올리며 에세이를 썼고, 공모전에서 입상까지 했다니 서진이가 대견했다. 부족하더라도 마음을 다하다 보면, 누군가에게 참 좋은 사람으로 기억될 수 있다. 귤 한 봉지에서 시작된 마음은 누군가를 참 좋은 사람으로 성장시켜 주는 귀한 비타민 C가 되기도 한다.

● 2013년은 우리들(2학년 13반)의 것

첫 담임을 맡았던 1년이 정신없이 지나고 새로운 학기를 준비하고 있었다. 지난해 1학년을 담당하며 어느 정도 아이들과 좋은 관계도 형성되었기에 그대로 함께 올라가고 싶었다. 그래서 자연스럽게 2학년 담당을 지원했다.

작년에 이어 올해도 13반 담임이다. 업무 분장 발표가 끝나고 약간의 짐 정리를 마친 후 바로 우리 반 교실로 향했다. 지난해에도 그랬듯이 우리 반 아이들을 맞이하기 위한 첫 프로젝트로 교실 청소를 하기 위해서였다.

학기말 이후로 닫혀 있던 교실에는 뿌연 먼지가 가득했다. 나만 그런 것일까? 담임 교사로서 우리 집 같은 생각이 들어서 깨끗하게 관리하고 싶었다. 어느 정도 청소를 마치고 칠판 위를 정리하고 있던 때였다. 칠판 위에 달려있던 급훈 액자를 보고 불현듯 우리 반 급훈을 생각했다.

청소가 끝나기 무섭게 급훈 액자 대신 칠판 위에 문구를 붙여 놓았다. 아이들이 책상에 앉아서 칠판을 바라볼 때면 늘 볼 수 있도록 강조하기 위해서 칠판에 부착했다. 이렇게 3월 2일에 새 학기가 시작되었고, 2013년 우리 반 급훈은 강제 선정되었으며, 내친 김에 종례 구호로도 삼았다.

내가 선창으로 "2013년은"이라고 하면, 아이들이 후창으로 "우리들의 것!"이라고 외치는 것이다. '마가택쌤'의 무언의 강요로 시작하기는 했어도, 37명의 아이들은 나중에는 자연스럽게 구호를 외치게 되었다. 이 구호는 2학년 13반의 구성원으로서 자부심과 책임감을 느끼게 하기 위한 하나의 마법 주문이었다.

내가 원했던 마법 주문의 효과가 즉시 나타나지는 않았지만 꾹 참고 기다렸다. 의사가 효과 없는 가짜 약, 꾸며낸 치료법을 환자에게 제안했더니, 이를 신뢰한 환자로 인해 병세가 호전되었다는 '플라시보 효과'가 바로 이것 아닌가? 아니면 무엇이 우리들의 것인지 구체적으로 표현하지 않아서였을까? 늘 외치고는 있지만 엉뚱한 것이 우리들의 것이 되는 경우가 생겨났다.

'체육 교과를 담당하는 담임 교사로서 내 역할은 무엇일까?'

이 질문에 대한 답을 찾아가기 위해 기다리기 시작했다. 그래서 내가 찾은 답은 바로 '마음가짐'과 '성실함'이다. 모든 체육 교사들이 동의할지는 모르겠지만, 적어도 이 두 가지는 강조하고 싶었다. 올바른 마음가짐을 통해 말과 행동이 표현되듯이 나의 작은 실천을 함께하고 싶었다.

새 학기가 시작되고 나서 두 달 남짓 흘렀을까? 교감 선생님께서 나를 부르셨다.

"황 선생님, 이번에 학급 교체되는 학생이 있는데 맡아 줄 수 있겠어요?"

"작년에도 맡았는데 올해도 말입니까?"

작년에도 나는 학급 교체 학생을 받았기에, 올해에는 생각지도 않고 있었다. 물론 교실 배치와 이동 동선 때문에 층을 달리하는 학급으로 보내는 것은 당연했다. 하지만 남자 교사라는 이유로 매번 이런 결정을 하는 학교에도 불만이 생겼다.

"교감 선생님, 일단 다른 선생님들과도 상의해 보시고 정 못하신다면 그때 제가 맡겠습니다."

그런 상황을 당연하게 여기는 게 싫어서 교감 선생님께 정중히 부탁드렸다. 내 예상은 빗나가지 않았다. 그 학생은 며칠 뒤 우리 반의 일원이 되었다. 이러한 상황을 반 아이들과 학부모님들에게 조심스럽게 전하고 자연스럽게 지낼 수 있도록 해줘야 했다. 학교에서 '짱'이라 불렸던 남학생이기에 남학생들에게는 더더욱 불편한 상황이었다.

담임으로서 이 학생과 첫 상담을 준비했고, 보호자에게도 함께 참석해 달라고 연락을 드렸다. 아버님이 상담에 오시는 일은 드문데, 뭔가 사정이 있을 것 같았다.

드디어 상담날, 그 친구와 함께 교실에서 부모님을 기다리고 있었다. 문이 열리는 순간, 신발을 벗고 계신 아버님의 모습을 보았다.

"아버님, 실내화가 따로 없으니 신발 신고 들어오셔도 됩니다."

자녀가 처한 상황 때문에 자기보다 어린 담임 교사를 마주하는 아버님의 복잡한 심경을 잠시나마 느낄 수 있었다. 그렇게 남자 셋의 대화가 시작되었다. 자식의 잘못을 대신 사죄하는 아버지의 짧은 몇 마디에 그 친구는 눈시울이 붉어졌다. 이윽고 흐르는 눈물을 훔치더니, 아버지와 담임 선생님 앞에서 진심 어린 다짐을 했다.

우려했던 것과 같이 며칠 지나지 않아 몇몇 친구들이 불편한 마음을 조심스레 이야기했다. 특별한 사건이 발생한 것은 아니지만, 그럴 때마다 아이들을 이해시켰고, 시간이 지나면 자연스레 동화되리라 기대했다.

그토록 기다렸던 마법 주문은 체육 대회를 계기로 효과를 보이기 시작했다. 체육 대회를 통해 '2013년은 2학년 13반의 것'임을 알려주고 싶었다. 우리 반에 새로 온 친구는 평소 운동을 곧잘 했고, 다른 건 몰라도 체육 수업은 열심히 들었다. 학급 회의를 통해 학급 임원들과 함께 체육 대회를 준비하고 주요 선수로 활약했다.

2013년만 하더라도 학급 대항전이 많았다. 담임 선생님이 체육 교사인지라, 체육 대회 당일에는 우리 반 아이들을 신경 쓰기보다는 전체적인 대회 운영에 더 집중할 수밖에 없었다. 아이들은 낙동강 오리알 신세가 되었으면서도 뙤약볕 아래 고생하는 담임이 안쓰러웠나 보다. 평소와는 다르게 경기에 참여해서는 물론이고, 응원과 뒷정리까지 훌륭하게 해냈다. 결과까지 좋아 종합 3위와 함께 종목별 시상까지 엄청난 상품을 받았다. 이전 환경 미화에 이어서 체육 대회까지도 우수한 성적을 얻었다.

새로 온 친구를 불편해하던 아이들은 사라졌다. 오히려 이 친구와 함께 땀 흘리고 목이 터져라 응원하는 아름다운 추억을 만들게 되었다. '2013년은 우리들의 것'이라는 마법 주문을 37명이 아닌 38명의 2학년 13반 친구들이 함께 외치고 있었다.

저자 소개

김정섭

춤추는 체육 교사 MR. JS

- 동국대학교 사범대학 체육교육과 졸업, 한국예술종합학교 예술전문사 무용원 창작과 졸업
- (현) 갈뫼중학교
- (현) 2022개정 체육과 교육과정 개발 연구진
- (전) 과천중학교, 호성중학교
- 2018 학교폭력예방 및 근절 유공 교원(교육부장관/교육부)
- 2019 학생동아리활동 내실화 및 활성화 유공 교원(교육부장관/교육부)
- 2021 학교체육대상 체육수업내실화 부분(교육부장관/교육부)
- 좋은체육수업나눔연구회 연구위원
- EBS 다큐프라임, '학교체육 미래를 만나다'–'운동, 교실을 바꾸다.' 출연
- EBS 다큐프라임, '학교의 기적'–'마음을 움직이는 체육시간' 출연
- EBS 미래교육플러스 '마음을 키우는 교육'–'감성과 인성을 키우는 교육' 출연
- EBSi 선택과목 특강 '체육(창작댄스)' 강사

김민철

불타민

- 서울대학교 사범대학 체육교육과 졸업, 한국교원대학교 교육대학원 졸업
- (현) 경기과학고등학교
- (전) 철산중학교, 운산고등학교
- 좋은체육수업나눔연구회 연구위원
- EBSi 선택과목 특강 '운동과 건강' 전임 강사
- EBSi 선택과목 특강 '체육(플로어볼)' 강사

김성태

팔쌈성태

- 중앙대학교 사범대학 체육교육과 졸업, 중앙대학교 교육대학원 졸업
- (현) 매홀중학교(교감)
- (현) 한국체육진로교육협회 이사, 체육수업디자인연구회 연구위원
- (전) 정자중학교, 언동중학교, 동백고등학교, 진접고등학교
- (전) 청소년연맹 전임지도자
- (전) 체육영상평가연구회 연구위원
- (전) 체육수업디자인연구회 회장
- (전) 경기체육사랑 웹마스터 및 운영위원
- (전) 경기도교육청 교원임용시험 실기평가 개선T/F위원
- 전국현장연구대회 1등급(푸른기장) 수상
- 2012 전국학교체육연구대회 수업사례분과 입상
- 경기도화성오산교육지원청 장학사(2015~2020)
- 2017 교육봉사 분야 교육부장관 표창
- 2020 혁신교육 분야 교육부장관 표창

박영권

- (현) 호계중학교
- (전) 신안중학교, 대안중학교, 용호중학교, 군포중학교, 광휘고등학교
- 인문적 체육교육 하나로수업연구회 회장
- 한국과학창의재단 〈자유학기제 현장포럼 워크숍 기획 · 진행〉 우수교원 선정
- 경기도교육연수원 파견 전문연구년제 우수연구년교사 선정
- 개정교육과정 중학교 체육 자료개발 · 검토위원(교육부)
- 개정교육과정 고등학교 체육 자료개발 · 검토위원(교육부)
- 교사별 과정중심평가 체육과 강사요원 연수 강사(한국과학창의재단, 교육부)
- 체육과 교육과정심의회 심의위원(체육과심의위원, 교육부)
- 교육부–학교폭력예방교육센터 어울림 교과연계 프로그램–체육(고등학교) 개발위원
- EBSi 체육원격수업 교육콘텐츠 개발위원[EBSi 선택과목 특강 '체육'(건강체력평가측정) 강사]
- 대구가톨릭대학교 산학협력교수
- 동국대학교 체육교육과 전공 과목 강사(육상, 체육과연구법)

박태규

- 한국교원대학교 체육교육(영어교육) 학사 및 석사 졸업, 한국교원대학교 대학원 박사과정 수료
- (현) 안성여자고등학교
- (전) 수일고등학교, 경기창조고등학교
- (전) 전국체육교사모임 편집국 부국장 및 집필위원(2004~2010)
- (전) 안성중등혁신교육실천연구회장
- 교육부 2015개정 교육과정 연구위원 및 핵심교원
- 경기도교육청 2009, 2015개정 교육과정 연구위원
- 경기도교육청 안전교육과정 연구위원(총론 집필), 안감생시 포럼단 연구위원
- EBSi 선택과목 특강 '체육(육상)' 강사(2021)

백승필

- 동국대학교 사범대학 체육교육과 졸업, 경희대학교 교육대학원 스포츠교육학 졸업
- (현) 군서고등학교
- (전) 성주중학교, 중흥중학교, 시흥능곡고등학교
- 2010 대한민국교육발전 기여 대통령 표창(행정안전부)
- 2011 학교체육발전 장관 표창(교육과학기술부)
- 2015 학교폭력예방 장관 표창(교육부)
- 2010 전국교육자료전 1등(푸른기장)
- 2006, 2008, 2010 중등수업실기대회 3등, 2등, 1등
- 2010 올해의 체육교사상
- 2009 경기도 으뜸교사 선정
- 2009 통합체육교과서, 국립특수교육원(교육부)
- EBSi 선택과목 특강 '체육(생존수영)' 강사(2021)

이길한

- 서울대학교 사범대학 체육교육과 졸업, 서울대학교 대학원 졸업
- (현) 경기체육고등학교(교감)
- (전) 영통중학교, 영덕고등학교, 경기과학고등학교(교사)
- (전) 파주교육지원청, 경기도교육청(장학사)

이동규

- 고려대학교 사범대학 체육교육과 졸업, 한국교원대학교 인공지능융합교육대학원 재학 중
- (현) 충청북도 교육청 충주예성여자고등학교
- (현) 2022개정 체육과 교육과정 개발 심의위원(교육부)
- (전) 경기도교육청 소하고등학교 외
- 2018 국가교육과정 유공 표창(교육부장관/교육부)
- 좋은체육수업나눔연구회 연구위원
- onpeak체육교육연구회 연구위원
- EBSi 선택과목 특강 '스포츠 생활' 전임 강사
- EBSi 선택과목 특강 '체육' 대표 강사

파동쌤 동규

이정석

- 성균관대학교 스포츠과학부 졸업
- (현) 포곡중학교
- (전) 좋은체육수업나눔연구회 회장 및 연구위원
- e학습터 체육교과 콘텐츠 개발(2022)
- EBSi 선택과목 특강 '체육(야구)' 강사
- 학교체육의 놀라운 힘(공저, 꿈엔들)

체육의 정석

이청용

- 한국체육대학교 사회체육과 졸업, 경기대학교 일반대학원 박사과정 졸업
- (현) 양성중학교
- (전) 천천중학교, 수성고등학교, 서운중학교
- 체육영상평가연구회 회장 역임
- 체육수업디자인연구회 회장 역임, 연구위원
- 경기도교육청 교원임용시험 실기평가 개선T/F위원(2021)
- 한국교육과정평가원 검정고시 출제위원(2019)
- EBSi 강사(티볼 부분, 2021)
- 2021 경기도 모범공무원(국무총리)

승천청용

정광윤

- 한양대학교 체육학과 졸업, 한양대학교 교육대학원 졸업
- (현) 경기도학생교육원 교육기획운영부장
- (전) 일산종합고등학교, 수원산남중학교, 태장고등학교, 화홍고등학교
- (전) 경기체육중학교 교감
- (전) 단원고등학교 교장
- (전) 경기도교육청 체육담당 장학관
- (전) 경기도체육교과 교육연구회 연구위원
- 경기도교육청 학교체육연구대회 3등급
- 한국스카우트 경기남부연맹 훈육위원

빛날광윤

조종현

조종현빈

- 건국대학교 사범대학 체육교육과 졸업, 한국교원대학교 체육교육 석사 졸업
- (현) 평촌고등학교
- (전) 청명중학교, 대안중학교, 호성중학교, 고잔고등학교, 범계중학교
- EBS 최고의 교사 '체육의 재발견' 출연
- 좋은체육수업나눔연구회 4대 회장 및 하나로수업연구회 4대 회장
- 대한민국 학교체육대상 '고등학교 체육수업내실화 부분'(교육부장관/교육부, 2020)
- KBS 뉴스9 '이슈 & 뉴스' 출연
- 모두가 함께하는 안전교육동영상 '나/침/반 5분 안전교육' 개발팀(경기도교육청, 2020)
- 2021 학교폭력예방 어울림 및 사이버어울림 교과연계 프로그램 '체육' 고등학교용 개발(교육부)
- 2022 개정 체육과 교육과정 고등학교 워킹그룹(2021)
- EBSi 선택과목 특강 '체육(배구 부문)' 강사(2021)

한우진

열정맨 한우진

- 서원대학교 사범대학 체육교육과 졸업, 한국교원대학교 체육교육 석사 졸업
- (현) 평택마이스터고등학교
- (전) 산본공업고등학교, 수성중학교, 율전중학교, 기안중학교
- 학교체육활성화 유공교사 교육부장관 표창(교육부, 2009)
- 100대 교육과정 교육부 최우수상 표창(교육부, 2009)
- 2012 전국학교체육연구대회 연구논문분과 1위
- 경기도형 학교체육 혁신과제 일본탐방 위원(경기도교육청, 2018)
- EBSi 선택과목 특강 '체육(축구)' 강사(2021)

황인택

마가택쌤

- 건국대학교 사범대학 체육교육과 졸업, 한국교원대학교 교육대학원 체육교육 전공
- (현) 진건고등학교
- (현) 하나로수업연구회 10대 회장
- (현) 좋은체육수업나눔연구회 부회장
- (현) 2022개정 체육과 교육과정 개발 연구진
- (전) 철산중학교, 마석중학교
- 학교체육활성화 유공 교육부장관 표창(교육부, 2021)
- EBSi 선택과목 특강 '체육' 대표 강사
- 2015 개정교육과정에 따른 학교폭력예방 어울림 교과연계 프로그램 '체육' 중학교용 개발(교육부, 2021)
- e학습터 체육활동 콘텐츠 검토위원(2021~2022)

Foreign Copyright:
Joonwon Lee   Mobile: 82-10-4624-6629

Address: 3F, 127, Yanghwa-ro, Mapo-gu, Seoul, Republic of Korea
         3rd Floor
Telephone: 82-2-3142-4151
E-mail: jwlee@cyber.co.kr

2022. 4. 11. 1판 1쇄 발행
2022. 7. 15. 1판 2쇄 발행
2022. 12. 21. 1판 3쇄 발행
2023. 9. 27. 1판 4쇄 발행
2024. 7. 10. 1판 5쇄 발행

지은이 │ 김정섭 외 13명
펴낸이 │ 이종춘
펴낸곳 │ [BM] (주)도서출판 **성안당**
주소 │ 04032 서울시 마포구 양화로 127 첨단빌딩 3층(출판기획 R&D 센터)
      │ 10881 경기도 파주시 문발로 112 파주 출판 문화도시(제작 및 물류)
전화 │ 02) 3142-0036
      │ 031) 950-6300
팩스 │ 031) 955-0510
등록 │ 1973. 2. 1. 제406-2005-000046호
출판사 홈페이지 │ www.cyber.co.kr
ISBN │ 978-89-315-5853-1 (03370)
정가 │ 24,000원

이 책을 만든 사람들
기획 │ 최옥현
진행 │ 오영미
교정 · 교열 │ 신현정
본문 · 표지 디자인 │ 이플앤드
홍보 │ 김계향, 임진성, 김주승
국제부 │ 이선민, 조혜란
마케팅 │ 구본철, 차정욱, 오영일, 나진호, 강호묵
마케팅 지원 │ 장상범
제작 │ 김유석

■ **도서 A/S 안내**

성안당에서 발행하는 모든 도서는 저자와 출판사, 그리고 독자가 함께 만들어 나갑니다.
좋은 책을 펴내기 위해 많은 노력을 기울이고 있습니다. 혹시라도 내용상의 오류나 오탈자 등이
발견되면 **"좋은 책은 나라의 보배"**로서 우리 모두가 함께 만들어 간다는 마음으로 연락주시기
바랍니다. 수정 보완하여 더 나은 책이 되도록 최선을 다하겠습니다.
성안당은 늘 독자 여러분들의 소중한 의견을 기다리고 있습니다. 좋은 의견을 보내주시는 분께는
성안당 쇼핑몰의 포인트(3,000포인트)를 적립해 드립니다.
잘못 만들어진 책이나 부록 등이 파손된 경우에는 교환해 드립니다.